Für Christoph Martin Wieland (1733–1813) gehörte Briefschreiben zum Alltagsgeschäft. Von den etwa 12 bis 14 Tausend Briefen sind ungefähr sechstausend gedruckte und ungedruckte von und an ihn heute bekannt: Liebesbriefe, Briefe an Freunde und Verwandte, an Fürsten und Gräfinnen, an Verleger und Mitarbeiter – an seinen Weinhändler; Briefe zur zeitgenössischen Literatur, zu historischen, politischen und gesellschaftlichen Ereignissen der Zeit: zur Französischen Revolution, zum Schicksalsjahr 1806, zu den Begegnungen mit Napoleon in Weimar und Erfurt. Wielands Briefe sind wichtige Zeitdokumente für das 18. Jahrhundert, die mithelfen können, »das Bild dieser Epoche genauer und klarer zu zeichnen« (*Siegfried Scheibe*), und wir besitzen von ihm Briefe, »deren Formulierungskunst in der deutschen Literatur einmalig ist« (*Jörg Drews*).

Diese Briefauswahl unternimmt in der Editionsgeschichte der Wielandschen Briefe zum erstenmal den Versuch, einem breiteren Lesepublikum den vielseitigen Dichter als interessanten Briefschreiber vorzustellen.

Der Herausgeber Heinrich Bock, Dr. phil., studierte Germanistik, Romanistik und Geschichte in Tübingen, München, Hamburg, Lausanne und Freiburg im Breisgau und ist Lehrer am Wieland-Gymnasium in Biberach an der Riß. 1983 veröffentlichte er das »Wieland-Lesebuch« (insel taschenbuch 729), 1986 »Gärten in Wielands Welt« (Marbacher Magazin Nr. 40), zusammen mit Hans Radspieler.

insel taschenbuch 1227
Wieland
Mit fliegender Feder

Christoph Martin Wieland

Mit fliegender Feder

Ausgewählte Briefe
Herausgegeben von
Heinrich Bock

Insel Verlag

Bildauswahl: Viia Ottenbacher
Übersetzungen: Hildegard Bock

insel taschenbuch 1227
Erste Auflage 1990
Originalausgabe
© Insel Verlag Frankfurt am Main 1990
Alle Rechte vorbehalten
Vertrieb durch den Suhrkamp Taschenbuch Verlag
Umschlag nach Entwürfen von Willy Fleckhaus
Satz: Typobauer Filmsatz, Ostfildern
Druck: Nomos Verlagsgesellschaft, Baden-Baden
Printed in Germany

1 2 3 4 5 6 – 95 94 93 92 91 90

Christoph Martin Wieland.
1733–1813

I. Nachrichten von meinen Umständen

Zürich, 20. Februar 1759.
[...] Sie wollen daß ich Ihnen große Briefe schreibe. Aber
was soll ich Ihnen schreiben? Ich will Ihnen einmal was ich
noch nie getan habe, eine ausführliche Idee von meinen
Umständen geben, und Sie dann urteilen lassen, ob es möglich sei, daß ich, (wenigstens gegenwärtig und So lange ich
So gar nicht heiter um mich her sehe,) diese innerliche Stille
und dieses dunkle Gefühl eines behaglichen Zustandes
haben könne, ohne welches ich an meinem Teil zum denken
und zum arbeiten unwillig bin.

Es gibt gewisse Sorgen welche uns eine difficulté d'exi-
ster machen, wie es Montesquieu nennt, und bei denen nur
ein Epictet ruhig bleiben kann.

Wissen Sie also, Mein Freund, daß mich die Geburt in
Umstände versetzt hat, welche mir alle Hoffnung jemals nur
mittelmäßig glücklich zu werden, hätten benehmen sollen.
Schon in meinen Voreltern bis in den vierten aufsteigenden
Grad hat mich das Glück verfolgt, und die schwachen
Strahlen, die mir einige bessere Aussichten gaben, hat ein
15jähriger Prozeß einer Großmutter ausgelöscht welche das
Schicksal zum besten der Advocaten und zu meinem Unglück mit dem Character der Frau Gräfin von Pimbêche,
Orbêche, etc. begabt hat. Ich sehe als einigen Ersatz für
diese Nachteile an daß meine Väter, seit ein paar Jahrhunderten den Ruhm der ehrlichsten und edelmütigsten Leute
in meiner kleinen Vaterstadt behauptet haben und fähig
gewesen sind, den Vätern derjenigen, die mich itzt verachten, Wohltaten zu erweisen. In meinen Umständen muß
man alles zusammenraffen, was einigen Trost geben kann.

Alles was meine Eltern tun konnten, war mir eine gute Erziehung zu geben. Sie taten hiebei, gewissermaßen über Vermögen. Indes war ihre Absicht daß ich mich auf eines von den gelehrten Handwerkern legen sollte, durch welche man wo nicht sein Glück machen, doch wenigstens sein Brot verdienen kann. Soll ich sagen daß es mein Glück oder Unglück gewesen, daß ich Ihnen nicht gefolget? Ich folgte in meinen Studien bloß meinem Geschmacke und einem gewissen Triebe meines bösen oder guten Dämons. Ein unüberwindlicher Abscheu hielt mich von der Juristerei, die Schwäche meiner Brust vom Predigen, und ein gleichfalls mechanischer Ekel vor Totenkörpern Krankenstuben und Spitälern von der Medizin ab. Hierin werden Sie meine Geschichte der Geschichte der meisten Poeten ähnlich finden – des Tasso seiner insonderheit, mit welchem ich in Gefahr stehe, vielleicht noch einmal eine andere Ähnlichkeit zu bekommen. Dieses wird Sie stutzen machen, mein liebster Freund. Ich meine aber nicht die Melancholie, ich meine nur das Hospital. Bei diesen seltsamen Umständen war ich in gewissen Stücken sonderbar glücklich. Kein König in Europa kann sich rühmen eine so liebenswürdige Maitresse gehabt zu haben, als ich von meinem 17ten Jahre an bis ins 21ste hatte. Man muß sich die Nymphen des Correge, die Panthea des Lucian, die Armida des Tasso vorstellen, wenn man sich eine Idee von ihr machen will. Das Gegenwärtige machte mich damals so glücklich, daß ich des Zukünftigen vergaß. Die lauterste und echteste Wollust durchströmte damals mein ganzes Wesen So sehr, daß ich itzt noch an jene paradiesischen Tage nur denken darf, um den Gram selbst lächeln zu machen. Allein das Schicksal oder das Gestirn das bei meiner Geburt praesidierte, würkte nirgends stärker wider mich, als bei diesem Anlaß. Die Hoffnung meine über alles geliebte Sophie zu besitzen war kaum reeller, als die Hoffnung des Prätendenten, König von England zu werden. Die Erwartungen meiner Freundin wurden durch eine zweite Heirat eines Vaters, (der das Vermögen ihrer Mutter durchgebracht hatte,) vernichtet. Außerdem hatte sie 3 Geschwister, und ich selbst konnte auf kein Etablissement Rechnung machen. Ein Zusammenfluß der verwirrtesten Umstände, die ich Ihnen einmal mündlich erzählen will, zwang sie – Verzeihen Sie, mein Freund, ich will bei anno 52. fortfahren. Ich kam zu Hrn. Bodmer, meine ersten Schriften hatten mir in Deutschland und hier einige Reputation gemacht. Ich fand in Zürich und in Winterthur *Freunde*. Eine neue Glückseligkeit, von der ich bisher keine Erfahrung hatte. Nach und nach machte ich allerlei nützliche Bekanntschaften. Ich studierte hier Tag und Nacht. Ich hatte alle möglichen Subsidia dazu. Ich conversierte nicht nur mit Bodmer u: Breitinger nicht nur mit jungen beaux Esprits sondern mit Blaarern u: Heideggern etc. Ich wurde mit Frauenzimmern bekannt, wovon eine oder zwoo mich wegen des Verlusts meiner Göttin zu trösten fähig waren. Als ich ungefähr anderthalb Jahre hier gewesen war entstand die alte Frage wieder; was mit mir zu machen sei. Ich publizierte ohne Namen einen lange zuvor, ohne Absicht auf Zürich, aufgesetzten Plan einer Privatschule. Er gefiel. Viele wackern Leute interessierten sich mächtiglich für die Realisierung dieses Plans ohne den Urheber zu erraten. Herr Rathshr. Heidegger erriet ihn. Ein reicher und genereuser Negociant und ein Edelmann übergaben mir ihre Söhne. Ich quartierte mich bei dem letztern ein und wurde mit allen möglichen Egards tractiert. Ich fand an einer der tugendhaftesten und klügsten Damen eine zweite Mutter. Man machte mir die 4 letzten vergangnen Jahre meines Lebens So angenehm, daß sie nur von dem 1750sten übertroffen werden konnten. Nun bin ich am Ende dieses Lebenslaufes. Meine Eleves sind erzogen, sie sollen reisen; Umstände die sich nicht schreiben lassen, verhindern daß ich sie nicht begleiten kann. Und nun bin ich wieder aus einem angenehmen Traum erwacht.

Von meiner Jugend an entrainierte mich das Wahre und Schöne; ich vergaß alles über den Ideen von Weisheit, Tugend, Vollkommenheit, nach denen ich dürstete. Ich ergab mich sans reserve den Musen und den lächelnden Göttinnen, welche in Xenophons Schriften, in Corregios Gemälden und in der Bildung, den Blicken, den Bewegungen, und in allen Empfindungen, Reden und Handlungen meiner Sophie atmen – und dachte wenig daran daß sie ihre Verehrer nur mit Blumen belohnen. Ich fühlte von Jugend an eine gewisse Sympathie mit der Natur und dem Menschlichen Geschlecht – Dieser Instinkt determinierte meine Denkungsart, meine Studien, meine Arbeiten. Aber solchergestalt wurde ich eher alles andere als ein Mann der in diese Welt paßt. Die größte Schwierigkeit liegt, wie Sie wissen, nicht darin daß ich unbrauchbar bin. Es gibt eine Menge noch ungelehrterer Gelehrten als ich bin, die darum nicht weniger durch die Welt kommen. Das schlimmste ist, daß beinahe alle établissemens, die ich vielleicht nach langem Warten und nach tausend überwundnen Hindernissen erhalten könnte, mich in einen Zustand setzen würden, der mir kaum erträglich wäre. Mir grauet und ekelt vor akademischen Lehrämtern; für die deutschen Höfe bin ich zu ehrlich, und gesetzt ich könnte in dem armseligen Biberach, wo ich daheim bin, eine politische Stelle erschleichen, So ist es fast Sünde daß ich meine Zeit mit Lappereien und Trölereien verderben und meine Gesundheit mit verdrießlichen Händeln, die mir alle Tage gemacht würden, vollends zu Grunde richten soll. Was ist also zu tun – oder was kann der Himmel selbst bei so bewandten Umständen für mich tun? Ich weiß einen einzigen Ausweg, der aber mit noch mehr moralischen Unmöglichkeiten verzäunt ist, als alle andre. Ein Frauenzimmer, mit einem artigen Vermögen, ein

Frauenzimmer das liebenswürdig genug wäre mich glücklich zu machen, und großmütig genug es zu wollen. Aber wo sollen wir ein solches Suchen? Sie müßte ohne Eltern sein, Sie müßte eine seltsame Art zu denken haben, Sie müßte einen Geist und ein Herz wie die Frau Doctor Zimmermannin haben –. Himmel wieviel Conditionen müßten zusammen kommen – Ich mag nur nicht daran gedenken. Ich habe überdas noch einen Ekel vor den jungen Mädchen. Die Dame, die aus den möglichen Welten herabsteigen Soll, mich zu beglückseligen, müßte ungefähr in meinem Alter, ja eher über dreißig als unter zwanzig sein. Sie Sehen, mein Freund, aus dieser getreuen Erzählung meiner Situation, daß ich am besten tun werde, alle Hoffnung zur Independenz und zu einem otio philosophico geradezu aufzugeben, und mich der scheinbaren Härte meines Schicksals zu unterwerfen. Warum sinnet doch ihr andern verwünschten medici und Naturforscher nicht auf eine Methode ohne Speise und Trank, oder wenigstens nur vom Tau und der Luft zu leben, wie man von der Grille und dem Paradiesvogel ehmals glaubte? Aber was begehre ich? ihr habet so viel zu tun, uns regelmäßig in die Hände des Totengräbers zu liefern, daß ihr keine Zeit übrig behaltet darauf zu denken, wie ihr uns beim Leben erhalten wollet.

Mich dünkt ich habe nun genug geschrieben, um Sie Selbst in meinem Namen melancholisch zu machen. Ich will also einmal aufhören zu schwatzen.

a propos. Sind Sie in Montpellier bekannt? Kann man daselbst en pension kommen, und bei wem muß man sich addressieren, um dieselbe vorläufig zu bestellen?

Leben Sie wohl, mein liebster Freund.

Vernichten Sie diesen Brief, Sobald Sie ihn gelesen haben. Mille et mille complimens à votre aimable Epouse.

Zusammenhängende autobiographische Äußerungen dieser Art gibt es bei Wieland nur selten. Die illustrative Skizze aus dem Leben des Sechsundzwanzigjährigen findet sich in einem Brief an den Schweizer Arzt und Schriftsteller Johann Georg Zimmermann (1728–1795), der seit 1756 für viele Jahre zu den bevorzugten Briefpartnern Wielands gehörte. Aus Zürich oder Bern, später aus Biberach, versuchte Wieland, ihm wiederholt in deutscher oder französischer Sprache eine »Idee« von seinen ambivalenten »Umständen« zu geben: »Ich gleiche zu meinem Leidwesen einem Chamäleon. Ich scheine grün gegenüber grünen Gegenständen und gelb gegenüber gelben; aber ich bin weder gelb noch grün; ich bin durchscheinend oder weiß . . .« (27. 3. 1759). Im April 1759 war Wieland für eine Woche Gast im Hause des Stadtphysikus Zimmermann in Brugg. Im Jahre 1768 wurde Zimmermann in Hannover Leibarzt des Königs von England.

Christoph Martin Wieland wurde am 5. September 1733 in dem zwischen Ulm und dem Bodensee gelegenen und damals zur Freien Reichsstadt Biberach gehörenden oberschwäbischen Dorf Oberholzheim geboren. Der Vater des Dichters, Pfarrer Thomas Adam Wieland, war 1736 auf eine Predigerstelle nach Biberach berufen worden. Bis 1747 wuchs der Sohn im elterlichen Haus auf, erhielt ersten Unterricht vom Vater und in der Biberacher Lateinschule und wurde mit vierzehn Jahren in ein Internat in Klosterberge bei Magdeburg geschickt. Nach einem Studienaufenthalt bei einem Erfurter Verwandten kehrte der Siebzehnjährige im Sommer 1750 wieder in seine Heimatstadt zurück. Hier lernte er seine drei Jahre ältere Kusine Sophie Gutermann von Gutershofen kennen, an die er noch als Weimarer Hofrat im Alter von 72 Jahren schreiben wird: »Nichts ist wohl gewisser, als daß ich, wofern uns das Schicksal nicht im Jahre 1750 zusammengebracht hätte, kein Dichter geworden wäre.«

2. An Sophie Gutermann in Biberach

Biberach, den 23./24. August 1750.

Meine vielgeliebte Sophie,

Einzige, die mein ganzes Glück ausmacht, ich bin allzu sehr erfüllt von der Freude, welche die Zärtlichkeit und die reizenden und zuvorkommenden Manieren ebenso wie die außerordentlichen Vorzüge der schönen Seele meines Engels in mir hervorrufen, um nicht endlich aus vollem Herzen zu reden und Ihnen schriftlich sichtbar zu machen – obwohl mir die Worte fehlen –, daß Sie mich für immer zum Glücklichsten aller Sterblichen machen werden. Ich habe in Ihnen gerade jene einzigartige Person gefunden (denn Sie werden bald erfahren, daß es nur eine Person gibt, die ich lieben könnte, und Sie sind genau dieser Engel, der alle Eigenschaften besitzt, die notwendig sind, meinem Herzen jede mögliche Zärtlichkeit, Beständigkeit, und meinem Geist unendliche Zufriedenheit zu geben), diese einzigartige Person, sage ich, die – weil sie mich zum glücklichsten aller Menschen macht – all meine Liebe und meine ganze Wertschätzung an sich zieht. Obwohl ich tausend Fehler habe, die alle nicht klein sind und die das, was ich an Gutem besitze, zu verdunkeln fähig wären, bin ich indessen sehr sicher, ein gutes Herz mit genügend Geist zu haben, und ich kann mit großer Gewißheit versichern, daß mein Geist mein Herz zu einem der besten gemacht hat, das jemand meines Geschlechts haben kann. Mein Herz möchte gern zufrieden sein, in einem vollkommenen Glückszustand der Ruhe und der Glückseligkeit. Der Geist hat ihm gezeigt, daß es in der Welt sehr wenige Dinge gibt, die wahre Zufriedenheit und dauerhafte und immerwährende Freude geben können. Reichtümer, edle Gefühle von Leuten, wie wir es sind, und im allgemeinen auch Ruhm, Sinnenlust, sind zu vergängliche Güter, um uns dauerhafte Freude zu verschaffen, und zu grob und irdisch, um dem unendlichen Verlangen unserer Seele genügen zu können. Und ich bin wirklich von allen Menschen vielleicht derjenige, dem diese Güter, denen fast jeder zugetan ist, am wenigsten Ruhe und Zufriedenheit geben konnten. Ich habe zuviel Geist, um nicht zu sehen, daß diese Gegenstände des Verlangens niederster Seelen, diese schönen Trugbilder, die mehr falschen als wahren und echten Glanz hervorrufen, einer großen für die Unsterblichkeit geschaffenen Seele und eines wahren Glückszustands nicht würdig sind. Und ich habe ein zu empfindsames Herz, um darin Genugtuung zu finden und mich mit dem Genuß der Dinge zufriedenzugeben, die nur für kurze Zeit die Sinne und die Phantasie reizen. Ich brauche etwas viel Vortrefflicheres als das Materielle und die Dinge, die daraus gemacht sind, so schön angenehm und sinnlich sie auch sein können. Ich trachte danach, völlig zufrieden zu sein, wunschlos, und vor allem mehr geistiges als sinnliches Glück zu haben, aber Materielles, Ruhm und die meisten Güter der Welt können mir dies nicht geben. Sogar die Wissenschaften und Künste, die übrigens fast mein ganzes Vergnügen sind, – ich nehme davon auch nicht die spekulative Philosophie aus, die ich sehr liebe, – machen mich nicht so glücklich und zufrieden, daß ich mich damit völlig bescheiden könnte. Ich sehe darin zuviel Dunkles, zu viele Wolken, Ungewisses, Unvollkommenes, was durch die Fehler und Unvollkommenheiten des menschlichen Geistes im allgemeinen und meines Geistes im besonderen hervorgerufen wird, wie wir auch zu sehr der Mittel entbehren, welche die Schärfe unserer Sinne und unseres Geistes vergrößern, und weil sie, wegen der Kürze unseres Lebens auf diesem Planeten, den wir bewohnen, mir nicht das geben können, was das Verlangen meines Herzens stillen kann. Wer also wird mir Ruhe und völlige Zufriedenheit geben? Wahrlich, er muß auf un-

Sophie Gutermann, verh. von La Roche.

serem Planeten leben. Jeder andere ist dafür zu weit entfernt. [...]

Ich bin wegen meiner eingeschränkten Natur von dem ganz vollkommenen Wesen zu weit entfernt. Und ich bin unfähig, die höchsten Freuden zu kosten, in denen vollkommenere Wesen als ich in einer anderen, dem göttlichen Thron näheren Welt ihr ganzes Glück finden. Gott muß sich mir durch einfachere Mittel offenbaren, und dieser gute, so unendlich gute Gott behandelt seine Kreaturen gern ihrer Natur gemäß. Ein Geschöpf soll also das Instrument meines Glücks in dieser Welt sein, und es muß auf der Erde sein. Es muß eine Person sein (um mich kurz zu fassen), die viele Reize und viel Schönheit besitzt, um die Augen, die Phantasie und die Sinne im allgemeinen ebenso zu bezaubern, wie sie auch meinem Geist einen schönen Gegenstand gibt, um zu beweisen, daß er fähig ist, die Schönheiten wahrzunehmen und sie richtig zu beurteilen, und daß er Geschmack hat. Sie muß einen feinen, ernsthaften und ein wenig bedächtigen Geist haben. Ein schmetterlingshafter Geist, der über die Oberfläche der Dinge flattert, gefällt mir kaum; der nur die Blüte nimmt, wie Monsieur le Marquis de Rolinville sagt, und sich nicht um das Wesentliche kümmert. Sie muß Scharfsinn haben, um mehr als alle anderen wahrnehmen zu können, und genügend Achtsamkeit und Geistesgegenwart, um *immer* von diesem natürlichen Scharfsinn Gebrauch machen zu können. Sie muß deshalb bedächtig und zur Ernsthaftigkeit fähig sein (denn es gibt Menschen, die um alles Gold der Welt nicht ernsthaft sein können), um ernste Dinge lesen und hören zu können, Gegenstände der Literatur und der Wissenschaften, um damit ihren Geist und ihr Herz zu schmücken, um über alles und sich selbst nachzudenken und um sich bei jeder Gelegenheit zu verbessern. Es versteht sich, daß sie frei sein muß von den ärgsten menschlichen Vorurteilen oder daß sie wenigstens genug Geist besitzen muß, um das Licht der Vernunft wirken zu lassen, das diese Wolken zerstreut, und daß sie hinreichend wißbegierig sein muß, um sich darüber zu unterrichten, was dazu dient, sie weiser und aufgeklärter zu machen. Das ist genug gesagt von ihrem Geist. Was das Herz angeht, so muß es uneingeschränkt gut, verträglich, empfänglich für Eindrücke der Zärtlichkeit, des Mitleids, der Trauer, aber nicht des Zorns sein, den ich nie in einem anderen geduldig ertragen könnte, wer er auch immer sein mag. Sie muß aufrichtig sein, ich liebe die Aufrichtigkeit, selbst wenn sie häufig Fehler macht: denn wenn jemand Fehler macht, weil er zu gut und aufrichtig ist (ich spreche nämlich von einem geistvollen Menschen), ist dies ein Zeichen, daß die anderen sehr böse sind, wenn sie einen üblen Gebrauch von der Güte und edlen Freimütigkeit einer Person machen, die ein zu vernünftiges und ehrliches Herz hat, als daß ihre zu große Aufrichtigkeit für einen wirklichen Fehler gelten könnte. Sie muß empfindsam sein in allen ihren Gefühlen und vor allem muß sie ihren Liebhaber mit großer Empfindsamkeit behandeln. Wenn sie mich liebt, muß sie von sich selbst unbedingte Treue fordern. Ich sähe bei ihr auch gern einen kleinen Tupfer Eifersucht, den man nicht von einer zärtlichen Liebe trennen kann, obwohl Eifersucht, wenn sie ihre Grenzen überschreitet, unentschuldbar ist und zeigt, daß man ziemlich unvernünftig ist, wenn man der geliebten Person mißtraut. Ich finde es reizvoll, wenn sich diejenige, die mich liebt, um mich ein wenig beunruhigt, wenn sie mir große Aufmerksamkeit schenkt *und sich alle Mühe gibt, mich glücklich zu machen, wenn ich es nicht bin, auch wenn ich nicht ihretwegen verärgert oder zornig wäre.* Ich sehe auch gern, daß das von Natur gute Herz meiner Vielgeliebten durch eine gesunde, feinfühlige und nicht überspannte Moral verschönt und vervollkommnet wird, und auch durch die Gedanken, mit denen uns viele große Geister in ihren Schriften gleichermaßen bezaubern und erbauen: zum Beispiel der »Spectator«, die »Caractères« von Monsieur La Bruyère, »Pamela«, die meisten Komödien von Molière, Destouches, Mademoiselle Barbier usw. und die Schriften der Mademoiselle Scudéry, »Die vernünftigen Tadlerinnen«, »Der Hamburgische Patriot« usw.

Außerdem würde ich von ihr sehr gute Manieren fordern, etwas Weltkenntnis, die auf Erfahrung beruht, Höflichkeit jedermann gegenüber, und überhaupt immer eine heitere Miene (wenn das möglich ist, denn ich weiß sehr gut, daß es Augenblicke gibt, in denen wir gezwungen sind, verärgert, traurig oder düster zu sein. Aber ich meine hier damit, daß ich es nicht ertragen könnte, daß diejenige, die ich liebe, die Angewohnheit vieler Frauen hätte, oft grundlos verärgert und unzufrieden zu sein) und viel Geistesgegenwart in jeder Hinsicht und bei allen Dingen.

Das sind die schönsten Charakterzüge des Porträts der Person, die mein größtes Gut in der Welt sein soll, mein Alles, die Quelle aller meiner Freuden, das, was mir wahre Zufriedenheit gibt und mein Glück ausmacht und dessen Verlust mich für immer unglücklich machen würde. Nun kennen Sie, meine liebe Freundin, mein Verhalten dieser anbetungswürdigen Person gegenüber. Ich liebe sie mit aller denkbaren Zärtlichkeit, ich schätze sie höher, als man ausdrücken kann, ich ziehe sie allen anderen vor, und ich würde lieber in den armseligsten Verhältnissen leben, die man sich vorstellen kann, als König oder ohne sie irgendwo der Glücklichste nach allgemeiner Vorstellung zu sein; ich würde lieber für sie sterben, als von tausend anderen Schönheiten geliebt zu werden. Mein Herz beansprucht, nicht viel weniger gut und ebenso zartfühlend wie das ihre zu sein und wird große Sorgfalt darauf verwenden, sich immer würdiger einer Person gegenüber zu machen, die so liebenswürdig ist und die das auch verdient. Ich werde bereitwilligst alles das tun, was in meiner Macht liegt, um sie zufrieden und glücklich zu machen, um ihr Freude zu bereiten und um ihr zu zeigen, daß ich sie auszeichne und allen anderen vorziehe. Sie kann meiner Aufrichtigkeit immer sicher sein, ich würde sie auf keine Weise täuschen *oder ihr irgendetwas verbergen, was es auch sei* (ausgenommen, wenn es in einem besonderen Fall die Klugheit erfordert). Mit wenigen Worten: Sie wird meine Wonne sein, und ich werde sie mehr lieben als mein Leben.

Und nun beglückwünschen Sie mich, meine liebe, meine vielgeliebte Sophie, oh! beglückwünschen Sie mich, in Ihnen diese liebe Person gefunden zu haben, die für mein Glück so notwendig ist! Sie sind und werden immer die Einzige sein, die meinem Geist und meiner Seele genügen kann. Sie sind genau diese Person, deren Charakter ich Ihnen soeben beschrieben habe. Nicht ein Zug findet sich in diesem Porträt, der nicht genau so, aber auf eine schönere und vollendetere Weise, in Ihnen wäre. Ich schwöre Ihnen, daß mein Geist ganz zufrieden ist mit Ihnen und mit meiner Liebe. Er hat eine unendliche Genugtuung erfahren, als er feststellte, daß Sie in noch höherem Maße alle jene Vorzüge besitzen, die er von der Person fordert, die ich lieben soll. Wahrhaftig, ich bin der glücklichste unter den Sterblichen, und wenn ich Sie besitze, wenn Sie mich lieben (und ich bin beglückt von der Gewißheit, die ich in diesem Punkt haben kann), fehlt mir nichts, ich bin zufrieden in den Augen meines Geistes und in den Augen aller vernünftigen Menschen, die den Gang meines Geistes und Herzens und Ihrer Vollkommenheit kennen. Das sind, meine teure Liebe, die überzeugenden Gründe, die mich für immer an Sie binden und die Sie für mich notwendig machen. Hier muß ich nun diesen Brief abbrechen, dessen Abfassung mir viel Vergnügen bereitet hat, weil ich mit meinem Vater auf einem Spaziergang Luft schöpfen soll. Ich wünsche, daß diese Erklärung Sie ebenso glücklich machen könnte, wie ich es bin, weil ich mit größter Reinheit und Zärtlichkeit die liebenswerteste und würdigste Person liebe, die es in meinen Augen geben kann.

Ich muß jetzt noch hinzufügen, meine anbetungswürdige Sophie, daß ich die Zufriedenheit nicht auszudrücken vermag, die mir meine Liebe zu der Person gibt, die allein würdig ist, mit soviel Verstand und Zärtlichkeit geliebt zu werden, wie ich von Natur aus liebe. Die ganze Nacht über habe ich zugebracht in den bezaubernden Gedanken an mein Glück, an meine teure Liebe, an den würdigen Gegenstand meiner unvergleichlichen Wertschätzung und Zärtlichkeit; und diese schönen Gedanken waren für mich wohltätiger als der Schlaf. Welche Freuden, welche entzückenden Stunden, welche Zufriedenheit, welche Glückseligkeit verspricht uns künftig diese Zeit! An welchem Tag, wie ich gestern gesagt habe, wird die Morgenröte so schön sein! Wahrlich, ich werde ganz glücklich und zufrieden sein, wenn ich einen Menschen besitze, der alles hat, was ich wünschen kann, der genau über jene körperlichen Reize verfügt, die mich bezaubern, und der eine so schöne, so edle, so engelgleiche Seele hat, daß er meine ganze Zuneigung verdienen würde, selbst wenn er nicht so schön wäre, wie er ist. Und ich bin schon so glücklich, Sie sind mein, Sie lieben mich, ich liebe Sie mit aller vorstellbaren Wertschätzung und Zärtlichkeit, und ich genieße eine Zufriedenheit, die – weil sie durch Aussicht auf Freuden und ein noch größeres Glück bereichert wird – alle menschlichen Worte übersteigt. Glücklicher Sterblicher, der ich bin! Gott bewahre mir Sie und Ihre Liebe, meine liebe Sophie, und ich werde immer nur der Ihrige sein, und so sehr ein Mensch es nur sein kann.

[Im Original französisch]

Wielands Mutter,
Regina Katharina, geb. Kick,
geb. 1. 7. 1715, gest. zu Weimar
27. 12. 1789.

3. An die Mutter in Biberach

Teuerste Mama,

Ich danke Ihnen zärtlich vor Ihre Liebe vor Ihren Sohn, der sie zwar noch nicht völlig verdient, aber sich bemüht Ihrer würdig zu werden. Die Zeit wird Sie davon überzeugen. Fahren Sie fort mich zu lieben, und mir auch die Gewogenheit meines allerliebsten Papa zu erhalten. Nunmehr will ich auf Dero Schreiben besonders antworten.

1. Daß mein lieber Papa meiner Unbeständigkeit zutraut, daß ich einmal aufhören könnte meine Sophie zu lieben, ist mir sehr leid. Niemalen bin ich Ihr mehr eigen gewesen als jetzt. Tausend Leben wenn ich so viel hätte, wären nicht zu viel, sie um eine so unschätzbare Person aufzuopfern. Die ganze Welt ist mir ein Nichts gegen meine englische und mehr als englische Sophie. Millionen mal lieber zu ihren Füßen sterben, als alle Kronen der Erde ohne sie besitzen. Sie hat ein unschätzbares Herz. So phantastisch als dieses meinem lieben Papa vorkommt, so lieb wäre es mir, wenn er gewiß sein könnte, daß ich keinen Augenblick ohne die Liebe meiner Unvergleichlichen leben will. Ich bin gewiß daß die Vorsicht uns nicht verlassen wird; aber wenn ich ihrer beraubt werden sollte, so schwöre ich auf das Heiligste, daß ich mein Unglück partout nicht überleben will. Verzeihen Sie mir, meine teure Mama diese Gedanken, welche von einer edlen Passion kommen, die nur mit dem Tode meiner Seele aufhören kann.

2. Die Verse von meiner Geliebten sind unvergleichlich, und ihre Gedanken und Empfindungen zu erhaben zärtlich und englisch, daß ich ganz durchdrungen von Vergnügen und Hochachtung bin. O Himmel ich soll aufhören können eine so anbetungswürdige Person zu lieben? Wäre ich wohl der Wirklichkeit mehr wert, wenn ich es tun könnte? [...]

Daß mein liebster Papa, den Weg durch meine Sophie der glückseligste zu werden, vor schwer hält, dünkt mich zu kleingläubig. Ich werde an meinen Pflichten durch den Beistand Gottes nichts fehlen lassen; und gesetzt die Fr. v. G., eine Frau Pred. Z... und andere solche Körper ohne Seele sind mir feind, ja gesetzt ich habe gar keine Gönner, so ist doch ein vollkommen weises, liebreiches und mächtiges Wesen auf unserer Seite und wird vor uns sorgen; und dieses gilt millionenmal mehr als die Gnade aller Fürsten der Welt. Wehe dem der dieses nicht glauben kann. Ich danke Gott daß ich es nicht nur glaube, sondern gewiß weiß. [...] Es scheint wenigstens nach den jetzigen Aspekten in Biberach, daß ich wohl niemals da bleiben werde. Und dieses ist mir nicht wenig unangenehm. Ach, allerliebste Mama, was könnte Ihrem Sohn, der Sie so von Herzen hochschätzt, und zärtlich liebt, erfreulicher sein als wenigstens einen großen Teil seines Lebens mit Ihnen und Ihrer würdigen und unvergleichlichen Tochter an einem Orte und in Ihrem allerliebsten Umgange zuzubringen. Gewiß ich wollte dieses Glück allen andern vorziehen, doch die Vorsehung Gottes wird auch hierin nach ihrer unendlichen Weisheit und Güte mit und über uns disponieren.

Ich bitte Sie inständigst, meinen allerliebsten Engel recht sehr lieb zu haben, und mir ins künftige recht viel von ihr zu schreiben. Ich lese nichts lieber als Dero Hand und die Briefe meiner teuern Sophie. Erfreuen Sie mich doch ja öfter damit.

Sie sagen, meine teuerste Mama, zu Ende Ihres vortrefflichen Briefchens, ich sollte Sie lieb behalten. O, wie können Sie glauben, daß diese Erinnerung nötig sei? Ich wünsche sehnlich in meinem künftigen Leben beständige Gelegenheit, Ihnen durch die tiefste Hochachtung und kindlichste Liebe den manchen Verdruß zu ersetzen, den sowohl meine übrigen Fehler als auch mein mürrisches und zugleich unbesonnenes Betragen Ihnen öfters gemacht hat. Ich empfehle mich Dero Mütterlichen Zärtlichkeit und bin Dero gehorsamster Sohn   C.M.W.

*

Seit Sommer 1751 beschäftigte sich Wieland ausführlich mit der Person und den Dichtungen Friedrich Gottlieb Klopstocks (1724–1803), vor allem mit dessen Heldengedicht »Der Messias«, von dem 1748 und 1751 die ersten fünf Gesänge erschienen waren: »Mit jenen Elenden, die beim Messias kalt bleiben können, wollen wir Mitleiden haben. Sie sind unwürdig von uns bekehrt zu werden« (Wieland an Johann Heinrich Schinz, 29. 2. 1752). In seinen frühen Tübinger und Zürcher Dichtungen versuchte Wieland, mit Klopstock zu wetteifern, für den er eine »fast unbegrenzte Ehrfurcht« (Friedrich Sengle) empfand.

Klopstock war 1750 einer Einladung des Schweizer Gelehrten und Schriftstellers Johann Jacob Bodmer (1698–1783) nach Zürich gefolgt. Die Begegnung endete aber mit einer Verstimmung, weil Bodmer einen ihm treu ergebenen seraphischen Sänger, nicht einen selbstbewußten lebensfrohen Poeten erwartet hatte.

Wieland nahm im Herbst 1750 ein Jura-Studium in Tübingen auf und begann zu schreiben. 1752 lud ihn Bodmer in sein Zürcher Landhaus »Zum oberen Schönenberg« ein, das damals in der Vorstadt auf einer kleinen Anhöhe unterhalb des Zürichberges lag.

4. An Friedrich Gottlieb Klopstock in Kopenhagen

Zürich, um den 22. April 1753.
Ich bin sehr erfreut daß ich endlich eine Gelegenheit habe an den Dichter der Messiade zu schreiben, die ich in noch sehr jungen Jahren schon zärtlichst geliebt, bei der ich ehmals so viele süße Tränen geweint, so viele edle Entschlüsse gefaßt habe; an einen Dichter von dem ich einst die Hoffnung wagte, daß er derj. sei, den mein Herz lang umsonst

Johann Jacob Bodmers Haus im Berg bei Zürich.

gesucht hatte. Izo da mir unsere allzuweite Entfern. kaum erlaubt hat, Ihnen bekannt zu werden, muß ich mich damit begnügen, Sie meiner aufrichtigst. Hochacht. und einer Zärtlichk. zu versichern, für welche ich von Ihnen keine Erwiederung fordern kann, da sie mir mit so vielen würdigern Lesern d. Messiade gemein ist. Die Nachrichten die ich von ihrer *glücklichen Liebe* habe, können mir nicht gleichgültig sein. Ich erfreue mich, sie nun so glücklich zu wissen, wie ich ehmals herzlich mit Ihnen weinte da Sie in einer Ode an Dafne so rührend und edel trauerten. Dennoch müssen Sie mir erlauben, daß ich in den Gedanken stehe, die liebenswürdigste unter allen Töchtern Eva's könne die Sympathie nicht wegnehmen, die Sie mit Fanny verband. Ich kann nicht glauben daß Sie sich sollten so lang und so sehr haben selbst hintergehen können oder vielmehr daß die Natur Sie sollte so sehr hintergangen haben, da sie Ihnen so ungemeine Empfindungen für Fanny einpflanzte, wie die Ode an Gott ausdruckt, eine Liebe von der man ohne Hyperbole sagen kann, sie sei stark wie Tod. Ich sehe mich also genötiget hier etwas unbegreifliches anzunehmen u: zu glauben, daß wenigstens in d. Auferstehung diese zwoo Seelen die die Natur einander bestimmte, sich erkennen werden. Zürnen Sie nicht daß ich Ihnen schreibe wie ich denke, ich müßte alsdann die Hoffnung ihr Freund zu werden, aufgeben. etc. Weil Sie es verlangen so muß ich Ihnen doch etwas von der vortrefflichen Person sagen, die Ihnen unter dem Namen Doris vielleicht nicht bekannt genug ist, weil Sie vermuten mußten sie sei mehr ein Werk d. Phantasie als d. Natur. Sie wollen etwas von *meinem Mädchen* wissen. Mädchen schlechthin klingt mir eben so wie Ihnen Doris. Meine Ungenannte ist eine liebenswürdige Antipode von Gleimischen Mädchen. Die Geschichte mr. Liebe ist zu sonderbar, als daß dieses Blatt sie fassen konnte, doch bestehet dieses sonderbare nicht in romanischen Verwicklungen.

Ähnliche Neigung zur Tugend, u: gleicher Geschmack etc hat uns so bald verbunden als wir uns kannten. etc. Sie hat mehr Bon-Sens als Crebillonischen Witz, sie bemerkt allemal an den Dingen zuerst das wahre und nützliche. Ihre ungemeine Zärtlichkeit alles Wahrhaftig schöne und gute zu empfinden u: zu lieben, macht notwendig auch in Werken des Geistes ihren Geschmack sicher u: fein. Wenn sie schreiben würde so würde sie Rowe oder Lambert sein. Daß sie über alles dieses noch ungemein schön artig und anmutsvoll sei, will zwar von ihr ganz was mehrers sagen, als wenn es die verliebte Phantasie eines Poeten von derjenigen sagt, welche so glückl. gewesen, seiner Phant. diesen Schwung zu geben; ich kann aber nicht fordern daß Sie mich hierin von der gemeinen Art ausnehmen u: es liegt auch nicht viel daran. Die wahre Unschuld und die übende Tugend ist gewiß schön. Das sehen auch ihre Feinde. Sie wissen bereits daß ich bei Bodmern bin. Schon Sechs glückliche Monate sind mir in seinem Hause wie Wochen dahingeflossen, eine gütige Vorseh. machte mich ihm bekannt, gab mir seine Aufmerksamkeit und endl. sein unschätzbares Herz. Das meinige besitzt kaum Serena mehr als er. Ich will aber lieber in der Zukunft und durch Taten lieber als Worte mich der Vorsicht, die ihn mir schenkte u: sr. Zärtlichk. würdig zeigen. Bodmer hat mir auch die Liebe sr. vortrefflichen Freunde zugewandt. Urteilen Sie nun wie glückl. ein Herz sich selbst fühlen müsse, das mit dem zärtlichsten Hang zur Freundsch. geboren, immer Freunde gesucht u: keine gefunden wie es suchte, endl. aber fast auf einmal in den freundschaftlichsten Umgang der edelmütigsten Männer versetzt wird, deren einzelne Vorzüge, durch d. Freundsch. vereint, einen Kranz, von allem was am Menschen liebenswürdig ist, ausmachen. Wenn Sie sich eine hieraus entspringende sanfte Zufriedenheit, ein neues Leben der edlen Neigungen d. Seele, einen beständigen Zuwachs an Einsicht, und noch tausend kleinere der Welt unmerkliche nicht brausende aber desto süßere Freuden vorstellen, so haben Sie einige Idee von meinem Aufenthalt bei Bodmern. Daß die Vorsicht ihre weiseste[n] *Wünsche* eben so gütig erfülle als mir, ist d. aufrichtige Wunsch ihres mit redlicher Hochacht.

ergebenen   W.

*

Sophie Gutermann löste Anfang Dezember 1753 ihr Verlöbnis mit Wieland und heiratete in der Schloßkapelle von Warthausen bei Biberach Georg Michael Frank La Roche, den kurmainzischen Rat und Sekretär des Mainzer Großhofmeisters Friedrich Reichsgraf von Stadion (1691–1768).

5. An Sophie Gutermann in Biberach

Zürich, den 22. Dec. 1753.

[...] Erlauben Sie mir, meine Werteste, Sie zu erinnern, daß wir uns tausendmal in dem Angesichte Gottes zugesagt haben, uns so lange zu lieben, als wir die Tugend lieben würden, und wir meinten damals, daß das so viel sei, als ewig. Sollte diese Zusage itzt ungültig sein? Sollte Ihre neue Verbindung die zärtliche Zuneigung unserer Seelen, die sich auf die wahre Liebe des Guten und Schönen gründet, hinweg nehmen? Nein! das halte ich für unmöglich! Sie müßten aufhören die unschuldige, großmütige, scharfsinnige und erhabene Sophie zu sein, oder ich müßte mich in das Gegenteil von dem verwandeln, wofür Sie mich einst hielten. Wenigstens kann bei mir diese ewige Freundschaft, die ich Ihnen so oft gelobte, dadurch nicht zeitlich werden, daß Sie mit einem braven Manne verheiratet sind; was hat Ihre Vermählung wider unsere Freundschaft, daß eine die andere aufheben sollte? Lassen Sie uns also denen, welche sich nach ihrer niedrigen Art zu denken einbilden, unsere

Liebe höre itzt auf, ein tätliches Dementi geben, und ungeachtet wir uns, wie ich hoffe, in dieser Welt nimmer sehen werden, mit dem Herzen und durch unsere gemeinschaftliche Liebe zur Tugend, und durch redliche Wünsche für unser beider Wohl, vereiniget bleiben, damit wir uns in jenen seligen Gegenden wiedersehen mögen, in denen Ihre Seele sich selber und mich wieder erkennen, und, wenn Engel weinen können, noch alsdann eine zärtliche Träne weinen wird, daß Sie Ihrer Bestimmung in dieser Welt unvorsichtiger Weise ausgewichen.

Es ist nichts was mich wehmütig macht, als der Verlust solcher Hoffnungen, die vielmehr jenes als dieses Leben angehen, mit denen ich mir in der angenehmen Zeit schmeichelte, da mir die Vorsicht Ihre Bekanntschaft und Liebe gegeben hat.

Und so leben Sie denn wohl, meine Geliebte, leben Sie auf ewig wohl! Sein Sie immer so glücklich, als Sie ohne Zweifel itzt sind, ja wenn es zur Zufriedenheit Ihres Herzens gehört, so möge Ihr Gewissen Sie immer auf dem Gedanken lassen, daß ich zuerst das Band gebrochen, das uns einst verbunden hat. Leben Sie glücklich mit Ihrem künftigen Gemahl, und erlauben Sie mir, daß ich mit unveränderter Hochachtung und Freundschaft mich unterschreibe Ihren ergebensten Freund und Diener.

*

Jakob Hermann Obereit (1725–1798) war seit 1750 »Operateur« und »Medicinae Practicus« in Lindau im Bodensee. Sein besonderes Interesse galt der mittelalterlichen Literatur und den Schriften der Mystiker. Durch Bodmer war Wieland auf den »Mystiker vom Bodensee« hingewiesen worden. Im folgenden Brief gibt er Auskunft über seine religiöse Entwicklung, über die von der Literaturwissenschaft sogen. »seraphische Periode«. Während eines vierwöchigen Besuchs in Weimar im Spätherbst 1782

wohnte Obereit im Hause Wielands. Der 60jährige Hofrat hielt
ihn ein Jahrzehnt später »bei wirklichen Talenten« für »eine so
harmlose und närrische Seele, daß es sehr unrecht wäre, ihm nicht
alles zu Gute zu halten«.

6. An Jakob Hermann Obereit in Lindau

Zürich, d. 18. Aug. 1756.

Mein Liebster Freund!

Ich will anstatt Sie zu loben, mir die Güte und Tugend
Ihres Herzens zur Ermunterung dienen lassen. Aber ich
muß Ihnen auch gestehen, daß mir Ihre allzugute Meinung
von mir immer schwerer zu tragen fällt, je mehr ich Sie
kennen lerne. Ich bin noch sehr weit dahinten. Denken Sie
doch ja nicht viel Gutes von mir. In meinem Kopf ist noch
viel unaufgeraumtes, in meinen Affekten viel Unordnung;
ich habe noch allerlei Verkehrtheit zu bestreiten, u. ich bin
zu meiner Schande nicht so ernstlich u. unablässig wachsam
und entschlossen in diesem Streite als ich sein sollte. Und
was vielleicht das ärgste ist: ich merke seit geraumer Zeit
eine gewisse Trägheit, die zwar vornehmlich in meiner *Ma-*
schine ihren Grund zu haben scheint, von der ich aber nicht
wenig gehindert werde. Ich bin zuweilen in der Disposition
mit Alexandern, neue Welten zu pflanzen. Ich finde wenig
Menschen, wenig Scribenten, Philosophen, Poeten etc. nach
meinem Geschmacke. Die Geschichte rebutiert mich, weil
sie beinahe nicht anders als eine chronique scandaleuse du
genre humain ist. Die Menschen die ich auf unserm Planeten sehe, sind gar nicht, wie mich dünkt, daß ein Mensch
sein soll. Zuweilen wünsche ich mich unter die Quaker und
Mennoniten. Doch beruhigt mich dieser Wunsch so wenig
als einige andere, die mir manchmal durch den Kopf gehen.
Die Religion ist in meiner jetzigen Verfassung die Quelle
meines meisten u. größten Vergnügens; u. meine vor-

nehmste Bestrebung ist, andern den Weg anzupreisen, auf dem ich selbst zu einer reellen u. beständigen Glückseligkeit zu kommen hoffe. – Aber ich bin mir selbst allzu ungleich, u. weit weit von den Ideen von Vollkommenheit entfernt, die meinem Geiste vorschweben. Ich merke wohl daß dieser Leib des Todes viele Schuld hat; aber ich habe keine Lust, ihn zu mortificieren. Ich glaube in der Tat es sei für mich genug, wenn ich mich in Absicht aller Vergnügen, die mir die Natur, die Vernunft u. Religion anbieten, es seie nun Vergnügen der Sinnen, des Herzens oder des Geistes, der *Mäßigkeit* befleißige. Die bloß sinnlichen Vergnügen achte ich *unter der Menschheit*, diejenigen ausgenommen, die aus d. Befriedigung des Instinkts zur Erhaltung unsers Leibes, u. Vermehrung unsers Geschlechts entspringen. So natürlich der letzte mir scheint: so wünsche ich doch denselben allezeit unterdrücken zu können, und hoffe es; ungeachtet meine Neigung zum Vergnügen überhaupt, wie auch mein Zarter Geschmack am Schönen, u. meine Zärtlichkeit für den unschuldigern u. liebenswürdigern Teil des weiblichen Geschlechts (wovon mir aber nur wenig Individua persönlich bekannt sind) am meisten aber meine Ideen von der Glückseligkeit einer wahren ehlichen Union, diesem Wunsch entgegen zu streben scheinen. Ich mache keine förmliche Projekte wegen des Künftigen. Ich überlasse mich der besondern Vorsehung, die bisher über mich gewachet hat. Ich wünsche am meisten auf diesem Erdboden die Bestimmung, warum mich Gott hieher gesetzt, zu erfüllen; in diesem einzigen Wunsch acquiesciere ich. Ich hoffe dieses, durch Verbesserung meiner Selbst u. andrer zu erhalten, u. strebe darnach. Die Zukunft, die Unsterblichkeit ist mein Gesichtspunkt. Ich fühle es, daß die großen Wahrheiten, die ich glaube, wirklich auf mich influieren. Aber doch ist alles das noch mit vieler Unlauterkeit, die mehr in *Gewohnheiten* u. im Temperamente, als im Herzen ihren Grund haben, u. mit so vielen andern Schwachheiten u. Fehlern begleitet, daß ich höchste Ursache habe, mich vor Gott u. Menschen zu demütigen.

Dies ist etwas von meinem jetzigen Zustande. Ich weiß nicht, was für ein Instinkt mich getrieben hat, Ihnen dieses zu schreiben. Sehen Sie zu, ob Sie mir den Grund entdecken können. –

Mehr erlaubt mir die Zeit diesmal nicht. Ich umarme Sie mein Teuerster, als Ihr ergebenster Freund W.

7. *An Johann Georg Zimmermann in Brugg*

Zürich den 13. Dec. 56.

Mein Wehrtester Freund,

Sie haben das Unglück ein wenig zu hitzig und ich ein wenig zu träge zu sein, und daher werden wir einander noch manchmal zu Klagen Anlaß geben. Inzwischen wird das beste sein, daß wir einander sowohl die vergangnen Fehler, als die welche wir etwan noch künftig zu machen gedenken verzeihen und vergeben. Sie müssen nicht ungeduldig werden, Mein Herr, nicht an meiner Freundschaft zweifeln, nicht Vorwürfe machen, wenn ich Sie 14 Tage oder auch drei Wochen oder gar einen Monat, ja selbst ein Vierteljahr auf einen Brief warten lasse. Wie viel Ursachen können einem vorfallen, die eine Antwort aufhalten? Es kann 8 Tage anstehen, daß die Idee meines geliebtesten Freundes mir nicht einmal in die Reihe von Vorstellungen kommt, die mich in dieser Zeit beschäftigen. In den folgenden 8 Tagen habe ich vielleicht Zeit u: Anlaß an ihn zu denken und von ihm zu reden, aber weder Zeit noch Lust zu schreiben. Und doch liebe ich ihn nicht minder als wenn ich ihm alle Wochen zweimal schriebe. Sie verlangen daß ich Ihnen eine Idee von meinen Zerstreuungen gebe. Mit was für einen Haufen unendlich vieler Kleinigkeiten müßte ich dieses Papier anfüllen! Doch zur Probe nur eine Woche. Ich informiere des Tags vier Stunden, vormittag 2 und Nachmittag zwei. Ich stehe also Montag Morgens um 7 Uhr ungefähr auf. Nach einer ganz besonderen Beschaffenheit meiner seltsamen Maschine habe ich wenn ich aus dem Bett komme, beinahe eine Stunde nötig bis ich munter bin und mir selbst recht bewußt bin. Um 8 Uhr dejeuniere ich, und lese insgemein etwas dazu. Von 9–11 bin ich praeceptor. Die Stunde von 11–12 geht ehe ich mirs versehe über ein paar kleinen Beschäftigungen oder vielmehr Zeitvertreiben hin. Bis nachmittags um 2 pflege ich nichts zu arbeiten. Bis um 4 bin ich wieder Orbilius. Hernach stellen Sie sich vor daß ich etwan drei oder vier Freunde habe, die mir alle 14 Tage (wenigstens) Besuche machen, oder denen ich Besuch geben muß; oder meine Hauspatronen bekommen einen Besuch, wo ich aus Gefälligkeit zugegen sein muß; denn ich bin sonst so frei wie ein König und meine bloßen Winke werden sorgfältig ausgespähet, um sogleich vollzogen zu werden. Überdem sind etwan ein halb Dutzend Häuser wo ich um allerlei Verbindungen willen von Zeit zu Zeit Besuch machen muß. Zu diesem allem setzen Sie noch 3 oder vier liebe Freundinnen, deren Umgang unter diejenigen Vorteile gehört, die mir mein Leben am meisten versüßen, so werden Sie nun begreifen, wohin ein guter Teil meiner Abende kommt. In der Tat liebe ich das Haus so sehr als eine Schnecke, aber es ist mir nicht erlaubt, meiner Neigung hierin zu folgen, und wenn ich mich bemühe in jeder Woche einige Abende für mich zu behalten, so risquiere ich allemal dem einen oder andern von meinen Freunden und Bekannten zu mißfallen. Es bleibet mir also in dieser Winterszeit keine Muße zu meinen Nebenarbeiten als in jeder Woche ein paar Abende und die Stunden der Nacht die ich dem Schlaf zu entwenden pflege. Aber wie oft begegnet, daß mich wenn ich einen Abend allein zu sein hoffe, ein Fremder oder ein andrer unerwarteter und verhaßter Besuch nötiget, meine geliebte Zeit dahinzugeben! Gesetzt aber ich bleibe würklich allein; so begegnet selten daß nicht drei oder viererlei zu gleicher Zeit getan sein will; wenn ich die größte Lust hätte eine selbst gewählte u: schon angefangne Arbeit fortzusetzen, so kommen Briefe zu lesen, Briefe zu schreiben, die Aufsätze meiner Discipel durchzulesen und zu corrigieren; oder ich soll diesem und jenem zu gefallen schreiben was ich nicht will, diesem einen Avis wie er seinem zehnjährigen Bübchen die Philosophie beibringen soll, jenem Artikel in sein dictionnaire des Beaux arts, einem andern ein Urteil über eine übersetzte Ode aus dem Pindar, etc. Ich hätte kaum Zeit zum Atemholen, wenn ich einem jeden schmieren müßte, was er von mir fordert. Alles das und was noch dazu gehört sind nur Kleinigkeiten, die nicht würdig sind von Ihnen gewußt zu sein, inzwischen zerstreuen und zerreißen mich diese Kleinigkeiten und ich bin mit aller meiner Liebe zur Freiheit, so wenig mein eigen als ein Sklave. Man kann sich dergleichen Sachen besser vorstellen, wenn man 8 oder 14 Tage um mich ist, als durch eine Beschreibung. Aber genug einmal von diesem Nichts.

Sie haben, Mein Wehrtester Herr, mir in Ihrem Schreiben wegen der Christl. Empfindungen ein so großes u: feuriges Lob gegeben, daß ich nun mit Recht fordern kann, daß Sie mich nun auch einmal tadeln sollen. Schreiben Sie mir doch einmal mit aller möglichen Offenherzigkeit, was Sie an meinen Ideen und Sentiments oder sonst an mir auszusetzen finden, ich will Ihnen mehr davor verbunden sein als für alle diese fleurettes, deren ich zu sehr gewohnt bin als daß sie mir nutzen könnten. Ich weiß wohl daß Sie nicht in Sinn haben mir zu schmeicheln, aber allzuviel Lob, lauter Lob ist auch dem redlichsten Freund immer als eine Art von Schmeichelei anzurechnen.

Johann Georg Zimmermann.

Gestern Abends erhalte ich die Briefe des Misonymi nebst Ihrer Antwort. Sie soll ihm übermorgen zugefertiget werden. Da ich diesen seltsamen Menschen kenne, so konnte ich kaum zweifeln, daß er Ihnen wegen der Eremiten eine Lektion lesen würde. Er ist würklich ein Mann von seltnen Talenten, und von einem sehr guten und liebenswürdigen Herzen: Allein die Mystischen Schriften u: die Leben der Heiligen, die Theosophen, Poiret u: dergl. haben seinem Geist eine ganz eigne Falte gegeben. Er ist ein Verehrer des Poirets im höchsten Grad, und doch hat er Leibniz u: Bilfinger u: Wolf gelesen. Seine Wahrheitsliebe ist erstaunlich; sie hat ihn getrieben eine unendliche Menge Bücher von allen Arten der Philosophen zu lesen, zu meditieren u: zu prüfen. Er hat einen Universal Geschmack, eine allgemeine Menschenliebe, und einen Esprit de Syncretisme ohne gleichen; er kann die widersinnigsten Köpfe unter einen Hut bringen. Er ist erstaunlich arbeitsam, und bei einer aufnehmenden Freimütigkeit äußerst bescheiden. Er hätte einer der größten Genies unsrer Zeit werden können er wird aber schwerlich etwas anders als ein Poiret oder gar ein Heiliger.

Ich habe ihm schon oft entdeckt daß ich auf Xenophons *Menschen* mehr halte als auf alle Heilige der Römischen Kirche. Und doch liebt er mich, und macht sich gute Hoffnung von mir. – Er ist kein alter Mann, kein Geistlicher, er ist, soll ich es sagen, aus dem Gefolge des Aesculap, Mein Herr, ein Amtsbruder, ein Chirurgianus oder noch eigentlicher ein Operateur, und zwar ein geschickter und fleißiger. St! mehr darf ich nicht sagen, eh ich seiner Willensmeinung hierüber weiß. Er wohnet weder hier noch in der Schweiz; Er ist aber auch kein bloßer Cosmopolite wie ich, sondern in einer Reichsstadt in Schwaben seßhaft. Er dünkt mich in der Tat noch kein Mann für Sie; seine theosophisch-mystischen Ideen schicken sich zu den Ihrigen noch weniger als zu den meinigen, und ich müßte in der Tat besorgen daß Ihnen ein jeder Brief von ihm Kopfweh machte. Wenn Sie inzwischen Lust haben einige von seinen an mich abgelaßnen Avise zu lesen, so befehlen Sie. Er ist ein Phaenomenon das gekannt zu werden verdient. Ich für meinen Teil liebe ihn von Herzen, obgleich unsre Köpfer sich wie Tag und Nacht gegen einander verhalten.

Schreiben Sie mir auch politische Neuigkeiten, wenn Sie es nicht untunlich finden. Was für Sentiments regieren bei Ihren Souverains Seigneurs. Ce titre ne me plait pas. Er tönt allzu Venetianisch. Ich meinte sonst in einer Republik seien die Gesetze Souverain. – Hier fürchten einige den K. v. Fr. und einige scheinen sich sogar darnach zu sehnen, seine Sklaven zu sein. Ich glaube aber er werde so gut sein und unsrer nicht einmal wollen. Es sind hier einige Große, die nicht anders tun als ob der Große König allmächtig wäre, und wir schon itzt seiner Gnade lebten. Unser Pöbel nebst allen ehrlichen Leuten sind für den König von Preußen, und die Katholiken wollen ihn zu Tode betten. Welch ein galimathias!

Ich bin, was auch für Veränderungen die äußere Gestalt der Dinge betreffen, allezeit mit unwandelbarer Liebe und Hochachtung Ihr ergebenster   Wieland.

8. *An Sophie La Roche in Warthausen*

Zürich, den 28ten Sept. 1757.
Meine teureste Base,

Ich weiß kaum, ob ich wache, oder ob mich nur ein angenehmer Traum täuscht. Schreibe ich würklich an Sie, sind Sie würklich wieder näher bei mir, und werde ich würklich eine Antwort von Ihrer liebsten Hand erhalten? Wieviel unerwartete Glückseligkeit! Mein Herz danket Ihnen mit allen seinen Empfindungen für die neue Probe, die Sie mir durch die Erlaubnis Ihnen zu schreiben, von Ihrem gütigen Andenken geben. Aber damit diese großmütige Tat vollkommen sei, werden Sie mir erlauben, Ihnen diesesmal mehr aus meinem Herzen zu schreiben, als ich seit einem gewissen Zeitpunkt jemals getan habe – Sie wissen, daß mir alles das, was man unter der moralischen Delicatesse begreift, nicht unbekannt noch fremd ist. Aber ich glaube nicht wider diese Delicatesse zu handeln, wenn ich Ihnen schon, ungeachtet der vorgefallenen Änderungen sage, daß ich Sie noch eben so liebe und so lang ich lebe, eben so lieben werde, wie ich Sie seit dem 20sten August 1750. geliebt habe. Eine Zärtlichkeit, in der gar nichts fanatisches war, hielt mich zurück, Ihnen, in den wenigen Briefen, die ich seit mehr als 3 Jahren an Sie schreiben konnte, alles zu sagen was ich empfand. Ich fürchtete Sie dadurch eben so sehr zu rühren als ich selbst gerührt war, und wozu hätte dieses dienen können? Itzt hat sich in etlichen Jahren vieles geändert. Ohne Zweifel können wir itzt beide an einander denken, ohne eine Wehmut zu empfinden, die uns allzustark und auf lange quälen könnte. Bei Ihnen mußte das viel leichter zugehen als bei mir; aber auch bei mir ist es möglich gewesen. Auch die Zeit hat das ihrige dazu beigetragen; doch erwarte ich nicht gerne von der Zeit, was die Vernunft viel schneller und anständiger tun kann. Ich kann itzt an Sie denken, von Ihnen reden, Ihr Bild betrachten, die süßesten Stunden unsrer Liebe zurückrufen, und alles das ohne eine andre als eine vorübergehende Empfindung von Wehmut, in der mehr Zärtlichkeit als Schmerz ist. Selten vermisse ich sie so stark daß mir bang davon wird; es begegnet zwar zuweilen, aber das ist nur eine zufällige Unpäßlichkeit, die der dauerhaftern Gesundheit meiner Seele nichts anhaben kann. Ihr Verlust hat mir eine Art von Stoischer Indifference gegen Widerwärtigkeiten gegeben. Ich habe indessen einige wenige Personen von Ihrem Geschlecht gefunden die ich sehr liebe, aber keine wie ich Sie geliebt habe, und keine die so viele, so manchfaltige, und so éminente Vollkommenheiten und Reizungen hätte wie Sie. Nur eine Einzige von diesen Personen hat in meinen Augen etwas Engelähnliches, wie Sie für mich haben, aber nicht in dem Grade. Sie ist mir deswegen die liebste, aber nach Ihnen.

Ich bin so glücklich gewesen hier und in Winterthur einige Freunde zu finden, die mein ganzes Herz haben. Es sind Leute von der liebenswürdigsten Gemütsart und von nicht gewöhnlichen Qualitäten. Die wenigen Damen unter dieser freundschaftlichen Schar sind alle schon über 40 Jahre, und mir um dessentwillen lieber. (Sie können nicht glauben wie sehr mir nach Ihrem Verlust, die jungen Mädchen gleichgültig sind.) Ich finde zuweilen ein großes Belieben mit meinen Vertrautesten von Ihnen zu reden, und ihnen unsre Geschichte zu erzählen, mit der ich schon bei manchen Tränen hervorlockte. Ihr Bild hat Ihnen schon viele Liebhaber, und meine Erzählung von Ihrem Charakter viele Verehrer zu wege gebracht. Mich bewundert man als einen Helden, weil ich geduldig leide, was ich nicht ändern kann, als was ich wenn es von mir abhinge alle Augenblicke ändern würde. Jedermann hält es für meine Pflicht, Sie wie ich tue, unaufhörlich zu lieben, und dieser Pflicht folgt mein Herz sehr willig. Ihr Bild fällt mir allemal ein wenn ich an irgend eine weibliche Vollkommenheit denke, und noch itzt wenn ich einen Engel in der Gestalt einer Grazie malen will, wird das Bild unvermerkt und ohne meine ausdrückliche Absicht das Ihrige – Ninon sagt, man könne einer Person keine ewige Liebe versprechen. Mich dünkt es so natürlich daß ich Sie immer liebe, als daß ich so lang ich lebe immer Atem holen werde. Es scheint mir auch, wenn ich ganz gelassen, und mit heitrer Vernunft alle Ihre Vorzüge und Liebenswürdigkeiten überdenke, ganz unwahrscheinlich

41

daß ich jemals eine Person finden werde, welche mich mehr einnehmen und bezaubern könnte als Sie, die Sich eben so gut schickte meine Freundin, meine Gesellschafterin und meine Geliebte zu sein wie Sie, und die so ganz und gar nach meinem Herzen und Geschmack wäre wie Sie. Sie werden also allem Ansehen nach immer den ersten Platz unter allen geliebten Gegenständen meiner Seele behalten, und da die verflossenen vier Jahre Sie nicht von dieser Oberstelle verdrängen konnten, was könnte im Stand sein, es künftig zu tun? Ich gestehe Ihnen daß mir mein Schicksal zuweilen wunderlich vorkommt, und daß es mich schmerzt, daß ich zu derjenigen Art von Glückseligkeit, die für mich die meisten Reizungen hat, gar nicht gemacht zu sein scheine. Was ist aber zu machen? Ich finde eine Art von Beruhigung darin daß ich Sie um Ihrer selbst willen, unveränderlich liebe; Ich genieße immer noch das Anschauen aller Ihrer Vortrefflichkeiten, obgleich nur in der Einbildung, und so bin ich Ihrer nicht ganz beraubt.

Das sind nun sehr freie Liebesdeklarationen an eine vermählte Dame. Mich dünkt aber sie seien in dem seltsamen und fast uniquen Fall worin ich mich befinde, nicht nur zu entschuldigen, sondern keiner Entschuldigung benötigt. Man kann nicht aufhören Sie zu lieben, wenn man Sie einmal geliebt hat wie ich. Ich sehe auch nicht warum es nötig wäre, oder was derjenige, der Sich selbst etwas lange nicht so billiges erlaubt hat, mit Recht dagegen einwenden könnte. Ich mache aber hiemit keinen Vorwurf gegen einen gewissen Herren. Wenn er sich bemüht Sie glücklich zu machen, so verdient er meine Dankbarkeit. Aber in Absicht seines Betragens gegen mich, schauet meine Seele sehr tief auf ihn hinab. Ich verschmähete jeden Atemzug, wenn ich fähig wäre unedel zu handeln. Vergeben Sie mir, meine Geliebte Base, mein Herz befal mir auch dieses zu sagen, und ich will Ihnen gerne à mon tour verzeihen, wenn Sie auf mich deswegen böse werden.

Ich zweifle nicht, Sie werden so gütig sein und auch von meinen äußerlichen Umständen einige Nachricht verlangen. Ich kann Ihnen davon nichts weiters schreiben, als daß ich hier überhaupt in einer sehr glücklichen Situation lebe, und daß ich kaum glücklicher zu sein wünschen könnte, wenn ich nicht oft genug durch den Gedanken geplaget würde, daß ich, immer zu bald für meine Ruhe, von den besten Freunden werde scheiden müssen. Ich möchte wohl gerne unendlich viel mit Ihnen schwatzen. Aber wenn ich Sie auch sehen könnte, so dürfte ichs ungeachtet meiner oben ge-machten Rodomontaden, keineswegs wagen. Ich zweifle ob ich ohne gänzl. Erschöpfung oder Zerrüttung meiner ohne-hin schwächlichen Gesundheit, nur eine Stunde Ihnen gegen über sitzen könnte.

Wer hätte das vor 5 Jahren gedacht! Und was kann wun-derlichers sein, als den Anblick derjenigen die man am mei-sten liebt, am meisten fliehen müssen? So will es mein Schicksal! Man hat Exempel daß Freude oder Schmerz, jedes allein, Leute plötzlich getötet haben. Ich glaube nicht daß ich im Stand wäre, den Kampf zwischen Entzückung und hoffnungsloser Traurigkeit zu überstehen, den Ihr all-zuliebenswürdiger Anblick in meiner Seele erregen würde.

Ich habe nun genug von mir geschwatzt. Erlauben Sie mir itzt, Meine – – – ich finde keinen Namen für Sie, da ich diejenigen nicht schreiben darf, womit Sie mein Herz be-nennet – – – Erlauben Sie mir, Sie zu befragen, wie Sie Sich befinden, wie glücklich Sie leben, und wieviel oder wenig Ihre äußern Umstände, Ihrem vortrefflichen Herzen erlau-ben, nach seiner eignen Art glücklich zu sein? Sie würden mich unendlich verpflichten, wenn Sie mir bis zur Schwatz-haftigkeit von Ihrem bisherigen Leben Nachricht geben würden. Tun Sie es doch, Meine Sophie! Ein Brief, alle zwei oder drei Jahre ein Brief, ist ja alles was mir von Ihnen übrig geblieben ist!

Ich kann Ihnen nicht genug sagen, wie sehr es mich zuweilen geschmerzt, daß uns aller Briefwechsel abgeschnitten worden, ob es mich gleich noch mehr geschmerzt hätte, wenn ich Ursache gehabt hätte, Ihrer Gleichgültigkeit gegen mich Die Schuld davon zu geben. Ich will aber nichts weiter davon sagen, damit ich nicht der Versuchung unterliege, auf jemand zu schmählen.

Meine Freunde fragten von Zeit zu Zeit nach Ihnen, und wir waren vielmals nicht wenig bekümmert für Sie, aus Besorgnis der Ort Ihres Aufenthalts möchte an dem itzigen Krieg einen verdrießlichen Anteil nehmen müssen. Wir konnten nicht anders als Sie sehr bedauren, daß Sie sonderlich bei den itzigen Zeitumständen in einer Papistischen Stadt leben müßten, und genötiget werden, alle Tage Proben eines wilden Religionseifers und pöbelhaften Hasses gegen den größten der Könige zu hören oder zu sehen, u: s. weiter. Vielleicht haben wir uns vieles schlimmer vorgestellt als es war, und dagegen viel angenehmes und gutes nicht gewußt, wodurch Ihnen jene Bitterkeiten sind versüßt worden. An Ihrer Gesundheit, Meine liebste Base, ist mir am meisten gelegen. Sorgen Sie, auch um meinetwillen, So viel als nur möglich ist, für dieselbe.

Von Ihrer Correspondenz mit dem Abt von Paris, dessen Namen ich wieder vergessen habe, möchte ich gerne etwas sehen, wenns möglich wäre. Sie haben mir einmal Hoffnung dazu gemacht.

Ich wünsche daß wir beide unser 50stes Jahr erleben mögen. Vielleicht können wir alsdann an Einem Ort leben, und dann wird weder meine eigne Passion, noch die Jalousie eines andern mir verbieten Ihrer angenehmsten Conversation wieder zu genießen, deren Beraubung mir schmerzlicher ist als der Verlust des Besitzes einer Person, die in meinen Augen immer die angenehmste, holdseligste und liebenswürdigste ihres Geschlechts bleiben wird.

Es ist Zeit daß ich Sie von einem ziemlich unbescheidnen Correspondenten befreie. Leben Sie wohl. Mein Herz ist allezeit mit seinen heißesten Wünschen und mit seinen zärtlichsten Empfindungen bei Ihnen. Vergessen Sie nicht gänzlich Ihren ergebensten und getreuen Freund und Diener   Wieland.

*

Johann Arnold Ebert (1723–1795) war Kanonikus und herzoglicher Braunschweigischer Hofrat, Dichter und Übersetzer. Ihm berichtete Wieland über seinen literarischen Streit mit einigen Anakreontikern, der ihm das Mißfallen Lessings und des Berliner Schriftstellers, Kritikers und Verlagsbuchhändlers Christoph Friedrich Nicolai (1733–1811) eingebracht hatte. Ziel von Wielands zum Teil maßlosen Angriffen war vor allem der Lyriker Johann Peter Uz (1720–1796), den er als »Prediger der Wollust und Ruchlosigkeit« beim Berliner Hofprediger Friedrich Samuel Sack denunzierte und dem kirchlichen Zorn empfahl. Bald hatte Wieland jedoch erkannt, daß er zu weit gegangen war, und Lessing konnte in seinen »Briefen, die neueste Litteratur betreffend«, erleichtert feststellen: »Freuen Sie sich mit mir! Herr Wieland hat die ätherischen Sphären verlassen, und wandelt wieder unter den Menschenkindern.«

9. An Johann Arnold Ebert in Braunschweig

Zürich den 27. August und Oktober 1758. Hochzuehrender Herr Professor / Wehrtester Herr und Freund,

Ihr Schreiben, und ein so freundschaftliches und verbindliches Schreiben, von einem Manne, dessen Freundschaft ich mir so lange gewünschet und der unter den wenigen

Deutschen ist, denen ich zu gefallen vorzüglich getrachtet habe, das war für mich ein eben so ungemeines als unverhofftes Vergnügen. Lange ehe ich mir nur davon träumen ließ, daß ich jemals als ein Poet in der Welt auftreten würde, kannte und liebte ich den Übersetzer des *Leonidas*, und fühlte die stärkste Hochachtung für ihn, weil ich ihn für ein Werk so passioniert sah, das unter allen Werken des Menschl. Verstandes mich am meisten entzückte und mit meinem Geist und Herzen am völligsten zusammengestimmt war. Die großen Talente, die mir eine Übersetzung, welche die Miene des schönsten Originals hat, an Ihnen entdeckte, flößten mir nicht mehr Bewundrung für Sie ein, als ich Liebe und Zärtlichkeit für den Mann empfand, der die eigentümliche Schönheit der Tugend, die Würde der Menschheit, die wahre Größe und Erhabenheit, nach ihrem ganzen Werte so zu schätzen wußte. Schon damals traute ich Ihnen eine *Griechische Seele* zu, und bedaurte mich selbst daß ich keine Hoffnung sahe, mit Ihnen bekannter werden zu können. Je mehr Sie Seit dieser Zeit durch Arbeiten, die so unendlich weit über die kindischen Versuche und Spielwerke der deutschen Beaux-Esprits erhaben waren, Sich die Welt verpflichteten, desto mehr nahm meine Hochachtung für Sie zu; und ich ward öfters versucht Ihnen entweder eine öffentliche Probe davon zu geben oder Sie wenigstens schriftlich dessen zu versichern. Allein von dem ersten hielt mich die Furcht ab, es möchte das Ansehen haben, als wollte ich mir durch dergleichen démarches Beifall und Ansehen erschleichen, und das andere verschob ich von einer Zeit zur andern weil mich einige äußerliche Umstände, die ich noch nicht anzeigen mag, etwas schüchtern machten. Nun sind Sie mir auf die einnehmendeste Art zuvor gekommen. So schmeichelhafte Dinge Sie mir auch sagen So befiehlt mir mein Herz zu glauben, daß Sie mir nichts sagen, als was Sie empfinden. Complimente würden weder Ihrer

noch meiner würdig sein. Ich nehme also mit dem lebhaftesten Vergnügen die Gesinnungen von Ergebenheit und
Freundschaft an, welche Sie mir eröffnen, ich bitte Sie mir
dieselbigen so lange zu erhalten, als ich mich bestreben
werde die Liebe der Menschen zu verdienen, und versichert
zu sein, daß auch Ihre ältesten und bewährtesten Freunde
mich an Hochachtung und Zärtlichkeit für Sie nicht über-
treffen können.

Ich sehe Ihrem angekündigten Werke mit Verlangen entgegen. Ich habe es den wenigen Liebhabern und Kennern
des Wahren und Schönen, die ich hier kenne, bekannt gemacht, und ich zweifle nicht, sie werden, nach dem was sie
mir gesagt, sich selbst bei den Collecteurs der Subscriptio-
nen melden. Sie fragen mich ob ich meinen Namen bei Hrn.
Utzens seinem werde sehen können? Und ich will Ihnen
ganz freimütig antworten, daß ich mich schon so oft in
Gesellschaft von ähnlicher Art gesehen habe, daß diese
nichts anstößiges für mich haben kann. Wenn Sie nichts
dabei besorgen, Hrn. Utz zu mir zu stellen, So kann ich
noch viel weniger dabei zu besorgen haben.

Alles was Sie mir wegen dieses Herren sagen, verdient als
eine Würkung Ihrer Freundschaft meinen Dank. Ich kann
denselben nicht besser abtragen, als wenn ich Ihre Offenherzigkeit erwidre. Ich habe niemals weder Talente noch
Künste in abstracto beurteilt, wenn die Rede von einzelnen
Personen war, die selbige besaßen oder trieben. Bloß der
Gebrauch den diese Personen davon machten, bestimmte
mein Urteil. Ein Bel-Esprit ist allemal auch ein Glied der
Menschl. Gesellschaft und ich schätze ihn nur alsdann,
wenn er als Bel Esprit der Gesellschaft nützlich ist. Der
Mißbrauch des Genie und der Künste hat mich schon lange
äußerst gekränkt, und es war ein creve-cœur für mich,
Deutschland mit tändelnden Poesien und läppischen Nach-
ahmungen des Anacreon u: dergl. überhäuft zu sehen. Hr.

Utz mißfiel mir desto mehr, weil ich sahe, daß er würklich
genie hatte. Ich fand nötig Wahrheiten zu sagen, die ihn
beleidigen mußten, und ich wählte ihn vor andern, weil die
meisten andern meiner Züchtigung nicht einmal würdig
waren. Meine Empfindungen und Ausdrücke von Sachen,
die mir wichtig sind, sind sehr lebhaft. Ich konnte nicht
kaltsinnig von Leuten sprechen, die ich als Verführer der
Jugend und Verderber des ächten Geschmacks einer ganzen
Nation ansehen mußte. Hiezu kam das unvernünftige Urteil
das Hr. Utz über die biblischen Gedichte in einem seiner
Briefe fällte. Es verdroß mich daß ein Mensch, den nichts
dazu berechtigen konnte, sich vor aller Welt solche airs de
Dictateur geben sollte und dieses zog ihm etliche Streiche
zu, womit er sonst wäre verschont geblieben. Allein seit
dem Hr. Utz und die Nicolaiten, seine Freunde gut gefunden haben, ihren Verdruß über mich auf eine Art auszulas-
sen, welche beweist wie wenig ich ihm unrecht getan, finde
ich ihn nicht einmal meiner Peitsche mehr würdig. Ich hoffe
daß ein kleiner Lyrischer Poet der Sich einen Myron und
mich einen Meister Zimmermann nennt weder Kritik noch
Satire bedürfe. Er hat alles in sich selber was ihn der Welt
lächerlich und verächtlich machen kann, und bedarf keiner
fremden Hülfe. Was Sie mir von seinem Character und
Umgang sagen, hat weil Sie es sagen, bei mir alles mögliche
Gewicht. Allein es kann keinen Einfluß auf mein Urteil von
dem Schriftsteller haben. Wie ein Duns einigermaßen ein
ehrlicher Mann So kann ein leichtfertiger Witzling ein arti-
ger wohlgesitteter und ehrbarer Mensch sein, ohne daß
jener ein Schöps und dieser ein schädlicher oder mindstens
unnützer Scribent zu sein aufhört. Ich bekümmere mich
nicht um das Leben Sondern um die Schriften eines Scribenten. Er hat in meinen Augen und in der Entfernung
worin ich ihn ansehe, nur den Character, den er sich in
seinen Werken gibt. Hr. Utz Sei wer und wie er wolle, So ist

er der Verfasser des Liebesgottes, der elendesten unter allen Mißgeburten des deutschen Witzes, die seinem Herzen soviel Schande macht als seinem Geist. Sobald er hievon überzeugt sein, und durch Bemühungen, die einem rechtschaffenen Mann anständig sind, seine ehmaligen Torheiten auslöschen wird, so werde ich der erste sein, der ihn bewundern und anpreisen wird. Aber die Indulgenz die man in Deutschland gegen dergleichen poetische petits maitres hat, wird sie allezeit so eitel machen, daß Sie zu keiner Selbsterkenntnis kommen können.

Sie verlangen auf eine sehr verbindliche Art, Nachricht von meinen Umständen. Ich kann Ihnen mit Wahrheit sagen, daß meine Geschichte eine Art von Roman geben würde der nicht unangenehm zu lesen und für junge Leute und Studierende nicht unnützlich sein würde. Allein die Erzählung derselben muß auf die Zeit versparet werden, da wir uns sehen werden, eine Zeit die wenn wir noch etliche Jahre leben, ohne Zweifel kommen wird. Ich bin nun schon 6 Jahre in Zürich; und lebe seit 4 Jahren im Schoße einer angesehenen Familie, wovon einige Mitglieder sehr liebenswürdig sind. Ich habe Freunde und Freundinnen die mich glücklich machen. Unter den ersten ist wie Sie wissen, Breitinger und Bodmer, bei welchem letztern ich über anderhalb Jahre in der engesten Verbindung zubrachte. Meine ordentlichen Geschäfte sind einigen Jungen Herren, die des Tags 4 Stunden zu mir kommen Lektionen zu geben. Mein Aufenthalt zu Zürich ist mir unendlich angenehm. Weil ich aber nicht immer da bleiben kann, so werde ich darauf denken müssen wie und wo ich mich établieren soll. Die Ruhige, freie Lebensart, die Sie mir mit Popens Worten wünschen, ist alles was ich ambitioniere; aber wie ich sie erlangen könne, sehe ich noch nicht – above a Patron – dieses ist in meinen Augen ein Glück das mit der Hütte des Epictet ja ich hätte schier gesagt mit dem Fasse des Diogenes erkauft zu werden verdient. Die Freiheit ist allezeit weil ich atme, die Dame de mes pensées gewesen; und ob ich gleich an die agremens de la vie gewohnt bin, so kann ich doch wie Curius leben, wenn ich auf keine andre weise frei sein kann. Vielleicht ist noch keiner jemals bei der Lebensart die ich itzt führe, freier gewesen. Es sind schon entfernte Freunde von mir so parteiisch gewesen, zu glauben es sei unter mir ein Privatlehrer zu sein. Sie machten sich den Begriff von meiner Situation nach derjenigen, worin sich insgemein die sogenannten Hofmeister oder gouverneurs junger Edelleute in Deutschland befinden. Ich sagte ihnen aber, daß ich meinen itzigen Zustand mit dem glänzendsten Glücke nicht vertauschen würde, und daß meine kühnsten Wünsche nicht weiter gehen als zu wünschen daß ich mein ganzes Leben in eben der Situation zubringen könnte worin ich seit 4 Jahren bin.

Der respectable Verfasser der Patriotischen Träume, wovon eine sehr verbesserte und erweiterte Auflage auf die Messe kommt, ist ein junger Staatsmann in der Republik Basel, der bereits eine ansehnliche Stelle in derselben bekleidet und würklich alle Qualitäten eines Dion und Epaminondas besitzt.

Er heißt Iselin. Es befremdet mich eben so wenig daß das Buch eines so großen Geistes in Deutschland unbekannt ist, als daß es Sie, Mein teurester Herr, so sehr bezaubert hat. Der Genius der deutschen Nation ist noch nicht erhöht genug um einige seiner Schriftsteller fassen zu können. Dieses ist den Söhnen derer die itzt Väter sind aufbehalten. Und doch glaube ich daß die Scribenten selbst viele schuld haben. Wir haben noch allzuwenige, wenn wir ja einige haben, welche zugleich wie die Engländer denken, und wie die Franzosen schreiben können.

Hr. Geßner ist durch die verbindliche Art womit Sie Sich seiner erinnern entzückt worden. Er empfiehlt sich Ihnen und versichert Sie aller seiner Hochachtung. Eben dieses tun Breitinger u: Bodmer, Ihre alten obgleich vielleicht unbekannten Bewunderer. Haben Sie die Gewogenheit Se. Hochwürden Hrn. Dr. Jerusalem durch Vermeldung meines respecteusen Grußes an mich zu erinnern. Empfehlen Sie mich auch Hr. Prof. *Gärtnern* und seiner würdigen Gemahlin, und Hrn. *Zachariä* welchen beiden ich bekannt zu sein wünschte. Leben Sie wohl. Wie oft habe ich dieses Jahr für Sie gezittert! Der Himmel schütze Sie und gebe unserm Helden, Ferdinand und dem vortrefflichen Erbprinzen, an dessen Lorbeer auch Sie als sein ehmaliger Lehrer Anteil haben, Sieg und Ehre! Ich umarme Sie mit allen Empfindungen der Freundschaft, und bin von Herzen Mein wehrtester Herr Professor Ihr gehorsamster und ergebenster

Wieland.

Was soll ich sagen, daß ein Brief an Sie der zu Ende des Augustmonats geschrieben worden, im Oktober noch in meinen Händen ist. Ich suchte lange Gelegenheit meinen Brief auf eine sicherere Art als die Post abzuschicken. Ich fand keine. Einige Lustreisen welche zum Teil von der herbstl. Jahreszeit veranlaßt wurden zerstreuten mich und brachten mir diesen Brief aus den Gedanken. Itzt erinnere ich mich wieder, finde ihn und schicke ihn auf die Post. Möchte er Sie glücklich und gesund antreffen. Vergeben Sie, mein wehrter Herr Ihrem aufrichtigen Verehrer   W.

*

1759 wollte Wieland, der zu dieser Zeit als Hauslehrer in Bern lebte, eine Art »preußischer Vergil« und erster »Heldendichter« Deutschlands werden. Sein heroisches Gedicht »Cyrus«, das er Anfang Mai Johann Georg Zimmermann zur Lektüre geschickt hatte, schrieb er im Blick auf Friedrich II. von Preußen. Im folgenden Brief nahm er zu Zimmermanns kritischen Anmerkungen dazu

Stellung und erläuterte Grundsätze seiner literarischen Arbeits-
weise: »Ein Poet muß sich seine Sprache selbst bilden und dieses
ist ... eine schwierige Arbeit.«

10. An Johann Georg Zimmermann in Brugg

Zürich, den 24. Mai 1759.

Sie wollen wissen was Mad. G*rebel* von dem Briefe Ihrer unvergleichlichen Freundin sagt – Sie ist so sehr von demselben bezaubert gewesen daß Sie mir mehr durch den höhern Glanz Ihrer Augen und durch abgebrochne Worte sagte als die schönste Beurteilung hätte sagen können. Sie glaubt daß man nicht schöner denken und sich nicht schöner ausdrücken könne, als Mad. Z. und sie hat alle Lust verloren jemals die Feder anzusetzen. Sie ist unfähig für höhere Vorzüge etwas anders als Bewundrung und Liebe zu empfinden, aber sie wünschte der liebenswürdigsten unter den Weibern zu gleichen, und es kränkt sie aus einer untadelhaften Selbstliebe sich unter ihr zu sehen. In der Tat ist Mad. G. zu furchtsam. Unter der Bedingung, daß vor zwanzig Jahren eine kleine Veränderung in ihren Umständen hätte gemacht werden müssen, wäre Sie alles geworden was ein Frauenzimmer verehrenswürdig machen kann.

Mein Beispiel ist keine große Autorität, wie Sie zu sagen belieben, und soll keine sein. Ihr Tadel des unnötigen Gebrauchs fremder Wörter ist vollkommen gegründet. Ich habe nur die *Kunstwörter* von der allgemeinen Verurteilung ausnehmen, nicht aber meine *Nachlässigkeit* überhaupt entschuldigen wollen. Ich bin nicht fähig zu denken daß mir etwas tadelwürdiges besser erlaubt sei als einem andern. Die Wochenschrift soll in Absicht auf diesen Punkt, der zur Correctness and Chastity of Stile wesentlich ist, Ihrem Verlangen völlig entsprechen. Aber ist es nicht verdrießlich, daß so viele Wörter der deutschen Sprache mangeln, welche keinem denkenden und geistreichen Volke mangeln Sollten. Der Xenophon, in dessen Sprache die Musen geredet haben, dieser Liebling der Grazien, verliert selbst in einer *guten* deutschen Übersetzung, eben so wohl als in der schlechten französischen des Charpentier, alle seine Anmut [,] er verliert alles das was die Mediceische Venus in den Zeichnungen verliert, die von ihr gemacht werden; mehr wenn ein Herrliberger, weniger wenn ein Sandrart sie gemacht hat.

Ich habe über die Art wie der Poet, der Heldendichter, und der Dichter des Cyrus schreiben soll, so lange gedacht bis ich auf den Grund kam. Ich werde eben so scharf über die Art denken wie ein Philosoph schreiben soll, der in Prosa für die Menschen schreibt.

Es läßt sich wenig allgemeines vom Stil sagen. Ich glaube unsre Gedanken, so bald wir sie recht ausgesprochen haben, werden einander allezeit treffen. Indessen ist es ihnen doch vielleicht nicht unangenehm, wenn ich meine Feder über diesen Gegenstand so lange fortlaufen lasse als sie will. Die Frage welches ist die schönste Art zu schreiben ist wie wenn man fragte, welches ist die schönste Art zu *malen?* Die Worte sind die Farben des Poeten. Geben Sie dem Tizian und irgend einem Leipziger Tapetenmaler die gleichen Farben, dem Thomson und dem Hrn. *Bodmer* die gleichen Wörter; lassen Sie dieses doppelte Paar eine Flora malen, wie sie in einem süßen Morgentraum an einer Quelle schlummert, indessen daß der Zephyr mit ihrem leichten Gewande spielt – Was für Wunder werden Tizian und Thomson mit eben diesen Farben tun, mit welchen die andern Beiden nur eine bunte Sudelei in Chinesischem Geschmack hervorbringen werden? Die Danae des Correge würde weniger schön sein wenn sie wie die schönste Madonna des Raphael gemalt wäre, und umgekehrt. Andre Farben zu einer Diana andre zur Venus, andre zum Hercules, andre zum Adonis. Wer könnte die verschiednen Manieren der *Färbung* und des *Stils* zählen, welche die mannigfaltigen Gegenstände in einem Werke wie Cyrus künftig sein wird, erfordern? Das Schwere ist die *Einheit* und *Harmonie* im *Ton des Ganzen* Werkes zu verbinden.

Ist die malerische oder die spruchreiche Schreibart besser? Keine von beiden. Sie sind einander nur alsdann entgegengesetzt, wenn beide über ihre Grenzen getrieben werden. Was ist schreiben als seine Empfindungen und Gedanken *malen*? Was sind Gedanken, als Beobachtungen oder Schlüsse, die sich in einem kurzen Spruch ausdrücken lassen? Eine Schreibart ohne Gemälde muß einschläfernd und ohne die vibranten Sententias des Tacitus oder Seneca nervenlos sein. Es sind wenigstens zehn mal hundert tausend Regeln, welche ein guter Scribent nur in Absicht des Ausdrucks und Stils zu beobachten hat. Wenn einer sie alle wüßte und es fehlte ihm am Verstande sie recht anzuwenden, So wäre er ein schlechter Scribent. Also kommt zuletzt alles auf den Verstand und Genie des Schriftstellers an.

Wie wenige Leser sind Ihnen, mein Freund, an der weisen Behutsamkeit ähnlich, die Sie in der Beurteilung eines Gedichtes zeigen, welches bei seinem Verfasser Genie und Kunst voraussetzt! Insgemein spricht man in einem Augenblicke über das Werk vieler Nachtwachen ab; und tausend einzelne Verse, die dem Poeten unsägliche Mühe ja oft Pein und Marter gekostet haben, bis sie so geworden sind, wie er sie gibt, werden mit gleichgültigem Blick übersehen. Die meisten Leser bilden sich ein der Verfasser habe mit eben der Leichtigkeit gearbeitet mit welcher sie ihn lesen. Sie denken nicht mit welcher Wahl, mit welcher Überlegung, mit welcher Strenge er sein eigner Aristarch gewesen, und noch weniger fällt ihnen ein, daß ein Verfasser (vorausgesetzt daß er kein Stümper sei) notwendig besser wissen muß als irgend einer von Seinen Lesern, wie er sein Werk erfinden, ordonnieren, dessinieren, und ausmalen müsse. Er hat unendlich mal mehr darüber gedacht als sie, er hat keinen Zug gemacht, kein Wort gesetzt, ohne den Grund davon zu wissen und geprüft zu haben. Allein die unendliche Menge von Regeln der Ordnung, Schönheit und Harmonie, die er zu beobachten hatte, erlaubt der menschlichen Kunst nicht, alle Fehler auszuweichen, oder nur alle, die man nicht vermieden hat, zu entdecken. Und dieses ist der Grund warum ich von meinen Freunden Kritiken en détail verlange. Ich warte mit Ungeduld auf Ihr und Ihrer Geliebten mit Kritischen Zeichen versehene Exemplare vom Cyrus. Niemand unter allen Mannspersonen hat den Sensum Veri, pulchri et boni, oder das was Shaftesbury den Sensum communem nennt in einem höhern Grade als Sie mein Freund, und Ihre Frau – ist die vierte Grazie und die zehente Muse. Ihre Anmerkungen werden mich aufmerksam machen. Ich werde die bezeichneten Stellen entweder rechtfertigen, oder verbessern. Sie haben auch einzelne Worte und Ausdrücke gefunden Mein Freund, die Sie anders wünschten. Darf ich Ihnen zum voraus, und ohne Sie in der freien Ausübung Ihres Rechts zu genieren, ein paar von *meinen* Anmerkungen über das Allgemeine dieser Materie sagen? Ein jeder Poet muß sich seine Sprache selbst bilden und dieses ist wie niemand besser merkt als Sie eine schwierige Arbeit. Es muß ihm alles erlaubt sein was Horaz den Poeten in Absicht der Sprache, der neuen Wortfügungen, der Zusammengesetzten Wörter u: dergl. erlaubt, aber nur unter den Bedingungen die er ihnen vorschreibt. Sehen Sie wie Homer, Virgil, Tasso, Glover sich dieser Freiheit bedient haben. Jeder hat seine eigne Sprache, so wie jeder große Maler seine eigne Art der Färbung. Nichts ist falscher als die französische Maxime man müsse in Versen eben so wie in Prosa schreiben. Es ist unnötig daß ich Sie hierüber mit einem langweiligen detail ermüde. Das Beispiel aller großen

Verfasser ist wider die gedachte Maxime und das ist genug. Unter den Materialien die ein Poet am meisten nötig hat, sind die Wörter die verschiedene Grade und Nuançen von der gleichen Farbe ausdrücken; und in diesem Stück muß unsre Sprache öfters aus fremden bereichert werden – Es ist mir eingefallen, ob vielleicht das Wort *ecstatisch* unter denen sei, die Sie anders haben möchten, allein wo soll ich ein anders Wort finden, das den Zustand der Seele den man exstasien nennt, ausdrücke. *Entzückt*, ravi, ist ein geringerer Grad von eben diesem Zustand – die Leiter ist – zufrieden, vergnügt, fröhlich, entzückt, ekstatisch. Ist vielleicht *entgöttert* eines dieser Wörter? es ist sichtbar daß es nach der Analogie der teutschen Sprache gemacht ist; es sagt so viel als *der Gottheit beraubt*, aber es sagt es in drei Silben. Die engländischen Poeten haben viele dergleichen Wörter; ich bin sehr sparsam damit. – Doch was nutzt es weiter zu raten? Wir wollen sehen; ich bin nicht nur geneigt der Kritik Wörter und Verse sondern ganze Stellen aufzuopfern. Ich habe es schon getan. Es ist keine Stelle in diesen Gesängen die nicht mehr als zehnmal zu verschiednen Zeiten überarbeitet worden sei; ich habe hier und da lange Tiraden, unter andern eine von mehr als 200 Versen, (ein Gespräch zwischen einigen Engeln,) gänzlich ausgestrichen; es gibt Scribenten die nicht dazu zu bringen sind, ein Wort auszustreichen; mir gibt es nichts zu schaffen zwanzig Verse wegzuwerfen, wenn ich merke oder von andern berichtet werde, daß sie nichts taugen.

Ich ambitioniere ein *Maler der Seelen* zu sein, und in der Versifikation des Cyrus die Musikalische Vollkommenheit die in dieser Art möglich ist, erreicht zu haben. Es ist mir also unendlich angenehm, daß Sie mich in diesen Stücken so finden, wie ich zu sein wünsche.

Unsers Philosophen Kaltsinnigkeit kann mich nicht beleidigen. Habe ich ihn nicht eben so kaltsinnig an Mad. Z.

Seite sitzen sehen? Ich liebe ihn um dessentwillen nichts weniger daß er anders organisiert ist als Sie und ich. Was Sie mir von N. N. Sagen befremdet mich auch nicht. Wir wollen des Cyrus künftig nicht vor ihm erwähnen. Aber Sagen Sie mir hat er den *Leonidas* gelesen? und hat ihm Leonidas gefallen?

Künftigen Freitag sollen Sie das verlangte erhalten. Grüßen Sie mir die liebenswürdigste und geliebteste unter den Weibern. Ich umarme Sie, mein Freund, und bin gänzlich der Ihrige   W.

P. S. Haben Sie noch Geduld. Ich bleibe bis Ausgangs der Pfingstwoche hier. Es hat nicht anders sein können.

II. Meine Briefe – beinahe lauter Elegien

Wieland lebte seit 1754 als Hauslehrer in Zürich und Bern und entfaltete eine umfangreiche literarische Produktivität, die ihn aber wirtschaftlich nicht unabhängig machen konnte. Als ihn seine Landsleute Ende April 1760 zum Senator der Freien Reichsstadt wählten, kehrte er kurz darauf nach dem oberschwäbischen Biberach an der Riß zurück. Die neun Jahre, die er als politischer Beamter seiner Vaterstadt in »Tragi-Comico-Farcialischer Glückseligkeit« erlebte und erlitt, gelten als die entscheidende Wende in seiner persönlichen und literarischen Entwicklung.

11. An Johann Jacob Bodmer in Zürich

Biberach, d. 1. Octob. 1760.

Teurester Herr und Freund,

So befremdlich Ihnen mein langes Stillschweigen vorgekommen sein mag, So hoffe ich doch eine vermeinte Nachlässigkeit von drei oder vier Monaten werde nicht hinlänglich sein, Ihnen eine achtjährige Freundschaft verdächtig zu machen. Sie werden mich so gar eher Ihres Bedaurens als einiges Unwillens würdig finden, wenn Sie die Ursachen die mich bisher an Sie oder unsern Hrn. Canonicus Br*eitinger* zu schreiben abgehalten, vernommen haben werden. Meine gewisseste Entschuldigung liegt in der Geschichte der Umstände worin ich seit meiner Ankunft in Biberach mich befunden habe. Ach! Mein teurester Freund, die glücklichen Zeiten, die wir im Schoße der philosophischen Ruhe, miteinander gelebt, sind für mich auf ewig entflohen; diese goldnen der Weisheit und den Musen geheiligte Tage, diese glückliche Entfernung vom Getümmel und den Geschäften der Welt, diese Freiheit von Sorgen und Leidenschaften, diese heilige Stille, worin unsre Seelen bald mit den Geistern verstorbner Weisen sich besprachen, bald in heitrer Entzückung den Eingebungen einer himmlischen Muse entgegenlauschten, bald in sich selbst gehüllt, ihre eigene Gestalt ihre wunderbaren Kräfte, und das Geheimnis ihres Ursprungs ihres Zustandes und ihrer Bestimmung erforschten, diese Stunden des vertraulichen Umgangs, worin wir in freundschaftlichem Streit die Wahrheit entdeckten, oder den Irrtum aus seinen labyrinthischen Höhlen hervortrieben, oder mit Sokratischer Freiheit der menschlichen Torheit und unsrer eignen lächelten, bald Könige und bald Dunsen züchtigten, bald den Entwurf eines glücklichen Staats bald den Plan eines Trauerspiels anordneten – diese dreimal glückliche Zeit ist für mich dahin, und hat mir nichts als ein trauriges Andenken und vergebliches Bedauren zurückgelassen. Meine Phantasie, vom unharmonischen Getümmel des Gegenwärtigen betäubt stellt mir das Vergangne in einer weiten neblichten Ferne für, ich erinnre mich meines ehmaligen glücklichen Zustandes kaum anders als unsre von irdischen u: körperlichen Gegenständen verschlungene Seele sich nach Platons Meinung ihres ehmaligen geistigen Lebens erinnert. Bedauren Sie mich, mein teurer Freund zu eben der Zeit da Sie Sich über das was in meinem neuen Zustand glücklich genennt werden mag, erfreuen; muntern Sie meinen niedergeschlagenen Geist auf, mehr als jemals habe ich Ihrer freundschaftl. Bemühungen nötig, da die Beraubung aller meiner Freunde, der Verlust der Ruhe und heitern Stille einer wohlangewandten Einsamkeit, die Verbannung zu Barbaren und eben so boshaften als kleinen Seelen, Geschäfte die den Geist und das Herz entweder in einer trägen sumpfichten Ruhe lassen, oder das letztere in stürmische Bewegungen setzen, und den ersten zusammenschrumpfen machen, und eine Lebensart mit einem Wort, die meiner Denkungsart, Meinen Neigungen und meinen Gewohnheiten in allem entgegen ist, meinen Geist auslöschen, meine Seele betäuben, und die bessere Hälfte von mir selbst vernichten. So hyperbolisch diese Beschreibung meiner unangenehmen Umstände klingt, so versichre ich Sie doch daß sie der Empfindung gemäß ist die ich nur allzuoft davon habe; und da Sie mich und die Lebensart deren ich so viele Jahre gewohnt bin kennen, So wird es Ihnen nicht befremdlich vorkommen, daß mir eine so schnelle und so durchgängige Veränderung fast unerträglich fällt. Indessen muß ich doch zu Ihrem und meinem Troste sagen, daß wenn ich einmal in meine assiette gekommen sein werde, viele von meinen bisherigen desagrémens aufhören und auf die stürmischen heitrere Tage folgen werden, in welchen ich nach u: nach wieder Muße und Lust bekommen werde, die beiseitgelegten Entwürfe wieder hervorzunehmen, und zu zeigen daß ich für die größere Welt nicht ganz abgestorben bin. Nach dieser allgemeinen Nachricht von meinem Zustande, muß ich Ihnen nun mein teurester Freund, auch einige besondere von meinen bisherigen Begegnissen geben. Als ich hieher kam fand ich wegen der bevorstehenden Wahl eines Burgermeisters Augustanae Confessionis unsre ganze Stadt besonders aber den Evangelischen Rat in heftiger Bewegung. Der letztere war in zwei factionen geteilt wovon die eine den damaligen Hrn. Kanzleidirektor von Hillern zum Consulat portierte, die andere aber demselben äußerst entgegen arbeitete. Diese letztere war es, welche mich in Hoffnung daß ich ex multiplici ratione ein determinierter Feind und Antagonist des Hrn. v. Hillern sein würde, zu Verstärkung ihrer Partei me inscio in den Rat gewählt und nach Biberach vociert hatte. Als ich ankam, so wurde ich von selbiger so sehr praeveniert daß ich ungefähr 14 Tage dem Hrn. v. Hillern sehr entgegen war; weil wir uns aber nicht sogleich determinieren konnten, wen wir anstatt des Hrn. v. H. zum Burgermeister ma-

Biberacher Marktplatz mit Rathaus.

chen wollten, so wurde die Wahl immer aufgeschoben. Unterdessen lernte ich gedachten Hrn. v. H. durch mich selbst kennen, und hatte kaum etliche Abende mit ihm zugebracht, da ich anfing nicht nur den Ungrund der ihm gemachten Vorwürfe und die augenscheinl. Superiorität seiner Meriten einzusehen, sondern auch zu entdecken daß die Gegenpartei unter speciosen Praetexten von Liebe zum gemeinen Besten u: dergl. nur ihre Privatleidenschaften masquiere und mich zu einem Werkzeug derselben brauchen wolle. Da ich nun bald darauf mich öffentlich und mit Exposition meiner Beweggründe für Hrn. von Hillern erklärte, so machte dieses Bewegungen die Sie Sich leichter vorstellen werden, als ich sie beschreiben könnte. Mein Beitritt zu der einten oder andern Partei, decidierte derselben Übergewicht. Sie können also leicht ermessen was für Maschinen von der Gegenpartei des Hrn. v. H. angestellt wurden, mich von ihm abzuziehen, und in was für Schwierigkeiten ich mich befand. Da man mich aber unbeweglich sahe, so hatte der Chef dieser Partei, als Vice-Consul keine andre Ressource übrig als die Wahl immer aufzuschieben und alle nur ersinnl. Mittel zu Schwächung der Partei des Hrn. v. H. die nun auch die meinige war, anzuwenden. Ich hingegen arbeitete mit allen Kräften in contrarium und brachte es endlich wiewohl mit unsäglicher Mühe so weit daß das Haupt der Gegenpartei selbst von seinen oppositionen abstund und sich neutral erklärte. Wir reussierten also mit der Burgermeisterwahl aufs allerbeste; weil ich aber nachher als praetendent für das Kanzleidirektorium welches die einträglichste Charge in unsrer Stadt ist, erschien, so ging die Unruhe erst recht bei mir an. Ich glaube nicht daß ich mich noch einmal in so verdrießl. Umstände begeben möchte, wenn es auch um eine Krone zu tun wäre. Außer dem daß ich drei mächtige Rivalen hatte, stund mir am meisten im Wege, daß die zwei obersten des innern Rates mich als einen Menschen ansahen, vor dem sie künftig nicht aufkommen würden. Man beschloß also mich bei diesem Anlaß so zu plagen und mir so viel Schwierigkeiten zu machen, daß ich ungeduldig werden und Biberach wieder quittieren möchte. Über das konnten sie nicht leiden, daß sie sehen mußten, wie ohngeachtet aller nur möglichen Bemühungen mich dem neuen Consuli Hrn. v. Hillern verdächtig und exos zu machen, unsre Freundschaft immer intimer wurde, indem ich alle Tage bei ihm im Hause oder im Garten war, mit ihm speisete, spazieren fuhr, und besonders von seiner Gemahlin, welche der Fr. la Roche Schwester ist, in eine so determinierte Protektion genommen wurde, daß meine Gegner endl. desperierten mich aus dem Sattel zu heben, und also ihre Bemühungen nur darauf richteten, die übrigen Ratsglieder gegen mich zu exasperieren und mich als einen gefährlichen Intriganten und violenten Menschen mit den schwärzesten Farben abzumalen. Wenn ich Ihnen mündlich die Geschichte der 6 Wochen die vor meiner Wahl vorher gingen, erzählen könnte, so würden Sie sehen, daß in einem Cardinals Conclavi nicht mehr Intriguen gespielt werden als in Biberach wenn es um eine wichtigere Wahl zu tun ist. Meine Conduite in so schwierigen Umständen war klüger als man von einem coup d'essay hätte erwarten sollen; sonderlich war mir dieses am vorteilhaftesten daß ich so wenig Hoffnung zur reussite zu haben vorgab, auch alle meine ressors so zu verbergen wußte, daß noch den Abend vor der Wahl jedermann und meine Gegner im Rat selbst die majora für mich nicht zusammen zu rechnen wußten und also fest beglaubt waren, Ich würde durchfallen. Endlich kam der entscheidende Tag, und zur äußersten Desolation der Gegenpartei fielen die majora auf meine Seite. Nun blieb ihnen nichts mehr übrig, als ihre Rachbegierde wenigstens durch chicanen zu befriedigen und die Katholischen heimlich aufzustiften daß sie sich meiner Beeidigung und Besitznehmung entgegen setzen sollten. Ich müßte etliche Bogen anfüllen, um Ihnen aus unsrer paritätischen und auf die im 5. Capitel n. 2. Instrumenti Pacis Westphalicae gemachten dispositionen gegründeten Verfassung begreiflich zu machen, wie der Katholische Rat uns sich in des Evangelischen Mit-RatsAnteils, und dieser in jenes seine Geschäfte sich einmischen und wie viele und langwierige Chicanen man einander machen kann. Dieser Handel daurt nun bereits sechs Wochen, und wird wegen des principii welches der Hr. Burgermeister und ich haben, daß wir den Katholischen als mit denen wir pares u: Condomini sind, nicht einen Schritt nachgeben müssen, wo es auf unsere privative Gerechtsame ankommt, immer hitziger. Der Streit wird zwischen dem Evangel. u: Katholischen Rat geführt; da wir aber schon über 100 Jahre in possessorio sind, so werden wir nach dem wir alle gütlichen Mittel erschöpft haben, uns derjenigen kräftigen Zwangsmittel bedienen, die in solchen Causis dem possessori zu kommen und uns durch ein Kayserl. mandatum sine clausula gegen alle weitere Behelligungen sicher stellen. Unterdessen befinde ich mich im Besitz eines der bequemsten Häuser unsrer Stadt, bei einer Besoldung von 1000 fl. und bei Geschäften, die wenn nur erst einmal die itzigen troublen vorüber sind, mir sehr wenig Mühe machen werden. Meine Situation ist die angenehmste und glücklichste die man in unsrer Stadt haben kann, und da meine Liaison mit dem Hrn. Brgrmstr. von Hillern allem Ansehen nach dauerhaft ist, so entstehen daher noch besondere Vorteile für mich, die zu Vermehrung der Annehmlichkeiten meines Zustandes vieles beitragen. Und dieses ist also die schöne Seite meiner Umstände. Mein Schreiben ist so weitläufig worden, daß ich hier abbrechen muß. Lassen Sie mich ja nicht so lange auf eine Nachricht von Ihnen u: unsern Freunden in Zürich u: Winterthur warten, als ich Sie wider willen habe warten

lassen. Erhalten Sie mir ihre schätzbarste Liebe u: Freundschaft, und empfehlen mich besonders Dero wertesten Fr.
Gemahlin und unsers Hrn. Canonicus Breitingers Hochwürden auf das angelegentlichste. Ich verspare auf eine andere Gelegenheit von rebus litterariis mit Ihnen zu sprechen. Leben Sie wohl mein ehrwürdiger und teurer Freund
und lieben Sie unverändert Ihren   Wieland.

meine addresse ist: Directeur de la Chancellerie de la Ville
Imperiale de Biberac.

*

*Da die Besetzung der Biberacher Kanzleiverwalterstelle zum
Streitfall der von Protestanten und Katholiken »paritätisch« ver-
walteten Reichsstadt wurde, mußte Wieland um Amt und Gehalt
bis 1764 prozessieren. Im folgenden Brief, einem Musterbeispiel des
damaligen Kanzleistils, beklagt er sich, daß seine »Installation
bishero aufgehalten worden«.*

12. An den Evangelischen Magistrat in Biberach

Biberach, den 2. April 1762.
Wohl und Hochedelgebohrne, HochEdelgestrenge und
Hochgelahrte, Hoch und Wohl-Edle, Fursichtige, Hoch
und Wohl Weise, Insonders großgünstig Hoch und Viel-
Geehrteste Herren,

Einem Wohllöbl. Ev. Magistrat kann ich nicht umhin, in
geziemendem Respekt anzuzeigen, was maßen, nach deme
mir die einem Jeweiligen Kanzleiverwalter quartaliter von
der Stadt-Rechnerei zukommende Besoldung, von der Zeit
an, da ich zu gedachtem Officio erwählt worden, bis zum
Weihnacht-Quartal Anno 1761 inclusive allezeit richtig und
auf den gewöhnlichen Tag ultrò zugeschickt worden, ohne
daß des Hrn. Burgermeister und Stadtrechner von Hillern

Wohlgeboren sich durch die bereits unterm 16. 8bris 1760. schriftlich dagegen eingelegte und im Martio 1761. wiederholte Protestation ab seiten Löbl^en Katholischen Rats im mindesten davon abhalten zu lassen oder einige Reflexion auf solche zu machen, nötig erachtet; ich hingegen das bereits den 3.ten Martii huius anni verfallene Quartal-Geld von besagter Löbl^er Amtung weder erhalten, noch durch etliche mal wiederholte Bitten und Vorstellungen erhalten können, und daraus nichts anders schließen müssen, als daß Wohlbemeldten Hrn. Burgermeister und Stadt-Rechners von Hillern Wohlgeboren, wegen der vor etwas Zeit, (wiewohl erst nach derjenigen Zeit, um welche die mehresten übrigen von der Stadtrechnerei gefälligen Quartal-Gelder bereits ausgezahlt worden) Löbl. Katholischer Seits abermal wiederholten Protestation, eigenmächtig hierin nichts weiter vornehmen wolle:

So sehe ich mich genötiget zu Einem Wohllöbl. Evangel. Rat zu recourieren mit gehorsamster Bitte, Wohlderselbe in Anerwägung daß ich

1) durch meine rechtmäßige Wahl an die Kanzleiverwalterstelle mit allen daran annectierten Utilitaeten ein Jus quaesitum erhalten, und

2) mich schon 20 Monate im Besitz der sämtl. von der Stadtrechnerei dependierenden Besoldung, und zwar NB. ohne daß man Katholischer Seits vom 26. Julii bis zum 16. Oktober einige Protestation dagegen gemacht, befinde, auch die seit dieser Zeit eingelegte Protestationen überhaupt um

3) so weniger gültig sein können, als die Kanzleiverwalterstelle dermalen unstreitig Magistratui Evangelico zugestanden, gegen mich insbesondere aber um so viel unverfänglicher sind, als ich

4) An der nun bereits 20 Monate dauernden mir so unbeschreiblich praejudicierl. Differenz, um derentwillen

meine Installation bishero aufgehalten worden, vollkommen unschuldig, vielmehr aber wie der nun bald in das helle Sonnenlicht zu stellende ganze Aktenverlauf männiglichen, der nicht vorsätzlich die Augen zuschließen will, zeigen wird, über die unerhörte Verzögerung dieses Handels mich höchstens zu beschweren wohl berechtiget bin, Daß, sage ich, ein Wohllöbl. Evangel. Magistrat in Anerwägung aller dieser und andrer hier nicht specificierter Gründe, und um so mehr als ich wohldemselben alle von mir dependierende und mir aufgetragene Dienste möglichsten Fleißes geleistet, geruhen werde Tit. Hrn. Burgermeister von Hillern dahin zu bevollmächtigen, daß Wohlderselbe meine rückständige Quartalbesoldung vom 3ten Martii nächstkünftigen Samstag ohne längern Aufschub ausfolgen lassen möge. Wobei ich übrigens nicht unangezeigt lassen soll, daß die aktenmäßige Deduktion, an der ich schon einige Wochen alles Fleißes arbeite, beinahe fertig, und in wenig Tagen denen sämtl. Hoch und Vielgeehrtesten Commenbris inclyti Senatus Evang. ad aedes wird communiciert werden können. Womit, über mein hierin beschehenes gerechtestes Gesuch und das darüber ergehende Resolutum mir Extractum Protocolli gehorsamst ausbittend, und cum eventuali reservatione quorumvis competentium, zu Eines Wohllöbl. Evangel. Magistrats hochgeneigter Protektion mich de meliori empfehlend mit geziemendem Respekt verharre Eines Wohllöbl. Evangel. Magistrats treugehorsamster

Kanzleiverwalter Wieland.

*

Wielands leidenschaftliche Liebe zu Christine Hogel, einem katholischen Biberacher Bürgermädchen, das ein Kind von ihm erwartete, stürzte ihn in eine der schwersten existentiellen Krisen seines Lebens

und sorgte seit Herbst 1761 für den unvermeidlichen Skandal in der kleinbürgerlichen Enge seiner Heimatstadt. Am 29. Oktober 1763 teilte die Mutter des von ihm »Bibi« genannten Mädchens dem Kanzleiverwalter mit: »Eben da ich heimkomme, war mein Mann im Begriff zu schreiben, zweifelsohne aus besondrer Vorsicht Gottes kam ich darzu; diene ihnen dann zur Nachricht, weil mir eine Zeither alles ehr bedenklich und verdächtig vorgekommen, als haben Wir uns entschlossen, von nun an unsre Tochter wieder zu uns zu nehmen und uns dieser Bekanntschaft gänzlich zu entschlagen, da wir unmöglich das Gewissen auf eine so gefährliche Art beschweren können.«

13. An Sophie La Roche in Bönnigheim

Biberach, den 9. November 1763.
Ich hoffe, daß Ihre Frau Schwester Sie schon beruhigt hat, meine ehrenwerte Freundin, daß mein armes Mädchen und ich, daß unsere gebrochenen Herzen wahrscheinlich alle anderen ärgerlichen Folgen los sind, mit denen uns der wütende Gewissenszorn der alten Hogel bedrohte. Ich will mich bemühen, Ihnen so genau wie möglich die wichtigen Umstände dieser so unheilvollen Katastrophe zu berichten, um Ihnen eine klare und genaue Vorstellung vom augenblicklichen Stand der ganzen Affäre zu geben. Ich will meinen Bericht da fortsetzen, wo ich ihn in meinem letzten Brief beendet habe. Sie wissen, daß der Vater, statt mir den Brief zu geben, den ich von ihm forderte, nach Ochsenhausen zu seinem Drachen von Frau ging, die ihn sogleich nach Augsburg schickte, um die Mission von Schmelz zu hintertreiben. Dieser erfährt, als er seine Briefe der Frau Oberin gibt, daß die Mutter vor acht Tagen in Augsburg war und bei ihrem Aufbruch verlangt hat, man solle ihre Tochter nur ihrem Vater ausliefern. Er erfährt gleichzeitig, daß die Mutter in Augsburg viel Lärm gemacht hat wegen der angeb-

lichen Gefahr, in der sich ihre Tochter befand, die zu einem Religionswechsel überredet werden solle, und daß sie ihr unter den wildesten Drohungen verboten hat, mit mir den geringsten Kontakt zu unterhalten. Schließlich entschuldigen sich die Englischen Fräulein tausendmal bei Schmelz und lassen nicht das geringste Wort hören, aus dem man hätte mutmaßen können, daß sie den Zustand der Kleinen kannten oder daß sie sich an den Intrigen der Mutter beteiligten. Indessen trifft der Vater ein, er begegnet Schmelz, der ihm wie es sich gehört, ohne Überraschung zu zeigen, das Mädchen überläßt, und auf die Bitte des Vaters hin machen sie die Reise gemeinsam bis nach Rot, während der Schmelz eine Möglichkeit findet, Christine heimlich einen Brief von mir zu übergeben, der erfüllt ist von Klagen, Zärtlichkeit, Treuegelöbnissen und allem, was geeignet sein könnte, ihr in dieser peinlichen Situation, in der sie sich befand, Mut zu machen. Als sie in Rot ankommen, werden der Vater und das Mädchen aufgenommen, und nachdem der Vater eine Audienz beim Herrn Prälaten hatte, zitiert man auch die arme Kleine vor dieses furchterregende Tribunal. Als Schmelz spürte, daß er in Rot überflüssig war, da man ihm sagte, daß Hogel und seine Tochter zwei Tage bleiben würden, brach er auf und ging zurück nach Biberach. Er trifft bei mir am vergangenen Mittwoch (am 2. November) ein und berichtet dies alles. Berücksichtigen Sie bitte, daß der gute Mann absolut nichts vom Zustand Christines bemerkte, ebensowenig wie der Vater und die Mönche in Rot; alles, was er seiner Frau darüber sagte, war, daß sie schöner und korpulenter geworden sei. Am Donnerstagmorgen gehe ich zu Ihrer Frau Schwester, die mich wissen läßt, daß es mehrere Briefe aus Augsburg gibt, die zuverlässig versichern, daß ich dort gewesen wäre (was notabene völlig unrichtig ist), sie sagt mir auch, daß die alte Hogel in großer Sorge ist und mehreren katholischen Damen verraten hat, daß ich im Begriff bin, ihre Tochter zu heiraten, aber daß ich verlange, die Kinder müßten in der reformierten Religion erzogen werden (woran ich sicher nicht dachte) und daß sie den Tod der Sünde vorzöge, solchen Ungeheuerlichkeiten zuzustimmen; schließlich erfahre ich, daß die Stadt voller dunkler Gerüchte ist und jeder weiß, daß das Mädchen zurückkommen wird. Man mußte sich entschließen, die Rückkehr der Kleinen nach Biberach zu verhindern, um die Mutter zur Vernunft zu bringen und (wenn es noch möglich war) die Ehre meines armen Mädchens durch eine Heirat zu retten, die – in der Krise, in der sich die Angelegenheit befand, – mit den katholischen Priestern verabredet werden mußte. Ich entschloß mich also, sofort nach Rot zu gehen; aber bevor ich ging, verlangte ich von der Mutter, zu mir zu kommen, sie kam schließlich, einem Gespenst ähnlich; ihre fanatische Wut und die Qualen des Fegefeuers, die sie schon in der Seele trug, entstellten sie und machten sie außerdem fürchterlich. Sie gestand mir, seitdem ich ihr erklärt hatte, daß ich lutherische oder reformierte Kinder wollte, keine Ruhe gefunden zu haben; daß sie wie eine Verdammte litte, daß die Priester, denen sie gebeichtet hatte, sie unter Androhung der Todsünde gezwungen hätten, nicht mehr die geringste Verbindung zwischen ihrer Tochter und mir zu dulden; schließlich gestand mir die Unglückliche, *daß man ihr versichert hätte, ich würde ganz gewiß meine Stellung verlieren*, und nach der Heirat mit ihrer Tochter würde ich in die Schweiz gehen, wo diese sich völlig zugrunderichten würde usw. usw. Ich erklärte ihr, nichts von dem zu verstehen, was sie mit ihren *reformierten Kindern* wollte; aber da es den Zettel, auf dem ich ihr erklärt hatte, ich verlange meine Kinder in *meiner Religion* zu erziehen, nicht mehr gab (denn ich hatte ihn zerrissen, nachdem ich ihn zu Hause gelesen hatte) und da ich folglich kein Mittel hatte, sie ad oculos zu überzeugen, hörte sie nicht auf, mir zu unterstellen, ich hätte behauptet, meine Kinder müßten reformiert sein; es gab also keine Möglichkeit, diese taube und verbohrte dumme Person zur Vernunft zu bringen. Stattdessen erklärte sie mir schließlich, daß falls ich ein Mittel finden könnte, den katholischen Klerus auf meine Seite zu ziehen, sie sich glücklich schätzen würde, der Heirat zuzustimmen, aber daß zuvor ihr Gewissen beruhigt werden müsse usw. usw. Ich gehe also nach Rot und gebe der Floriane den unangenehmen Auftrag, die Mutter während meiner Abwesenheit über den Zustand ihrer Tochter, von dem sie immer noch nichts wußte, zu unterrichten; die arme Kleine hatte in der Hoffnung gelebt, ich würde sie befreien, und hatte es verstanden, ihren Zustand der Mutter bei ihrem Besuch in Augsburg zu verheimlichen. Als ich in Rot ankomme, erfahre ich, daß Vater und Tochter nach Biberach aufgebrochen sind und daß ich sie unterwegs verpaßt habe. Man empfängt mich sehr höflich, ich verbringe dort die Nacht, und am folgenden Tag um acht Uhr gewährt mir der Prälat eine Audienz, die mir alle Hochachtung für ihn einflößte. Ich sagte ihm, daß – nachdem ich erfahren habe, Vater und Tochter hätten, ermutigt durch die Protektion, die er ihrer Familie wegen des Sohnes (der Mönch in Rot ist) gnädigerweise gewährte, sich ihm anvertraut und seinen Rat in einer Angelegenheit gesucht, die mich unmittelbar berührte, – daß ich mir also die Freiheit genommen hätte, selbst zu kommen, um ihn um Rat zu fragen, wie die Heirat, die ich mit der Kleinen zu besiegeln entschlossen wäre, zu arrangieren sei. Der Prälat empfing mich freundlich und höflich, was mir besonders gefiel; er wiederholte mir Wort für Wort die ganze Unterhaltung, die er mit dem Mädchen gehabt hatte, sagte mir, daß sie ihn gerührt hätte, daß man ihre Mutter tadeln müsse, sie so hart zu behandeln und von Priester zu Priester zu laufen, unter denen es manchmal Dummköpfe und Ignoranten gäbe, die ängstliche Gewissen

nicht entsprechend zu behandeln wüßten; daß er kein kano-
nisches Hindernis für unsere Verbindung sähe, vorausgesetzt, daß ich mich dazu entschließen könnte, meine Kinder
in der katholischen Religion zu erziehen, für die er mich mit
ziemlich fadenscheinigen Argumenten einzunehmen sich
bemühte. Schließlich sagte er mir, da die Angelegenheit
eigentlich nicht in seiner Zuständigkeit liege, habe er Vater
und Tochter geraten, alle anderen Priester beiseite zu lassen,
und sich ganz unter die Fittiche des hiesigen Dekans zu
begeben usw. usw. Ich dankte dem Prälaten, er empfahl mir
dringend, seinen Bruder in Christo zu konsultieren, und ich
ging nach Biberach zurück, wo ich Freitagnachmittag um
drei Uhr ankam. Armer Unglücklicher, der ich war, hoffte
ich, mein liebes Mädchen zu sehen; aber ich erfuhr von
Floriane, daß die Mutter ihr nicht nur die Erlaubnis verwei-
gert, sie zu sehen, sondern ihr unter Strafandrohungen
sogar das Haus verboten hatte. Ich litt Tod und Martyrium.
Ich erfuhr, daß meine Reise nach Rot Gerede hervorgerufen
hatte, und daß die Katholiken merkwürdig beunruhigt
waren durch das Geschrei der Mutter und durch den Verdacht, den sie auf meine Religion geworfen hatte. Ich
spürte, wenn ich nicht sofort ein Mittel finden würde, um
das Mädchen *unter einem einleuchtenden Vorwand* verschwinden
zu lassen und den Gerüchten und dem Gerede ein Ende zu
machen, daß das Geheimnis unfehlbar in wenigen Tagen
entdeckt würde. Jeder Augenblick des Aufschubs war gefährlich; Sie verstehen sicher die äußerst schwierige Situation, in der ich mich befand. – Ich bin erstaunt, wie stark
genug mein Hirn war, um den Orkan von Gedanken, Plä-
nen, Leiden und Unruhe auszuhalten, der ihm stundenlang
zusetzte. Schließlich sah ich kein anderes Mittel, als zum
Dekan meine Zuflucht zu nehmen. Ich schicke Dettenrieder
zu ihm (der mir in dieser Zeit der Drangsal nützlich war
und mir eine Freundschaft bezeugte, die ich niemals verges-

sen werde) mit einem Brief, in dem ich ihn bitte, mir eine heimliche Unterredung bei Nacht zu gewähren. Nachdem der Dekan einige Zeit darüber nachgedacht hatte, schickt er mir als einzige Antwort seinen Hausschlüssel und fügt hinzu, daß er mir selbst die Entscheidung überlasse, ihn zu der Zeit der Nacht aufzusuchen, die mir passe, und er nennt Dettenrieder das Zimmer, in dem er mich erwarten würde. Um elf Uhr begebe ich mich mit meinem treuen Diener ins Pfarrhaus, und – auf Zehenspitzen und im Dunkeln tappend – gelange ich wohlbehalten in das Zimmer des Dekans, der mir sagt, er hoffe, daß das Vertrauen, das er mir erwiesen habe, indem er den Hausschlüssel meinem Unterhändler gab, mich seiner Wertschätzung versichere und wie empfänglich er seinerseits für das Vertrauen sei, das ich ihm entgegenbrächte usw. usw. Wir kommen zur Sache, und er läßt mich viel mehr wissen, als ich bisher wußte – zum Beispiel daß man schon vor acht Tagen in einer Gesellschaft beim Ratskonsulenten Koch sowohl von der Rückkehr als auch vom Zustand der Kleinen gesprochen habe; daß die merkwürdigen Reden, die ihre Mutter seit einiger Zeit hielt, viel dazu beigetragen hätten, Anlaß zu Verdächtigungen zu geben, daß schließlich es äußerst notwendig wäre, einem Eklat vorzubeugen, der zwei oder drei Tage später vielleicht unvermeidlich sei; er sagte mir auch, daß der katholische Magistrat seit langer Zeit entschlossen sei, sich dieser Heirat zu widersetzen und niemals zu dulden, daß katholische Mädchen Männer der anderen Religion heiraten, vor allem Personen von einigem Ansehen und Amt; schließlich führte er mir vor Augen, falls ich in der derzeitigen Krise an der Absicht, sie zu heiraten, weiterhin festhalten würde, ich mich entschließen müßte, einen Prozeß gegen beide Magistrate zu führen und wahrscheinlich meine Stellung und mein Bürgerrecht zu verlieren. Kurz, er schloß, daß diese Absicht aufgegeben werden müsse, und daß es sich einzig und allein darum handele, die Ehre des Mädchens und meine eigene zu retten und den Gerüchten und dem Gerede ein Ende zu machen. Er versprach mir, sowohl für das eine wie das andere alles zu tun, was in seiner Macht stünde. Ich versprach ihm meinerseits, daß ich – vorausgesetzt, man ließe mich so ehrenhaft wie möglich mit meinem armen Mädchen verfahren usw. – nichts versuchen und keinen Schritt unternehmen würde, um mit ihr heimliche Kontakte zu unterhalten usw. usw.; daß ich mich schließlich von ihm, den ich als Schutzengel zweier unschuldiger Opfer meiner unbesonnenen Liebe betrachtete, völlig leiten lassen würde. – Es war ein Uhr nach Mitternacht, als ich ihn verließ. Ich verbrachte die schlimmste Nacht meines Lebens, und ohne Dettenrieder und die Floriane, die ihre Tränen mit den meinen mischten, wäre ich vielleicht der Versuchung erlegen, mich aus dieser Tragödie französisch zu verabschieden. Am folgenden Tag löste der Herr Dekan sein Wort als Ehrenmann ein. Er bewog die Eltern, die Tochter unter dem Vorwand zu entfernen, daß sie entdeckt hätten, ihre Religion wäre in Gefahr gewesen, und da sie sich entschlossen hätten, völlig mit mir zu brechen, habe man ihnen geraten, das Mädchen meinen Blicken und meinem Einflußbereich ganz zu entziehen. Ich erfuhr auch, daß der Herr Dekan mit ein oder zwei katholischen Herren sehr vorteilhaft über mich gesprochen hatte, daß er ihnen gesagt hatte, er sei zuverlässig unterrichtet worden, daß die Angelegenheit ganz anders wäre, als man sich dies aufgrund einiger Gerüchte hätte vorstellen können, daß er aus erster Hand wisse, ich hätte den Plan aufgegeben, die Kleine zu heiraten, und daß er selbst den Eltern geraten habe, ihre Tochter zu entfernen und sie an einen sicheren Ort zu bringen, bis man sich nirgends mehr an diese Liaison erinnern würde usw. Durch die Fürsorge Ihrer Frau Schwester und des Herrn Dekan ist das Gerede schließlich nach und nach verstummt, und dem unheilvollen Skandal, den zu fürchten ich so großen Anlaß hatte, wurde noch rechtzeitig, obwohl schon fast im kritischen Augenblick, vorgebeugt.

Die Verschiedenartigkeit der Gerüchte, die sich gegenseitig widersprachen, hat viel dazu beigetragen. Im allgemeinen redet man darüber viel mehr unter den Katholiken als unter den Lutheranern. Diese wußten nur sehr Vages; einige sagten, daß die Kleine zurzeit in Tübingen wäre, andere, daß ihre Eltern sie in irgendein Kloster gebracht hätten, um zu verhindern, daß sie lutherisch wird. Kurz, es gibt keine Narrheit, die nicht erzählt worden wäre, aber meistens waren es nur Gerüchte, die man sich ins Ohr flüsterte. Mein Vater weiß überhaupt nichts von der ganzen Angelegenheit. Meine Mutter weiß nur soviel, wie es für sie notwendig ist, und ist beruhigt. Ihre verehrte Schwester, die unter all dem viel gelitten und mir große Dienste erwiesen hat, kennt den Zustand der Kleinen, aber ihr Gatte kennt ihn nicht, wie es sich gehört. Ich kann mir nicht vorstellen, wie meine Feinde einen anderen Gebrauch davon machen könnten, als mich in Wien zu verleumden, privat und in den Unterredungen, die Mayer mit einflußreichen Persönlichkeiten haben kann; denn wenn die Katholiken einen Hauptanklagepunkt gegen mich daraus hätten machen wollen, hätten sie die Angelegenheit bis zum öffentlichen Skandal und zu gerichtlichen Verfahren getrieben. Man behauptet übrigens, daß sie eine Beilage zur Aussage der Hoglin abgefaßt haben, die unterstellt, ich habe behauptet, meine Kinder in der reformierten Religion erziehen zu lassen und ich sei selbst reformiert. Wenn das Papier, in dem sie mich anklagt, nicht zerrissen und vernichtet worden wäre, würde es für mich sprechen. Auf jeden Fall gibt es nichts leichteres, als zu beweisen, daß ich niemals reformiert oder kalvinistisch gewesen bin. Inzwischen habe ich Herrn von Braun geschrieben, daß meine Gegner dieses Gerücht verbreiteten, und vielleicht auch andere, die mir Unrecht tun könnten, und ich habe ihn gebeten, nötigenfalls ihnen zu widersprechen, ihm dazu meine Unschuld bezeugt und mich der Empfehlung Seiner Exzellenz bedient, um ihn für meine Interessen zu gewinnen. Ihr Schwager, meine Mutter, vielleicht auch Ihre Frau Schwester und alle anderen halten nun diese Angelegenheit für vollkommen beigelegt, und ich will ihnen gewiß nicht widersprechen. Samstagnachmittag habe ich vergebliche Versuche unternommen, um die Mutter zu veranlassen, mir zu erlauben, mich einen Augenblick mit ihrer Tochter zu unterhalten. Man läßt sie nicht aus den Augen. Aber Dettenrieder, der ihnen von mir einen Fisch zum Abendessen gebracht hatte, erwischte einen Augenblick, in dem die arme kleine Gefangene ihm einen mit Bleistift geschriebenen Brief hatte zustecken können, in dem sie mich fragt, »ob es wahr ist, daß ich ihrer Mutter schriftlich erklärt habe, daß ich mit ihr nichts mehr zu tun haben will und daß ich sie ihrem Schicksal überlasse?« Sie sehen, liebe Freundin, das sind die schamlosen Mittel, die diese Kanaille benutzt, um sie von mir zu trennen. Leider war es unmöglich, ihr auf diesen Brief zu antworten. Alles, was für uns möglich gewesen ist, bestand darin, uns einen Augenblick von weitem zu sehen; ich bin in meinen kleinen Garten hinuntergegangen, und sie ist auf den Speicher ihres Hauses gestiegen, von dem aus man auf meinen Garten blickt. Wir haben uns einige Augenblicke lang gesehen, die Gefühle, von denen ich erfüllt war, kann man sich weder vorstellen noch beschreiben; eine Bewegung, die ich machte, indem ich meine Hand auf mein Herz preßte, rührte sie aufs äußerste, sie verschwand, und ich zog mich zurück, um mich mehrere Stunden dem ungestümsten und tödlichsten Schmerz hinzugeben, den ich je in meinem Leben empfunden habe. Ich war nicht mehr fähig, mich zu beherrschen, ich sah nur mich auf der Welt und meine Christine, die durch mich so unglücklich wurde, ein Opfer meiner unbeherrschten Liebe – ich glaube, sogar die barbarische Hoglin wäre gerührt worden, wenn sie mich so gesehen und gehört hätte. Ich will Ihnen nur soviel dazu sagen: Wenn mein armes Mädchen und mein Kind mich nicht mehr bräuchten, wäre das Leben für mich nichts mehr wert. Mein Schmerz ist nicht mehr heftig, aber der wahre Zustand meiner Seele besteht aus dunkler und schwermütiger Verzweiflung, völliger Betäubung, aus der ich nur durch schmerzliche Empfindungen und Schreckensbilder herausgerissen werde. Ich habe keinen Appetit, kann nicht schlafen, mein Gesundheitszustand verschlechtert sich, und ich kümmere mich nicht darum. Das ist mein Zustand. Die Vorwürfe, die ich mir ständig mache, verschlimmern nur die Schmerzen, von denen ich gefoltert werde. Es will mir nicht gelingen, mir in den Kopf zu setzen, daß meine arme Christine nicht meine Frau und mein armes Kind nicht mein Kind ist. Mein Herz wird sie immer so nennen, bis zum letzten Seufzer. Ach! man zeige mir eine Möglichkeit, mit ihr in einer Hütte zu leben und mit größtem Fleiß zu arbeiten, zu dem meine körperlichen Kräfte in der Lage sind, und vorausgesetzt, ich könnte etwas erwerben, wodurch ich sie vor dem Elend bewahrte – Mein Gott! Was fasele ich! Haben Sie Mitleid mit mir. Meine geängstigte und niedergedrückte Phantasie zeigt mir keine Hilfe mehr. Wenn es noch Hilfe gibt, wenn es wenigstens noch einen Hoffnungsschimmer gibt, nennen Sie ihn mir, und Sie werden mir das Leben wiedergeschenkt haben. Am vergangenen Sonntagvormittag haben sie sie weggebracht, ich weiß nicht wohin; die Mutter ist in der Nacht vor ihrer Abreise bei mir gewesen und hat mir versichert, daß sie alle erdenkliche Sorge für sie getroffen, aber es so eingerichtet hätte, daß ich nichts von ihr erfahren würde; daß ihr Wohlergehen künftig davon abhinge, jede Verbindung zwischen uns zu verhindern; daß jeder Gedanke, jede

Erinnerung ihrer Tochter an mich eine Todsünde wäre, und tausend andere derartige Dinge. Sie war taub für alles, was ich ihr sagen konnte. Ich erniedrigte mich, um sie zu erweichen, sie blieb unerbittlich. Alles, was sie mir sagte, war, sie würde ihre Tochter an einen Ort bringen, der ungefähr vierzehn Stunden von hier entfernt ist, einen einsamen Ort, wo sie bei einer Art Verwandten wohnen würde, und sie würde einen kleinen eigenen Haushalt haben. Ich versprach ihr, für alle ihre Bedürfnisse Sorge zu tragen, aber ich erklärte ihr auch, daß ich sicher gehen wollte, daß alles, was ich meiner Christine zur Erleichterung gäbe, nur zu diesem Zweck verwendet würde. Dieses wilde Tier schien sich noch an den Leiden zu weiden, in denen sie mich sah. Mit einem Wort: Man entriß sie mir, und ich weiß nichts von ihr. Man wird alles unternehmen, um zu verhindern, daß ich etwas von ihr erfahre. Es gibt ein höheres Wesen. Kann es Wesen im Stich lassen, die es dazu geschaffen hat, auf die barbarische Verhärtung des Herzens bei einigen durch den Aberglauben abgestumpften Monstren empfindlich zu reagieren. Das kann ich nicht begreifen. – Ich habe darüber nachgedacht, ob der Graf mir nicht eine Stelle als Professor in Erfurt verschaffen könnte. Aber ich bräuchte für eine derartige Übersiedlung eine beträchtliche Summe, und ich sehe, daß dieser Plan nichts taugt, selbst wenn er machbar wäre. Mit einem Wort, ich habe vor allem Angst; wenn das arme Mädchen dabei stirbt – nun dann werden unsere Schatten nicht zögern, sich wieder zu vereinigen. Dieser Gedanke erschreckt mich von allen, die mich bewegen, am wenigsten. Verzeihen Sie, liebe Kusine – Ich habe mich meines Auftrags bei Ihrer lieben Schwester entledigt. Sie müssen sich nicht rechtfertigen in Augsburg. Die Englischen Fräulein haben mir einen sehr netten Brief geschrieben, in dem sie mich um Verzeihung bitten, gezwungen gewesen zu sein, das Mädchen ihrem Vater auszuliefern; es gibt weder eine Klage noch den Schatten eines Vorwurfs in diesem Brief. Tausend Dank Ihnen und Ihrem Herrn Gemahl für Ihre Güte und Anteilnahme.

Schmelz bittet um 8 fl. (acht Florint) für das Siegel des Herrn von Schall. Er ist noch nicht Salzmeister.

[Im Original französisch]

*

Julie von Bondeli (1731–1778) lebte in Könitz bei Bern auf dem Landgut ihres Vaters. Wieland hatte die ihm in vielen Dingen geistig überlegene, äußerlich eher unscheinbare und ständig kränkelnde Philosophin in den letzten Monaten seines Schweizer Aufenthaltes kennengelernt und sich 1759 mit ihr verlobt: »Mich dünkt zuweilen, ich müsse verzaubert sein.« Bei seiner eiligen Abreise aus Bern nach Biberach im Mai 1760 fand er jedoch nicht einmal die Zeit, um sich von ihr in Neuenburg, wo sie sich gerade aufhielt, zu verabschieden. Seine Biberacher Liebesabenteuer berichtete er ihr ungeniert in seinen Briefen, so daß sie das Verlöbnis bald wieder löste. An seinem Roman »Die Abenteuer des Don Sylvio von Rosalva« (1764), dessen »Perversion« sie zwar als eine Variante von Wielands Stil anerkannte, kritisierte sie heftig den angeblichen rokokohaften Amoralismus, der sie dem früheren Freund endgültig entfremdete. Der Weimarer Wieland hat sich später an die enthusiastische Verehrerin des französischen Philosophen Jean-Jacques Rousseau mit der lapidaren Feststellung erinnert: »Hätte ich Julie Bondeli geheiratet, so wäre ich im ruhigen Selbstgenusse mit ihr nie der Schriftsteller geworden, der ich bin.«

Biberach, den 16. Juli 1764.

[...] Ich war früher in religiösen, metaphysischen und moralischen Dingen ein Schwärmer; ich bin es in gutem Glauben gewesen: Es war damals meine Art zu sein oder das Ergebnis von hunderttausend physischen und geistigen Ursachen. Obwohl ich in gewisser Weise aufgehört habe, schwärmerisch zu sein, bin ich nicht weniger ein Freund der Wahrheit, ich finde die Tugend nicht weniger liebenswert, weil ich nicht mehr an das frühere Dasein der Seele glaube oder weil ich nicht mehr in Verzückung gerate beim Anblick eines rosafarbenen Engels mit goldenem und himmelblauem Flügel. – Spekulationen und Spitzfindigkeiten, die nur Stelzen sind, auf denen die Eitelkeit des menschlichen Geistes gern spazierengeht; angenehme Trugbilder, an denen sich wollüstige Seelen weiden. Ich war gezwungen, entweder meinen Platonismus zu korrigieren oder in irgend einer verlassenen Gegend Tirols zu leben. Die Erfahrung hat mir eine Illusion nach der anderen genommen, schließlich fand ich mich auf ebener Erde wieder. Ich denke über das Christentum wie Montesquieu über sein Totenbett; über die falsche Weisheit fanatischer Geister und die falschen Tugenden von Betrügern wie Lukian; über die spekulative Moral wie Helvetius, über die Metaphysik – überhaupt nichts; sie ist für mich nur ein Gegenstand des Spotts.

In der Zeit meiner Schwärmerei, meines Platonismus, war ich leicht entflammbar, über die Maßen zornig, sonderbar, launisch, mürrisch; seit ich jemand bin, der Biribinkers und Endymions schreibt, habe ich gelernt, meine Leidenschaften zu mäßigen. Ich hoffe, Ihnen versichern zu können, daß ich von Natur aus, auch wenn ich Fehler machte, einen ehrenwerten Charakter habe, der mir angeboren ist. Ich habe mich niemals als Tugendbold ausgegeben; und ich bin auch nicht verpflichtet, es zu sein, man könnte glauben, ich sei manchmal verrückt, hätte aber immer ein gutes Herz. Nach dem, was mir mein Zürcher Freund berichtet, hält man mich für einen Freigeist, ich habe viele Mätressen. Ich verstehe nicht, wie ein Mann, der mit 1200 Franken leben muß, so freigeistig sein und so viele Mätressen unterhalten könnte. Die Wahrheit ist, daß ich freundschaftliche und verwandtschaftliche Verbindungen mit zwei oder drei ehrenwerten Frauen habe, nicht ihres Äußeren, sondern ihres Verdienstes wegen, daß ich einige flüchtige Neigungen für junge Personen gehabt habe, die ich heiraten sollte, ich weiß nicht warum, und die sich ihre Freier gefälligst anderswo suchen mögen; schließlich daß ich eine gewisse Affäre hatte, bei der Amor es für angebracht hielt, mich die Wahrheit der beiden Verse spüren zu lassen, die *Voltaire* in den Gärten von Versailles unter die Statue dieser Gottheit gekritzelt hat. Ich finde es sehr lächerlich, daß die Öffentlichkeit sich in den Kopf setzen kann, ich müsse von der Schwäche frei sein, wenn es denn eine ist, liebenswerte Frauen zu lieben, einer Schwäche, an der seit Adam alle Weisen und Narren mehr oder weniger leiden und die sogar die bedeutendsten Männer bis zu den schlimmsten Ausschweifungen getrieben haben. Seit meinem siebzehnten Lebensjahr habe ich gottseidank ein gutes Dutzend reizender Frauen geliebt. Alle diese Frauen haben mich viel leiden lassen, fast alle meine Liebschaften waren von der Art, die man Leidenschaften nennt, ich verehrte Gottheiten; ich habe sogar manchmal die Gefühle und die platonische Liebe bis zu einem Heroismus getrieben, dessen ich mich nicht mehr fähig fühle.

Ich werde nie bereuen, die Phasen der Glückseligkeit, zu der mein Wesen fähig ist, durch eigene Erfahrung kennengelernt zu haben. Bösartige Feinde mußten mich schlecht machen, wie sie es getan haben, indem sie eine ganz harmlose Schwäche, verglichen mit den Exzessen, die die meisten

Menschen sich heute erlauben, bei mir zu einem Verbrechen machten; ich werde mich darüber hinwegsetzen, wenn ich überzeugt davon bin, daß diese Liebesaffäre, über die man sich am meisten aufgeregt hat, so beschaffen war, daß ein ehrenwerter Mann sie anderen ehrenwerten Leuten gegenüber zuzugeben wagt.

Biribinker ist eine tolle Geschichte, eine Ausschweifung des Geistes, deren Ziel es war, das ganze Menschengeschlecht zum Lachen zu bringen und einige Frauen an der Nase herumzuführen, die für besonders gefühlvoll gelten wollen und im Grunde nur verächtliche Gestalten sind. Ich gebe zu, sie à la Hogarth dargestellt zu haben, aber was ist schlecht daran? Ich habe die Scham nicht verletzt; ich habe den Vorhang zugezogen, wo sogar ein Montesquieu es gewagt hat, Gemälde zu entwerfen, die einer Aloysia würdig wären. Ich weiß, daß man mich mit mir selbst vergleicht und daß man mich jetzt tadelt wegen all der Urteile, die ich vor mehr als acht Jahren über Ovid, Rousseau, La Fontaine, Rost und andere berühmte Geister gefällt habe. Es gibt nichts Leichteres als festzustellen, daß ich damals Unrecht hatte, als ich Wortspielereien, Scherze oder Sittengemälde und Leidenschaften für Verbrechen hielt. Lange bevor ich daran dachte, eines Tages Geschichten zu schreiben, mit denen ich eine Art öffentlicher Wiedergutmachung bei denen geleistet habe, die ich durch unüberlegten Eifer und in einem Anfall von Unbesonnenheit, die in meinem damaligen Alter natürlich war, beleidigt hatte.

Möge man doch endlich diese geistigen Don Quichoterien meiner frühen Jugend vergessen, möge man mich nach allgemeingültigen Gesetzen beurteilen und möge man mir die gleiche Freiheit gewähren, die andere anerkannte antike und moderne Autoren für sich in Anspruch genommen haben und die niemand ihnen zu bestreiten sich einfallen ließ.

Ich kenne sehr kluge Leute, die sich über *Biribinker* nicht aufgeregt, die darüber gelacht und ihn akzeptiert haben bei dem Gedanken, daß der Autor, weil er sie unterhielt, einige verlorene Stunden besser genutzt hatte, als wenn er sie mit den Senatoren von Biberach in irgendeiner Kneipe verbracht hätte, um sich mit schlechtem Wein zu berauschen. Wenn jedoch einige ernstzunehmende und sehr kritische, nicht großsprecherische Leute sich wundern, mich als Verfasser einer solchen Tollheit zu sehen, muß ich mich über folgendes beschweren: Sie können mich ruhig tadeln, aber sie werden nicht soweit gehen, daß sie über mein Verhalten und über meinen Charakter nachteilig denken. Ich bilde mir ein, meinen Gesprächspartnern all das schon gesagt zu haben, was man gegen *Biribinker* und zu seiner Verteidigung vorbringen kann. [...]

[Im Original französisch]

*

Mit dem Zürcher Dichter, Maler, Buchhändler und Verleger Salomon Geßner (1730–1788) verband Wieland seit seinem Aufenthalt in der Schweiz eine herzliche Freundschaft. Bis zum Ende seiner Biberacher Zeit erschienen die meisten seiner Werke bei Orell, Geßner & Cie. in Zürich, so auch die »Comischen Erzählungen« (1765).

15. An Salomon Geßner in Zürich

Biberach, den 29. August 1764.
Nehmen Sie Sich in Acht, mein Liebenswürdigster Freund, ihr Lob wird mich stolz machen, es wird den Taumel der poetischen Wut womit ich würklich für einen Reichs-Städtischen Stadtschreiber schon zu sehr behaftet bin, auf einen solchen Grad treiben, daß ich zuletzt sogar meine Protokolle und die schönen Sächelchen, die sich mit *Nachdem* und *Welchergestalten* anfangen, in verdoppelten Reimen konzipie-

ren werde, und bedenken Sie was für neue Erschütterungen das in unsrer Republik verursachen müßte! So barbarisch meine Landsleute immer den Ausländern, die das Unglück eines zerbrochnen Rads an ihrer Post-chaise oder ein andrer Zufall von dieser Art nach Biberach nötigt, vorkommen mögen, so würde sich doch vielleicht ihr kleiner Hochmut nicht dazu bequemen wollen, ihre Taten in *Knittel-Versen* *zart* auf die Nachwelt bringen zu lassen; Sie würden ohne-zweifel in ihrem Unwillen so weit gehen die Frage aufzu-werfen, ob die Stadtschreiberei nicht incompatibel mit dem Poetischen Handwerk sei? (denn bei uns ist die Poesie wie die Malerei ein Handwerk, und unsre Zunft ist würklich sehr übersetzt) diese Frage würde uns wieder in Parteien teilen, und der letzte Betrug könnte noch ärger als der erste werden. Quod avertant superi!

Inzwischen gestehe ich Ihnen aufrichtig, Liebster Freund, daß die Zufriedenheit die Sie über meine Erzählungen be-zeugen, mir ein unaussprechliches Vergnügen gemacht hat. Der Beifall eines Geßners ist mir ein sicherer Bürge, daß sie allen gefallen werden, denen ein ehrlicher Nebenbuhler von Bocaz, La Fontaine, Ariost und Prior zu gefallen wünscht, und das ist freilich, (die Schwermütigen, die Tartüffen und die Mystiker ausgenommen) ungefähr Allen welche Ge-drucktes lesen können. Meine Europa ist Ihnen anstößig gewesen und das ist genug sie zu verdammen; aber ich will Ihnen doch sagen was ich zu meiner Rechtfertigung sagen kann und mag; haben Sie alsdann die Freundschaft für mich und sagen mir, nach Ihrer würklichen *Empfindung*, ob es Ihnen hinlänglich däucht: ist es nicht, so soll diese stiermä-ßige amourette, je nachdem Sie es gut finden, ganz ausgelas-sen oder doch sehr verkürzt werden. Sehen Sie wie ich dachte, da ich dieses Gemälde machte. Der Stier war ein wunderbarer Stier, dergleichen man nie gesehen hatte, schön, voller Anmut, schmeichelnd, schneeweiß, glänzende

Christoph Martin Wieland, Brief an Salomon Geßner
vom 5. August 1763 aus Biberach.

Hörner, geistreiche Augen, kurz ein Stier in seiner Art wie die Gans im *Ah quel Conte!* des Crebillon. Ein solcher Stier konnte der Europa *gefallen* ohne daß man es ihr übel nehmen kann. Nehmen Sie noch hinzu, daß der Stier ein Gott war, daß diese Qualität ihn fähig machte, Regungen einzuflößen die alle andre Stieren der Welt zusammen nicht einflößen könnten. Europa empfand diese wunderbare Regungen, und überließ sich ihnen, eben deswegen weil sie unschuldig und unerfahren war. Diese kleine Eitelkeit welche fast bei allen Mädchen stärker als der *Instinkt zur Liebe* ist, und sie ehe sie noch wissen was Liebe ist, ehe sie noch die mindeste Regung davon erfahren haben, für alle diejenigen geneigt macht, die ihnen schmeicheln und die Macht ihrer Reizungen zu fühlen scheinen, diese Eitelkeit machte es der jungen Europa angenehm, einem *Stier* Empfindungen eingeflößt zu haben, die so gar nicht stierisch waren und ihn über seine Natur zu erheben schienen. Wie weit sie dieses führen könnte, war ihre wenigste Sorge, an das denkt eine agnes niemals. Kurz meine ganze Rechtfertigung liegt darin, daß der Stier für den Europa Regungen fühlt, die ihr selbst fremd sind und *derer sie sich nicht erwehren kann*, weil dieser Stier Jupiter ist. Ein Frauenzimmer das Erfahrung gehabt hätte, hätte freilich über das Betragen dieses außerordentl. Stiers und die Sentiments, die er ihr eingeflößt, mißtrauisch werden müssen; aber die unschuldige, unerfahrne kindisch-tändelnde Europa überließ sich den Eindrücken und Regungen, die sie empfand, eben deswegen weil sie nicht wußte was er war, und was draus werden könnte. Doch genug und mehr als genug hiervon. Ich sende Ihnen das *Urteil des Paris*. Der Ton dieses Stücks nähert sich dem Bürlesken, weil Paris als ein junger Bauerkerl vorgestellt werden mußte, in dessen Denkungsart und Sprache die bäurische Natürlichkeit und grossiereté allenthalben hervorguckt; die Verbindung des idealen Schönen mit dem

Bürlesken ist nichts leichtes; ob ich hierin réussiert habe, ist die Frage. Die übrigen Stücke, die in diese Sammlung von Erzählungen kommen sollen, heißen *Aurora, Ixion, die beiden Liebes-Götter* und die *Grazien*. Daß die Ütze, die Lessinge und die Nicolai sich herzlich lustig über mich und die Erfüllung ihrer ehmaligen Weissagung machen werden, seh ich leicht voraus; grand bien leur fasse! Wenn sie sich artig aufführen wollten, so sollten sie sich freuen daß ich nun mit ihnen in der nämlichen Kategorie stehe, ohne mir deswegen Vorwürfe zu machen. Aber soviel Ehrlichkeit traue ich ihnen nicht zu. Übrigens ist wohl nichts gewisser als daß ich vor acht oder zehn Jahren dem Utz das größte Unrecht getan, und daß seine Lyrische Gedichte meistens vortreffliche Stücke sind. Ich habe mir selbst damals durch einen übertriebnen und unbesonnenen Eifer einen wahren Tort getan, der mir noch itzt weit mehr zu Herzen geht als derjenige, den ich mir von Seiten aller schwachen und guten Seelen durch meinen famosen descensum aus den Platonischen Sphären in diese körperliche Sublunarische Welt zugezogen habe, und, bonis avibus, auch künftig ferner zuziehen werde.

Unter den Sujets, womit sich meine scherzende Muse künftig für alle die vielen désagremens meiner Umstände schadlos zu halten gedenkt, ist auch *Adon*, welches ein größeres Gedicht in etlichen Gesängen werden soll, und Musarion, eine Art von komischem Lehrgedicht, im gout der Alma des Prior, welches die Bekehrung eines Platonikers und die Widerlegung des ganzen Phantastischen Systems dieses Weisen Mannes enthalten soll. Eine Dame von meiner Bekanntschaft will mich bereden, auch *moralische Erzählungen*, im Geschmack des Marmontel, zu machen, und ihnen eben diese Lebhaftigkeit und Reizungen zu geben, die sie in meinen scherzhaften Erzählungen zu finden vermeint. Was halten Sie davon, mein Freund?

Nun muß ich Ihnen auch sagen daß unsre hiesige Prozesse würklich verglichen sind, daß ich von dem Katholischen Rat de la meilleure grace du monde als würklicher Kanzleidirektor agnosciert bin und nächstens installiert werden soll. Diese schleunige Veränderung war die Folge geheimer Nachrichten, die der Katholische Anteil von ihrem emissarius in Wien bekommen hatte, »daß nicht nur alle Bemühungen, die man directe und indirecte wider mich selbst gemacht, daselbst keinen Eingang gefunden, und durch den Kredit meiner Gönner und meines eignen kleinen Namens unkräftig gemacht worden, sondern daß überhaupt die Sachen des Evangel. Anteils durch vorgedachte meine Freunde einen solchen Schwung bekommen, daß demselben in via juris nichts abzugewinnen sei, und die zu gütlicher Beilegung aller unsrer Händel niedergesetzte Hof-Commission, vor welcher beide Teile in Wien haben erscheinen sollen, unfehlbar zu unserm Vorteil ausschlagen würde.« Auf diese Nachrichten haben die Weisen Leute sich entschlossen den kürzesten Weg zu nehmen, und sich hier in loco zu vergleichen. Wir sind also nun ruhig, und mein Schicksal ist in so weit entschieden, daß ich nun auf all mein Lebenlang ein zwar ziemlich mühseliges, aber doch einträgliches und honorables Amt habe; ein Umstand, der doch allezeit die Basis von meiner Ruhe ausmacht, und mich über die niederschlagenden Nahrungssorgen hinwegsetzt. Nun geht mir von den Bedürfnissen des menschl. Lebens nichts ab als ein Weib, und da ich durch den Tod meines Bruders die Ehre habe, der einzige von meiner Familie zu sein, so werde ich von meinen lieben alten Eltern über diesen Punkt so sehr in die Enge getrieben, daß ich bald genötigt sein werde, in die ganze Welt um ein Weib auszuschreiben. Hier findet sich keine vor mich; denn ich sollte eine hübsche, gescheite, muntre und wo möglich eine reiche Frau haben, und die drei oder vier Jungfrauen, welche hier, stands halber, ein Recht an mich haben könnten, sind entweder schön und dumm, oder dumm und häßlich dazu. Ich wollte daß sich in denen dreizehn hochlöblichen Cantonen ein artiges Mädchen fände, die soviel Christliche Liebe hätte, einen ehrlichen Biberachischen Kanzleidirektor, der ganz hübsche Verse macht, von seinem Amt ungefähr 1000 fl. Einkünfte hat und die zärtlichste Seele von der Welt ist, glücklich zu machen. Wenn Sie eine wissen, mein Liebster Freund, so recommandieren sie mich; ich bitte gar schön.

Meine Bedingungen wegen der *Erzählungen* füge ich auf einem besondern Blatte bei. Ich kann noch nicht uneigennützig sein; aber lassen Sie mich nur ein reiches Weib bekommen, so sollen Sie Wunder sehen. Ich werde eine solche entsetzliche Menge Verse machen, daß ich noch Geld dazu werde geben müssen, um sie nur gedruckt zu sehen. Ich umarme sie, mein teurester Geßner und bin mit der zärtlichsten Freundschaft und vollkommensten Hochachtung Ihr ergebenster   Wieland.

*

Isaak Iselin (1728–1782), Jurist und Ratsschreiber in Basel, Verfasser philanthropischer Schriften und wie Wieland mit Bodmer, Breitinger, Zimmermann und Geßner bekannt oder befreundet, hatte in den 50er Jahren versucht, eine überkonfessionelle Akademie zur Erziehung Schweizer Patriziersöhne zu gründen. Wieland entwarf dazu ein pädagogisches Programm mit dem Titel »Plan einer Academie zu Bildung des Verstandes und des Herzens junger Leute« (1758). Auch nach dem Weggang Wielands aus der Schweiz blieb Iselin noch lange Zeit aufmerksamer Beobachter der Entwicklung des Dichters. Als 1764 Iselins »Philosophische Mutmaßungen über die Geschichte der Menschheit« erschienen, übersandte ihm Wieland gewissermaßen im Austausch seinen Roman »Der Sieg der Natur über die Schwärmerei, oder die Abenteuer des Don Sylvio von Rosalva«. Den später in Erfurt entstandenen Roman »Der goldne Spiegel« (1772) wird Iselin in der »Allgemeinen deutschen

Bibliothek« rezensieren (1773). Im folgenden Brief wendet sich Wieland an seinen Basler Freund mit der Bitte, ihm bei der Suche nach einem Hausarzt für Friedrich Reichsgraf von Stadion (1691–1768) behilflich zu sein, der seit 1761 auf dem nahe Biberach gelegenen Schloß Warthausen seinen Alterssitz hatte. Wieland schildert darin die Vorzüge höfischen Lebens, eine für ihn attraktive Gegenwelt zum Biberacher Kanzleiverwalteralltag.

16. An Isaak Iselin in Basel

Biberach, den 9. Oktober 1764.

Das teure und geschätzte Zeichen Ihres Gedenkens, mein Herr und hochverehrter Meister, das Sie mir dankenswerter Weise vor einiger Zeit auf Vermittlung unseres gemeinsamen Freundes, Herrn Zimmermann, gegeben haben, flößt mir ein so großes Vertrauen in diese Freundschaft ein, die Sie mir gegenüber so wohlwollend aufrechterhalten und deren Fortbestehen immer einen wesentlichen Teil meines Glücks ausmachen wird, um es zu wagen, mich an Sie, den einzigen Freund, den ich in Basel habe, in einer Angelegenheit zu wenden, in der ich nur mit Hilfe eines Freundes aus Ihren Landstrichen einem Herrn von außerordentlichen Vorzügen einen Dienst erweisen könnte und dem ich durch das Band der Dankbarkeit wie durch persönliche Wertschätzung verbunden bin. Ich nehme meine Zuflucht zu Ihnen mit umso größerer Zuversicht, um Ihnen vielleicht die Gelegenheit zu bieten, jemandem Ihrerseits einen Dienst zu erweisen, den Sie Ihrer Protektion für würdig achten. Sie werden an den Notizen sehen, mein Herr, die ich so frei bin beizufügen, daß es sich um einen Arzt für einen deutschen Standesherrn handelt. Ich verstehe sehr gut, daß die Suche nach irgendeinem Äskulap, so wie man sich ihn wünscht, eine Aufgabe ist, die sich für einen Staatsmann ziemt; auch bin ich weit davon entfernt anzunehmen, Sie direkt damit

Friedrich Reichsgraf von Stadion.

zu beauftragen; alles, worum ich Sie zu bitten wage, ist, diese Notizen irgendeinem fähigen Arzt unter Ihren Freunden auszuhändigen, Ihren Einfluß bei ihm geltend zu machen, um ihn dazu zu veranlassen, mir – falls es möglich ist – eine Person zu suchen und vorzuschlagen, die den Wünschen entspricht und der eine solche Stellung zusagen könnte. Es ist mir wohl erlaubt, Ihnen unter dem Siegel der Verschwiegenheit mitzuteilen, daß es sich bei dem Standesherrn um den regierenden Grafen von Stadion-Warthausen handelt, Großmeister am kurfürstlichen Hof zu Mainz; einem Greis, der ebenso wegen seiner Verdienste geachtet wie liebenswürdig ist durch das Feuer seines Geistes und die Annehmlichkeiten seiner Geselligkeit, die er noch in einem Alter pflegt, in dem tausend andere mühsam dahinvegetieren. Ich wage es, einem verdienstvollen Mann zu garantieren, daß er sehr viele Annehmlichkeiten in dieser Stellung finden wird, die mir vor allem jemandem zuzusagen scheint, der Wissenschaften und philosophische Muße liebt. Wenn er Schriftsteller ist und folglich zu jener Klasse menschlicher Wesen gehört qui amant nemus usw. usw., umso besser für ihn; er wird in Warthausen eine reizende Gegend finden, Gärten und Promenaden zum Träumen und Meditieren, eine gut sortierte Bibliothek, und eine kleine Gesellschaft von aufgeklärten Leuten, Freunde von guter Lektüre, und es wird nur von ihm abhängen, dort eigene Freunde zu gewinnen. Ein Konzert von recht guten Musikern, das jeden Abend eine Stunde lang stattfindet, ist ein zusätzliches angenehmes Erlebnis für einen Musikliebhaber. Natürlich ist nicht alles vollkommen in dieser Welt, und jeder gesellschaftliche Stand hat seine Plagen; aber ich zögere keinesfalls zu versichern, daß diese Stelle, die ich jedem fähigen und gebildeten Arzt anbiete, der noch keine oder keine günstige Stelle hat, so beschaffen ist, daß ich sie, wenn ich Arzt wäre, jedem anderen Platz vorziehen würde. Wie groß wird meine Freude sein, mein Herr, wenn durch eine glückliche Verkettung von Umständen dies für Sie oder irgendeinen Ihrer Freunde die Gelegenheit wäre, einem verdienstvollen Mann zu dienen! In dieser Hoffnung bitte ich Sie nachdrücklich, die Mühe auf sich nehmen zu wollen, sich bei Ihren Freunden zu erkundigen, ob es in Basel oder irgendeinem anderen Ort, den Sie kennen, einen Arzt gibt, der Lust hätte, diese Stelle anzunehmen – und mich über das Ergebnis Ihrer Nachforschungen zu unterrichten, sobald es Ihre Umstände erlauben. Mit der Religion wird es keine Schwierigkeiten geben; wenn er nur ein guter Arzt ist, wenn er Gott liebt und seinen Nächsten, wird man ihn auch gern davon dispensieren, zur Messe zu gehen. Der Graf verabscheut nichts mehr als Intoleranz und Aberglauben; und er besitzt in Württemberg eine ansehnliche Gutsherrschaft, mit einer kleinen Stadt, deren Einwohner alle protestantisch sind und glücklich, ihn zum Herrn zu haben.

Sie sind zu sehr daran gewöhnt, Freude darin zu finden, sich zugunsten anderer zu verwenden, als daß ich glauben könnte, Sie zu beleidigen, wenn ich Sie um Vergebung bitte für die Freiheit, die ich mir bei der Inanspruchnahme Ihrer guten Dienste in dieser Angelegenheit nehme. Könnten Sie entsprechende Anlässe finden, bei denen Sie mich sehr glücklich machen könnten, Ihnen in irgendeiner Sache nützlich zu sein; ich wünsche es inständig, und Sie werden mich immer als ganz der Ihrige finden.

Herr La Roche, Schüler, Günstling und Erster Amtmann des Grafen von Stadion, einer der aufgeklärtesten, weisesten und zudem verdienstvollsten Menschen, die es gibt, und der sich überall dieses Rufs erfreut, wo er mit seinem Herrn und Freund gelebt hat, versichert dem achtbaren und liebenswürdigen Verfasser der »Geschichte der Menschheit« Seiner besonderen Wertschätzung; das Lob, das er neulich über dieses Werk aussprach, gab mir Gelegenheit, ihn über den Namen des Autors und sein persönliches Verdienst zu unterrichten. Leben Sie wohl, mein Herr und hochverehrter Meister, leben Sie, leben Sie, da Sie ja nicht unsterblich sein können, so lange es menschliche Begrenztheit zuläßt, zum Wohle Ihres Vaterlandes und zum Wohl aller Menschen überhaupt, und vergessen Sie unter Ihren Freunden und eifrigsten Bewunderern niemals Ihren untertänigsten und ganz ergebenen Wieland.

Pro Memoria

Ein Standesherr, der auf dem Lande und zurückgezogen von der Großen Welt lebt, in der er den größten Teil seines Lebens verbracht hat, der sehr an den Nerven, Neigung zu Blähungen, Atemnot usw. leidet, Symptomen einer chronischen Krankheit, die ihn seit mehr als zwanzig Jahren quält, der sich aber dennoch mit 74 Jahren eines unverwüstlichen Temperaments erfreut und dessen edle Körperteile in keiner Weise angegriffen sind, möchte auf seinem Besitz und unmittelbar um sich herum einen fähigen Arzt einstellen, dessen Wissen und Erfahrung in der Lage wären, seinem persönlichen Leiden etwas Erleichterung zu bringen, und sich gleichzeitig um die Gesundheit der zahlreichen Diener seines Hauses und der ganzen Herrschaft zu kümmern.

Was die persönlichen Voraussetzungen dieses Arztes, unabhängig von der Heilkunst, angeht, würde man sich wünschen, daß er nicht verheiratet, ein Freund der Wissenschaften wäre, von ausgeglichenem Wesen, kein Trinker, mit geselligem, mitfühlendem und menschlichem Charakter.

Seine Aufgaben richten sich 1° und in der Hauptsache auf die Person des Herrn, alle Bereiche seines Wissens anzuwenden, um seine Unpäßlichkeiten zu lindern und ihm sein Leben gesund zu erhalten.

2° die gleichen Aufmerksamkeiten Seiner Familie und allen, die in Seinem Dienst stehen, zu widmen.

3° nachts keinesfalls abwesend zu sein und sich regelmäßig jeden Abend um 9 Uhr im Hause zu befinden, um beim Zubettgehen des Herrn zu assistieren; wobei er 4° seine Kunst nicht nur in den elf Dörfern, die zu der Herrschaft gehören, frei auszuüben haben wird, sondern auch in der ganzen Umgebung und besonders in einer Reichsstadt, die nur eine halbe Meile vom herrschaftlichen Schloß liegt, wo es zwei gute Apotheken, aber sehr schlechte Ärzte gibt.

5° Er wird aber einen Vormittag der Woche nach seiner Wahl bestimmen müssen, an dem er die armen NB. Untertanen der Herrschaft kostenlos behandeln wird, selbstverständlich werden ihn die anderen nach den im Land festgelegten Gebühren bezahlen. Seine Einkünfte werden 450 Reichstaler betragen, die am Ende jedes Quartals bezahlt werden. Er wird sehr gut wohnen und im Schloß sein möbliertes Zimmer haben. Er wird am Tisch des Herrn sitzen, Heizung und Kerze frei haben, viele andere Annehmlichkeiten und Erleichterungen, die zu umfangreich sind, um sie einzeln aufzuzählen.

Es wird nur an ihm liegen, sich alle diese Vorteile durch die Sorgfalt zu erhalten, die er auf das Wohlbefinden des Schloßherrn legen wird, aber wenn Gott das Ende seiner Tage beschließen sollte und infolgedessen das tägliche Essen im Schloß wegfiele, bekäme er außer den 450 Florint und der Wohnung 8 Malter Roggen, 4 Malter Weizen großen Landesmaßes, und einen Eimer Wein württembergischen Maßes – gesicherte Anstellung für sein ganzes Leben, vom Vater und vom Sohn ausdrücklich zuerkannt und sehr vorteilhaft für einen fähigen Mann, der mit seiner ärztlichen Tätigkeit die finanzielle Grundlage, die er von der Herrschaft bezieht, leicht wird verdoppeln können.

Außerdem wird er zu seiner Unterhaltung eine umfangreiche, in Philosophie und den Schönen Künsten gut sortierte Bibliothek finden, eine komplette Instrumentensammlung für physikalische Experimente, die Annehmlichkeiten der Jagd, gute Gesellschaft, und alle Möglichkeiten, ein angenehmes Leben zu führen, ohne daß er zur geringsten Ausgabe für Kleider oder andere Luxusgegenstände gezwungen wäre.

Man möchte aber weder einen Franzosen, noch einen Italiener; er sollte Schweizer oder Deutscher sein; wenn er Fremdsprachen versteht, umso besser. Er sollte an einer guten Schule studiert und seine Kunst bei tüchtigen Lehrern ausgeübt haben. Er sollte ein angemessenes Alter haben, seiner Wissenschaft fleißig zugetan sein, vor allem in bezug auf die sogenannten chronischen Leiden; wenn er sich mit seinem Herrn und Wohltäter beständig Mühe gibt, wird er ein beneidenswertes Los haben.

[Im Original französisch]

*

Vor allem die »Comischen Erzählungen« (1765), durch deren Veröffentlichung für Graf Stadion in Warthausen die deutsche Sprache der französischen gleichwertig geworden war, brachten Wieland den Ruf eines »schlüpfrigen«, »wollüstigen« und »unmoralischen« Dichters bei einigen seiner Leser und Kritiker ein. In einem Gespräch mit dem Altertumsforscher und Philologen Karl August Böttiger hat sich der Weimarer Wieland später verteidigt: »Ich habe besondre Vorstellungen von den ›Sacris phallis‹ des grauen Altertums. Es waren die ehrwürdigsten Naturfeierlichkeiten. Sobald der Mensch nur ein Glied an seinem Leibe hat, dessen er sich schämen muß, hat er seine Unschuld verloren ... Warum ziehn wir denn den Hunden und Ochsen nicht auch Hosen an? Der heiligste Naturtrieb ist durch Pfafferei entadelt und verschrien worden. Um dieser Bigotterie zu entgegnen, habe ich solche Themen ausgemalt, die ich absichtlich *ergriffen habe, nicht daß sie mir, wie Schiller beliebt zu sagen, unglücklicherweise in die Hände gefallen wären« (3. 2. 1796).*

Biberach, den 27. Junii 1765.
Da ich schon zu glauben anfing, daß Sie mich gänzlich
vergessen hätten, überrascht mich Ihr Brief vom 22ten mit
einer Freude, die eine ganze Stunde lang alle meine Fibern
und Fibrillen zittern machte. Sie sind der einzige von allen
den Helvetiern, die sich meine Freunde nannten, der mir
nicht ungetreu worden ist; hingegen sind sie mir auch statt
aller andern; und das so sehr daß ich gegen alle Kränkungen
des Zufalls unempfindlich bin so lang ich mich versichert
halte daß Sie mich lieben. Das ist keine poetische Figur,
mein liebster Zimmermann; es ist die fortwährende Empfindung meines Herzens.

Es freut mich daß Ihnen die Erzählungen gefallen aber
soll ich Ihnen die Wahrheit sagen? Ich höre nicht gern daß
sie so gar einem vieljährigen Ehmann und einem – so *weisen*
Mann, (wofür unsre unvergleichliche Julie Sie mir schon *vor*
Vier Jahren gegeben hat) Erektionen machen. Gott sei bei
uns! was werden sie bei Knaben von 18 Jahren, was werden
sie bei vorwitzigern Mädchen, übel versorgten Weibern,
und untröstbaren Witwen für Würkungen tun! Mir schauret
wenn ich daran gedenke. In vollem Ernst, mein Freund, ich
dachte nicht so weit; aber glauben Sie mir, wenn ich gleich
kein platonischer Schwärmer mehr bin, so hasse ich doch
den Gedanken, Ärgernis zu geben und der Urheber von
sittlichen Übeln zu sein, Trösten Sie mich wenn Sie können;
denn ich versichre Ihnen daß Sie mit diesem einzigen Wort
eine ganze Reihe von Embryonen komischer Erzählungen
in meinem Kopf abgetrieben haben. Das Göttingische Urteil über den Don Silvio, welches Sie mir mitzuteilen die
Gütigkeit gehabt, macht mir, ich gesteh es Ihnen aufrichtig,
eine lebhafte Freude. Seit dem ich mir selbst einige ernsthafte Vorwürfe zu machen habe, bin ich so empfindl. gegen

den öffentlichen Beifall worden als ich ehmals gleichgültig dagegen war. Nun wünschte ich nur noch einen Freund der eine halbe Stunde daran wagen wollte den tort zu redressieren, der mir schon zu zweien malen, wiewohl nur mit etlichen Federzügen, im Journal Encyclopedique getan worden. Es braucht keine Streitschrift; nichts als eine kurze aber vorteilhafte Ankündigung des Don Silvio und der Erzählungen in einem französischen Journal. Es wäre mir lieb zu wissen, was die Herren Cantons zu den Erzählungen sagen. Ich zweifle nicht daran, daß man sich gewaltig daran ärgern wird; wie wird es erst gehen, wenn einmal irgend ein Sünder vor einem Chorgericht erscheinen und die Erektionen die ihm Aurora oder Endymion gemacht, als die Ursache seiner Vaterschaft von irgend einem Jungfern-Kind angeben wird! Und doch gesteh ich daß mich's am wenigsten verdrießen würde, wenn ein paar Schock hübsche Buben und Mädchen, ihr Dasein es sei nun auf welche Art es wolle, meiner Muse zu danken hätten. Sein ist immer besser als nicht sein; ein Mädchen das zu gleicher Zeit einen armen Kerl in seinen Bon-Sens restituiert und die Gesellschaft mit einem Mitglied beschenkt, tut etwas wofür man sie, statt zu bestrafen, öffentl. belohnen sollte. Daß es den Urhebern der Gesetze anders beliebt hat, das danke ihnen der Wirt. Ich bedaure den Philosophen Schmid daß ihm etwas das Aristoteles und Descartes auch getan haben, Verdrießlichkeiten zuzieht; ich wollte so was begegnete dem Anubis Schmidt, den ich, wie sie wissen, niemals habe leiden können. Warum nennen Sie mir den Staatskanzler nicht dem der Österreichische Graf; den sie kurieren, und dessen Kur der Himmel gedeihen lasse! – meine Erzähl. zugeschickt hat? Alles interessiert mich, was mich ein wenig über den zu Boden schlagenden Gedanken erhebt daß ich unter 24 travestierten Hottentotten leben muß, die mir noch Ehre anzutun glauben, wenn sie mich für ihres gleichen halten. Sie möchten mich gern aus dem verdammlichen Biberach herausgezogen wissen! Ach! liebster Zimmermann, wenn sie erst wüßten, in welchem Grad dieses elende Totenaas eines an der Sonne modernden stinkenden Reichsstädtchen verabscheunswert ist! Der Tag, wo ich meinen Amtseid geschworen habe, ist der Anfang einer Periode in meinem Leben, die ich ohne Verzweiflung nicht in ihrem wahren Licht ansehen kann. Allein da hilft nun nichts als Geduld und die Zähne zusammen zu beißen. Das Übel ist unheilbar. Ich muß zu leben haben, und eine jede andre Lebensart hat für mich noch größre Inconvenienzen als diese. Wenn Sie mir ein Mittel sagen können, wie ich ohne nach Petersburg zu gehen, eine pension von der Dame Katherine in Rußland erhalten könnte – oder wenn Sie mir die Kiste der Belle-Belle verschaffen können – Was wollen wir uns mit Wünschen plagen, mein Freund? Wir hangen nun einmal von einem Schicksal ab, das Sie zum Medicus in Brugg und mich zum Kanzleiverwalter in Biberach gemacht hat! Es hat von je her wohl albernere Verfügungen gemacht – Ich habe dem ungeachtet Tage und Stunden, wo ich meines Elends vergesse; und wenn ich auch zuweilen schwermütig werde, und mit dem Strumpfband in der Hand mich nach einem tauglichen Nagel umzusehen anfange, so besinne ich mich doch allemal so lange, bis wieder nichts draus wird; ein überzeugender Beweis, daß ich noch etwas in meinem Zustande finde, das der Versuchung mich aufzuhängen wenigstens das Gleichgewicht hält. Verzeihen Sie meinem Geplauder; schreiben Sie mir bald wieder, mein bester und liebster Freund; sie tun ein gutes Werk daran, wenn es auch nur wenige Zeilen sind. Ich küsse Ihrer lieben Frau die Hand. Ich liebe euch alle von ganzem Herzen, und die gute Julie ausgenommen, kenne ich auch niemand als euch, der mich mit den mir verhaßt gewordnen Schweizer-Namen wieder aussöhnen kann. Leben Sie wohl, und behalten Ihren ehrlichen Wieland lieb.

Sophie wird Ihnen selbst schreiben; sie ist ziemlich wohl; wenn es ihr und mir nach gegangen wäre, würdet Ihr sie gesehen haben und da würde sie sich noch besser befinden.

*

Am 21. Oktober 1765 war Wieland mit der dreizehn Jahre jüngeren Augsburger Kaufmannstochter Anna Dorothea von Hillenbrand in der Biberacher Kanzlei vom Vater getraut worden. Von ihr wird er nach zweiundzwanzig Ehejahren sagen, daß er nicht »ein einziges Mal gewünscht hätte, nicht verheiratet zu sein«. Der Ehe entsprossen vierzehn Kinder, fünf Söhne und neun Töchter, von denen fünf kurz nach der Geburt starben.

18. An Salomon Geßner in Zürich

Biberach, den 21. Nov. 1765.

Teuerster Freund!

Es hat seine vollkommene Richtigkeit, daß Ihr Brief an mich, während der Zeit, daß ich in Augsburg war, meine damalige Braut abzuholen, verloren gegangen sein muß; was ich Sie gewiß versichern kann, ist, daß er mir nicht zugekommen ist, und daß meine Leute nichts davon zu wissen versichern. Ich bedaure es, weil eine jede Zeile, die Sie geschrieben haben, einen besondern Wert in meinen Augen hat. Diesem Zufalle ist nun, so viel unsere Geschäfte betrifft, durch Ihre angenehmste Zuschrift vom 15. dieses abgeholfen. Ich sehe daraus, daß Ihre Societät auf Ostern den 1. Teil des Agathon und den 8. des Shakespears erwartet. Sie sollen beides haben; und ich sende Ihnen wirklich die Fortsetzung des 1. bis zum 2. Kapitel des 7. Buchs – und den ersten Aufsatz vom Hamlet. Vom Agathon werde ich in diesem Jahre weiter nichts schicken können; hingegen will ich desto eifriger an unserm unvergeßlichen Shakespeare arbeiten. Das muß ich noch sagen; wenn ich zum

Anna Dorothea, geb. von Hillenbrand,
Wielands Frau.

Hamlet z.E. den Cymbelin nehme, so wird der 8. Teil schwerlich über 28 bis 30 Bogen; nehme ich noch ein Stück zu jenem, so wird er 38 bis 40 stark. Ich dächte also, wir wollen es an zwei Stücken genug sein lassen.

Herr Weber ist so freundlich gewesen, mir eine Neuigkeit zu berichten, die mich ungemein interessiert. Sie sind unter die Mitglieder der hohen Regierung Ihrer Republik erkieset worden. Ich erfreue mich von Herzen für Zürich und für Sie, mein Freund; für Sie, weil der Anteil an der gesetzgebenden und oberherrlichen Gewalt in einem so ansehnlichen und so glücklich situierten, freien Staate, als der Ihrige ist, Ihnen Gelegenheit geben wird, das edelste unter allen menschlichen Vergnügen, das Vergnügen Gutes zu wirken und zu befördern, in einem weitern Umfange zu genießen; für Zürich aber ist die Acquisition eines aufgeklärten Mannes ein größeres Gut, als wenn sie um den gewöhnlichen Preis der Eroberungen ein halb Dutzend Herrschaften erobert hätte. Genießen Sie, teuerster Freund, lange des Vergnügens, Ihrem Vaterlande nützlich zu sein, welches Ihnen einen Teil des Glanzes wiedergibt, den es durch Ihre in unserm ganzen Weltteile erkannte und hochgeschätzte Vorzüge erhält. – Genießen Sie es so lange, dieses Vergnügen, bis ein Sohn von Ihnen verdienen wird, der gleichen Ehre teilhaftig gemacht zu werden; – doch aber fällt mir ein, daß das nicht *lange* wäre, denn in der Tat läßt Ihnen die Republik so bald Gerechtigkeit widerfahren, als es den Gesetzen nach *möglich* war – also so lange (wenns möglich ist), bis Sie erleben, daß die große Ratsstube von Zürich mit lauter einsichtsvollen Patrioten besetzt sein wird. Lange genug, mein lieber Freund!

Meine junge Frau (weil Sie doch so gütig sind und mehr von ihr wissen wollen) ist aus einem augsburgischen Kaufmannshause, welches in der merkantilischen Welt unter dem Namen Jakob Hillenbrands seel. Erben nicht unbekannt ist.

Sie hat noch neun Geschwister, und ist also nicht reich, ob sie gleich mit der Zeit von ihren Eltern so viel zu erwarten haben mag, als sie nötig haben könnte, wenn sie Wittfrau würde. Das, warum es mir zu tun war, ist ihre Person; sie hat wenig oder nichts von den schimmernden Eigenschaften, auf welche ich (vermutlich weil ich Anlässe gehabt habe, ihrer satt zu werden) bei der Wahl einer Ehegattin nicht gesehen habe. Sie ist, mit unserm Haller zu reden, – gewählt für mein Herz und meinen Wünschen gleich – ein unschuldiges, von der Welt unangestecktes, sanftes, fröhliches, gefälliges Geschöpf; die bloße Natur, ohngefähr, wie die Phyllis Ihres Daphnis – nicht ganz so hübsch, aber doch hübsch genug für einen ehrlichen Mann, der gern eine Frau für sich selbst hat: eine Prätention, welche man bei den großen Schönheiten vergebens macht. – Nun, dächte ich, wissen Sie genug; denn von seinem Weibe reden, ist ohngefähr eben so viel als von sich selbst sprechen. Sie empfiehlt sich Ihnen, und dankt Ihnen recht sehr für den verbindlichen Wunsch, den Sie bezeugen, zu ihrem Beifalle auch Ihre Freundschaft zu haben. Wer kann Geßners Schriften lesen, empfinden, wieder lesen, und nie genug lesen, und nicht sein Freund sein? – Sagt sie, – und ich auch. Leben Sie wohl, mein Teuerster etc. ergebenster   Wieland.

*

Durch eine Anregung Bodmers hatte Wieland in seiner Zürcher Zeit das Werk Shakespeares näher kennengelernt. In Biberach übersetzte er den »Sturm« und inszenierte als Leiter der »Evangelischen Komoediantengesellschaft« im September 1761 das Drama unter dem Titel: »Der Sturm oder der erstaunliche Schiffbruch«. Zwischen 1762 und 1766 übertrug er 22 Dramen Shakespeares ins Deutsche und gab dadurch »seiner Nation einen allgemeinen Begriff von den herrlichen Werken einer andern« (Goethe). Lessing würdigte im 15. Stück der »Hamburgischen Dramaturgie« diesen für

die deutsche Literatur- und Geistesgeschichte nicht hoch genug einzu-
schätzenden Beitrag Wielands: »So wie er uns den Shakespeare
geliefert hat, ist es noch immer ein Buch, das man unter uns nicht
genug empfehlen kann. Wir haben an den Schönheiten, die es uns
liefert, noch lange zu lernen, ehe uns die Flecken, mit welchen es sie
liefert, so beleidigen, daß wir notwendig eine bessere Übersetzung
haben müßten.« Mit den acht Bänden seiner Übersetzung verdiente
Wieland 960 Gulden, etwa das Jahresgehalt als Kanzleiverwalter.

19. An Orell, Geßner und Cie. in Zürich

Biberach, den 8. Mai 1766.
Meine Hochgeehrtesten Herren und Sehr werten Freunde,
Endlich bin ich im Stande Ihnen auch den Rest des
8ten Th. von *Shakespear* zu übersenden. Ich wünsche Ihnen
und mir selbst zu dem erreichten Ziel dieser weitläufigen
Unternehmung Glück. Ich habe dabei geleistet, was (zumal
in den Umständen worin ich war, noch bin, und so lang ich
lebe bleiben werde, ohne Freunde, ohne einen Ratgeber,
ohne einen Aristarch) möglich war. Ich schaudre selbst,
wenn ich zurücksehe und daran denke daß ich den Shakespear zu übersetzen gewagt habe. Wenige können sich die
Mühe, die Anstrengung, die oft zur Verzweiflung und zu
manchem Fluch, (der doch die Pferde nicht besser ziehen
macht) treibende Schwierigkeiten dieser Arbeit vorstellen.
Ich sehe die Unvollkommenheit dessen was ich getan habe;
aber ich weiß es, daß Richter von eben soviel Billigkeit als
Einsicht mit mir zufrieden sind. Genug, diese Herkulische
Arbeit ist nun getan, und, bei allen Göttinnen des Parnas-
ses! ich würde sie gewiß nicht anfangen, wenn sie erst getan
werden sollte. Indessen hab' ich doch sie nicht schließen
wollen, ohne ein paar Wörtchen mit den Berliner Kunstrichtern zu sprechen, welche eben so boshaft als dumm über
unsre Übersetzung geurteilt haben. Ich hoffe das Publi-

Titelblatt zu »Shakespear. Theatralische Werke«.

kum soll nun mit mir zufrieden sein; denn von Lessingen und seinen Freunden hab' ich doch weder Gnade noch Gerechtigkeit zu erwarten.

Ich habe die Ehre, Meine Herren und Freunde, mich Ihnen zu empfehlen und mit alter unveränderlicher Hochachtung zu sein. Dero ergebenster Diener   Wieland.

*

Wieland bemühte sich vergeblich, den in Geislingen an der Steige lebenden Dichter und Lehrer Christian Friedrich Daniel Schubart (1739–1791) für den Biberacher Schuldienst und für sich persönlich als ebenbürtigen Gesprächspartner und »Bruder im Apollo« in den für ihn »so unglücklichen Umständen« seiner Vaterstadt zu gewinnen.

20. An Christian Friedrich Daniel Schubart in Geislingen

Biberach, den 1. Oktober 1766.

Sie hätten mich auf keine edlere und angenehmere Art dafür beschämen können, mein wertester Freund, daß ich aus einer Nachlässigkeit, die kaum zu vergeben ist, Ihnen nicht schon längst für die freundschaftliche Mitteilung des Manuskripts Ihrer *Zaubereien* gedankt, und Sie, wie ich zu tun Willens war, aufgemuntert habe, sie dem Publiko nicht vorzuenthalten – als dadurch, daß Sie mir selbige gedruckt zusenden. – Ich erstatte Ihnen also nunmehr auf einmal einen zweifachen Dank, und sage Ihnen, daß ich die *Zaubereien*, ihres originellen Schwungs halber, im Manuskript und im Druck mit außerordentlichen Vergnügen gelesen und wieder gelesen habe. Sie haben ein dezidiertes Talent für die höhere Dichtkunst, mein Freund, und das Herz möchte mir bluten, einen so guten Kopf in Umständen zu sehen, welche so übel zu seinen edlen und liebenswürdigen Talenten passen. Warum ist es nicht in meiner Gewalt, Sie hieher zu versetzen? Ich schmeichle mir, daß ein täglicher Umgang zwischen uns, Ihrem Genie und dem meinigen viel Dienste tun würde: aber nachdem ich diesem Wunsch zwanzigmal nachgedacht habe, so find' ich nichts, das wir Ihnen geben könnten, als wieder einen Schuldienst. – Die verzweifelten Schuldienste! Wie entsetzlich muß einem Geiste, wie der Ihrige ist, diese sklavische Arbeit sein! Doch was sag ich? ich sehe, daß Ihnen die Arbeit eines Galeerensklaven erträglicher vorkommen muß, da Sie lieber das Rad des Ixion wälzen wollten. – Ich kann Sie nicht verdenken, mein liebster Freund; aber wie ist zu helfen? Unsere Fürsten bekümmern sich nichts um die Günstlinge der Musen – Sie haben Pferde, Huren und Jagdhunde zu unterhalten. Wir müssen uns also schon unserm Schicksal unterwerfen – Sed dantur gradus – wenn wir uns nicht in die Umstände setzen können, die wir uns wünschen, so müssen wir wenigstens trachten, aus zween Uebeln das kleinere zu wählen. Melden Sie mir also gerade zu, wie hoch Sie Ihre Einkünfte in Geislingen jährlich bringen, und wie viel Zeit Sie Ihrem Amt widmen müssen, damit ich sehen kann, ob Sie sich verbesserten, wenn Sie in dieser kleinen Reichsstadt, worin ich Aktenstaub schlucke, in den nämlichen Ämtern Schulstaub schluckten – mit der Anwartschaft auf das Rektorat, und (wofern Sie predigen) mit der Hoffnung, dereinst in das geistliche Ministerium zu gelangen. Ich habe keine Ruhe, bis ich durch eine offenherzige Eröffnung über Ihre Umstände in den Stand gesetzt bin, zu sehen ob ich etwas für Sie tun kann. Ich liebe Sie gar sehr, und möchte mich gerne von ganzem Herzen für Sie interessieren. Eh und bevor wir über diese Angelegenheiten uns mit einander expliziert haben, werde ich Ihnen wenig oder nichts anders schreiben, und doch muß ich Ihnen sagen, daß ich wünschte, Sie möchten die *Zaubereien* Ihr letztes in der poetischen Prose sein lassen. Sie ist zwar originell und vortrefflich, aber wenn man von den Musen und Grazien so geliebt wird wie Sie, und dabei die Sprache so meisterhaft in seiner Gewalt hat, so soll man, meiner Meinung nach, *ganz* in Versen dichten – und in kurzem wollen wir uns über irgend einen schönen und fruchtbaren Gegenstand für Ihre Muse besprechen. Inzwischen gehe ich seit geraumer Zeit mit dem Einfall um, eine Wochenschrift mit Ihnen in Gesellschaft zu schreiben. Wir haben ihrer schon mehr als 150 – die meisten sind mittelmäßig oder schlecht; der Jüngling, der Nordische Aufseher, und etwan noch der Greis, sind die einzigen guten die ich kenne, c'est à dire, von deutschen Originalen. Beinahe alle Titel sind erschöpft – aber Stoff ist noch unendlich viel übrig. Schreiben Sie mir Ihre Gedanken hierüber, und machen Sie mir Vorschläge über die *besondere Bestimmung* die wir unserer Wochenschrift geben wollten. Ich will schon in der Schweiz einen ehrlichen Mann von Curls Brüderschaft bekommen, der das Buch auf Bedingungen verlegen soll, wodurch Ihre Situation um etwas weniger unangenehm werden könnte, denn *Bodmer* und *Geßner* denken sehr gut von Ihrem Genie – Adieu für diesmal, mein lieber Freund und Bruder im Apollo. Ich habe sehr, sehr viel zu tun, und muß also abbrechen. Schreiben Sie mir fein oft, fein viel, fein lang; Ihre meisterhaften Briefe machen mir unendlich viel Vergnügen. Apropos ich bedanke mich auch gar schön für die wahre Horazische Ode an den Herrn Caramussal. Sie sagen viel zu viel Gutes von mir, wenn es Ihnen anders Ernst ist – ich bin ein bloßer Dilettante, und mehr nicht. Leben Sie wohl, guter Mann, ich bin von Herzen Ihr bester Freund   Wieland.

*

In den letzten drei Jahren der Biberacher Kanzleiverwalterzeit mietete Wieland vor den Toren der Stadt ein kleines Gartenhaus, wo er »im Sommer frische Luft schöpfen und staunen, dichten oder lesen«

Wielands Gartenhaus in Biberach.

konnte. Er berichtete darüber in einem Brief an den Erfurter Universitätsprofessor Friedrich Justus Riedel, dessen »Theorie der schönen Künste und Wissenschaften« er besonders schätzte. Im Biberacher Gartenhaus schrieb Wieland nach eigenem Bekunden das romantische Gedicht und Feenmärchen »Idris und Zenide« und den »größten Teil« des Romans »Geschichte des Agathon«.

Pfingsten 1769 folgte er einem Ruf als Professor der Philosophie an die Universität Erfurt. Nach Biberach, in dessen Nähe er 1796 auf einer Reise in die Schweiz noch einmal kam, ist er nie zurückgekehrt.

21. An Friedrich Justus Riedel in Erfurt

Biberach, den 24. August 1768.

Mein allerliebster Riedel!

Si vales bene est, ego valeo. Ich danke Ihnen aufs verbindlichste für die vielen Proben, die Sie mir von Ihrer Freundschaft geben, und besonders für die Besorgung meines kleinen Traktats mit Herrn *Reich*. Ich bin sehr wohl damit zufrieden, und habe ihm a drittura geschrieben, daß ich der 15 Louisd'or halber ihm nächstens einen an die Ordre *HHrn. Jakob Hillenbrands sel. Erben* (aus welchem Hause meine Frau eine Tochter ist) zahlbaren Wechselbrief zufließen lassen werde. Die 10 Dukaten betreffend, wünschte ich, daß solche an meiner Statt an Herrn Albrecht Friedrich Bartholomäi, Buchhändler in Ulm, ausbezahlt würden; zu welchem Ende ich mir den Namen desjenigen ausbitten wollte, von dem er selbige zu erheben hätte. Herrn Weissens Brief hat mir unendlich viel Vergnügen gemacht; Utzens mediocriter. Seine lyrischen Gedichte sind eines meiner Leibbücher; – aber sein Herz ist nicht nach meinem organisiert. – Noch so viel Empfindlichkeit und Rancune über eine vor 15 Jahren von einem jungen Gelbschnabel empfangene Beleidigung beibehalten, zeigt, meines Erachtens, einen kleinen Defekt sub laeva parte mamillae an; zumal, da ich schon vor mehreren Jahren die Stellen vernichtet habe, wo er angegriffen war. Doch das ist seine Sache! Ich bin zufrieden, wenn nur zwischen ihm und mir so viel gutes Vernehmen sein wird, als der Wohlstand unter ehrlichen Leuten und Mitgenossen der poetischen Zunft es erfordert; und das ist alles, was Sie durch Ihre gelegenheitliche Vermittelung zwischen uns zu stiften und zu erhalten von mir ersucht werden. Indessen sollte mir's außerordentlich angenehm sein, Herrn Utz, wenn er wieder in unsere Gegenden kommt, bei mir zu sehen. Eine *persönliche* Bekanntschaft würde unsern Zweck besser befördern, als hundert *Briefe*. Mich verlangt nach Ihren Briefen über das Publikum so sehr, daß ich den Appetit zum Essen darüber verliere. Schicken Sie mir selbe ja so bald als nur möglich... Ich bilde mir ein, daß Sie den Kunstrichtern und den Lesern einmal auch ihre Wahrheiten gesagt haben werden, und ich rufe Ihnen schon zum voraus euge! bene! zu. Hingegen gefällt mir von Herzen wohl, daß Sie mit Husarenscharmützeln nichts zu tun haben mögen; Sie und Ihre Feder sind zu gut dazu; das ist eine Arbeit für die Herren Gleichmannen und ihresgleichen. Unsere Briefe haben einander diesmal durchkreuzt. Zu eben der Zeit also, da Sie mir sagen, daß Sie gerne mein Porträt hätten, sage ich Ihnen, daß Ihnen eines zu Diensten steht. Aber seitdem ich weiß, daß Sie das meinige zwischen ein paar artige Mädchen stellen wollen, bin ich sehr versucht, Ihnen nichts zu schicken. Denn ich sage Ihnen im voraus, daß ich ganz und gar nicht schön bin, ob ich gleich weiß, warum mich die Mädchen, alte und junge, immer gern gehabt haben, wie ich Ihnen (glaube ich) letzthin schon meldete. Einem Kanzleidirektor sehe ich nun eben in meinem Bilde nicht sehr gleich; aber doch habe ich, leider! eine Perücke auf, und gucke mit einer ziemlich verdächtigen Miene in die Welt hinaus. Bei allem dem sollte michs nicht verdrießen, von einem Wille mit einer so komischen Miene, als ein weiser Mann nur immer machen kann, ohne einen Merry Andrew zu agieren, in Kupfer gestochen zu werden. Alle Arten von Anekdoten von Ihnen selbst oder von andern Leuten, welche mir wichtig genug sind, um gerne mehr von ihnen zu wissen, als alle Welt weiß, sind mir angenehm. Sie haben wohl und löblich getan, die Soutane und den Advokatenmantel beide in Zeiten von sich zu tun. Sie sind jetzt an Ihrem rechten Platze, und wenn Sie noch vollends ein hübsches, frommes Mädchen mit 8- oder 10000 Talern wegkriegen können, so sehe ich nicht, was ich weiters zu Ihrem zeitlichen Besten zu wünschen hätte. Was meine Kanzellei betrifft, so müssen Sie sich die Sachen eben auch nicht so gar gräßlich vorstellen. Ordentlicher Weise habe ich die meisten Nachmittage zu meiner Disposition, und meine Geschäfte gehen mir leicht von der Hand; dafür bin ich aber auch, ohne Ruhm zu melden, einer der expeditivsten Leute im ganzen Schwabenland. Nur ein kleines Tuskulanum geht mir noch ab, und bis ich erben werde (wozu vor den nächsten zwanzig Jahren wenig Hoffnung ist) sehe ich auch keine Möglichkeit, eines zu bekommen. In Ermangelung dessen habe ich ganz nahe an unserer Stadt, aber doch in einem etwas einsamen Orte, ein artiges Gartenhaus gemietet, wo ich die angenehmste Landaussicht von der Welt habe, und, so nahe es meinem Hause in der Stadt ist, doch völlig auf dem Lande bin. Hier bringe ich des Sommers meine meisten müßigen Stunden zu, solus cum sola, aber ganz allein mit den Musen, Faunen und Grasnymphen, deren ich von Zeit zu Zeit einige im Gesicht habe, welche auch den enthaltsamsten Einsiedler unversucht lassen würden. Hier sehe ich die Knaben baden, keine Nymphen; ich rieche den lieblich erfrischenden Geruch des Heues; ich sehe schneiden und Flachs bereiten; auf der einen Seite erinnert mich aus der Ferne der Kirchhof, wo die Gebeine meiner Vorältern liegen, daß ich leben soll, so lange und so gut ich kann; – auf einer andern lockt mir ein durch Gebüsche halb verdeckter Galgen fernher den Wunsch ab: daß ein halb Dutzend Schurken, die ich ganz trotzig tête levée herumgehen sehe, daran hängen möchten. Ich sehe Mühlen, Dörfer, einzelne Höfe; ein langes angenehmes Tal, das sich mit einem zwischen Bäumen hervorragenden Dorfe mit einem schönen, schneeweißen Kirchturm endet, und über demselben eine Reihe ferner blauer Berge, aus denen im Abendstrahl *Horn*, ein uraltes, seit Kurzem von den jetzigen Besitzern neu aufgebautes Schlößchen herausglänzt. Das alles macht eine Aussicht, über der ich Alles, was mir unangenehm sein kann, vergesse, und, mit diesem Prospekt vor mir, sitze ich an einem kleinen Tische, und – reime.

Hier, mein Liebster, ist ein Brief an Zimmermann, weil Sie wollen, daß ich selben Ihnen zur Bestellung geben soll. Melden Sie mir doch, durch was für eine Gelegenheit ich Ihnen mein Porträt senden soll? Die Meßgelegenheiten, id est: die Buchhändler ersparen nichts; denn man muß ihnen, wenigstens hier zu Lande, oft mehr Porto zahlen, als der Post selbst. Ich umarme Sie, mein bester und liebster Freund, und wünsche Ihnen Alles, was gut ist:

> *Salus, honos et argentum*
> *Atque bonum appetitum!*

22. *An Friedrich Justus Riedel in Erfurt*

Biberach, am 31. März 1769.
Ewr. Liebden haben nun, wie ich hoffe, meine Danksagungsschreiben an Excellentissimum, und an Sie selbst erhalten, und werden von selbst geneigt sein, mir die hypochondrische Passade zu vergeben, welche Ihnen so viel Unruhe gemacht, und mir die freundschaftliche Zänkerei,

welche die Hälfte Ihres letzten Briefs vom 18ten ausmacht, zugezogen hat. *Ich hatte Unrecht*, mein bester Freund; lassen Sie sich durch dies reumütige Geständnis versöhnen; es ist alles, was ein philosophischer Primarius nur immer tun kann.

Wenn wir ein Mal bei einander sind, so werden Sie nicht nur noch geneigter werden (so sehr Sie es jetzt schon sind) mir meine kleinen Schwachheiten zu gut zu halten, sondern auch gar bald das Mittel ausfindig gemacht haben, wodurch alle Kollision zwischen den meinigen und Ihrigen (denn Schwachheiten sollen und müssen Sie haben, ou – vous dirés pourquoi non) leichtlich zu vermeiden sein.

Ich habe hier in neun Jahren einen guten Teil der Prudenz, welche dazu erfordert wird, mit gewissen Leuten i. e. Halbköpfen, Drittelsköpfen, oder Leuten ohne Kopf, welche man mit einem Wort *Unköpfe* nennen könnte, umzugehen, zu lernen, Gelegenheit gehabt. Demungeachtet, und weil über dies auch die braven Leute irgend einen Ort, und wenn es auch nur an der Fußsohle wäre, haben, wo man sie nicht kitzeln darf, – so ist für einen neuen Ankömmling, wer der auch sei, nichts nötigeres als ein Collegium politicum – und glücklich, wem ein solches von einem Freunde gelesen wird etc. etc.

Was die Schikanen des Bachelier und seiner Konsorten betrifft, so bin ich nun vollkommen getröstet, da ich weiß, worin sie bestehen. Ich besorgte, dieser ehrsame Mann habe Exceptionen gegen meine Orthodoxie, gegründet auf die nämliche Denkungsart, in welcher S*eine* Hochwürden der Bischof zu Coimbra den armen Belisaire, den Febronius und sogar die Henriade unter die seelenverderblichen Bücher gezählt, und seinen Schafen als ein giftiges Futter untersagt hat. Ich kannte den Mann aus seinem Kreuzzuge gegen den Febronius – von einer Seite, welche ihm bei friedfertigen und toleranten Leuten wenig Ehre macht – und ich gestehe

Ihnen, daß ich mich wundere, wie es zugegangen, daß er zur Belohnung aller Sottisen und Brutalitäten, die er der katholischen Kirche gesagt, zum Professor auf einer Kurmainzischen Universität gemacht worden ist. Sed haec et alia pluribus oretenus. – Das Verlangen unsers Excellentissimi nach meiner Ankunft, ist für mich sehr schmeichelhaft. Ich werde gewiß mein Möglichstes tun, um von hier fortzukommen. Indessen bitte ich Sie die Entschuldigungen geltend zu machen, welche ich wegen meines Verzugs anzuführen habe. – Meine Resignation hat eher nicht erfolgen können, als gestern. – Ich habe noch Kanzleigeschäfte, die ich selbst besorgen muß, und die vor Georgi nicht fertig werden können – dann, meine ökonomischen Angelegenheiten – endlich ein allerliebstes kleines Mädchen von 23 Wochen, welche ich den Fährlichkeiten einer so weiten Reise vor Anfang der schönen Jahrszeit unmöglich aussetzen kann. – Ich hoffe also, es werde mir die Freiheit zugestanden werden, hierin nach meiner Konvenienz zu handeln und die Bestimmung der Zeit, wann ich meine Vorlesungen anfangen werde (welche Sie in Ihrer verbindlichen Ankündigung in den Mai gesetzt haben) werde kein indispensables Gesetz sein. Mit einem Wort, mein Liebster! in die Woche nach Pfingsten ist meine Abreise (Gottesgewalt vorbehalten, wie die Schweizer sagen) *festgesetzt*. Kann ich acht oder vierzehn Tage früher kommen, tant mieux; an meinem Willen soll es nicht fehlen. Inzwischen erhalten Sie mich bei dem Herrn Statthalter, nur geben Sie ihm keine gar zu große Erwartung von mir – mein äußerliches Ansehen verspricht wenig oder gar nichts – und wer nicht von mir praeokkupiert, ist sehr erstaunt, nach und nach zu finden, daß mehr hinter mir steckt, als man mir a prima vista zutrauet. J'en suis faché pour l'amour de moi même; mais on ne peut pas se donner, ce que la Nature refuse; ainsi tanto basta!

Sein Sie so gütig, mein bester Riedel, und schicken mir

Ihr eigenes Programma, womit Sie Ihre Prälektionen zu Erfurt angefangen haben; ich muß ein *Muster* haben c'est a dire pour la forme au moins.

Nun von ökonomischen Dingen.

ad 1. die Wohnung betreffend. – Sie melden mir von einem ganzen Haus mit 6 Stuben pro 50 Rthlr. Mietgeld inclusive der Meubeln etc.; und von einem andern noch besseren, das aber erst künftigen Dezember ledig wird. Das letztere ist meine Sache; haben Sie also die Güte und sorgen dafür, daß mir kein anderer zuvorkommt; inzwischen aber mieten Sie immer das erste auf ein halbes Jahr.

ad 2. Ich werde dafür besorgt sein, meine Bücher, Betten, Leinengerät und dergl. unentbehrliches Gepäcke bis nach Nürnberg transportieren zu lassen, woselbst sie dann von einem Erfurter Fuhrmann aufgenommen werden müßten. Zu diesem Ende ist also vonnöten, daß ich den Namen des letzteren wisse, um den Frachtzettel darnach einzurichten.

Übrigens berichte, daß ich mein ganzes Domestique mitbringe. Ich kann nicht ohne eine schwäbische Köchin sein, und ich stehe Euere Liebden dafür, daß Ihnen unsere Lautitiae schmecken sollen. Ein animal scribax wird auch mitgeschleppt, und auf dem Bock meiner Reisekutsche paradieren. Es ist ein junger Bursche von einer äußerst konfiszierten Miene; aber ehrlich, an mich attachiert, fleißig wie ein Esel, und was mich am meisten bewogen hat ihn nicht zurückzulassen, ein Mensch, der zwar nicht seine animalische Existenz (denn ich mache hübschere Kreaturen) aber doch seine bürgerliche, seine Kanzleierziehung und alles mir zu danken hat, und äußerst unglücklich worden wäre, wenn ich aufgehört hätte mich seiner anzunehmen. Ich habe also auch schon einen famulum.

Hier sind Leute, welche alles wissen wollen, und behaupten, die Fakultät werde mich nicht admittieren, i.e. ich sei unfähig, das närrische Mäntelchen zu tragen, welches man, denke ich ometis oder Gott weiß wie, nennet, woferne ich nicht zum Magister noster geschlagen werde. Schreiben Sie mir doch, was an der Sache ist. Muß es sein, – à la bonne heure, so werde ich, wie Don Quichotte vor dem Wirt, von dem er zum Ritter geschlagen wurde, vor Ewr. Liebden niederknien, und nach Empfang so vieler Schläge als Sie wollen, und nachdem ich die Wache der Waffen, oder welche andere Buße Sie mir auflegen werden, prästiert haben werde, um die Collation dieses edlen Ehrenzeichens der gebenedeiten mantille (welche sich gegen das alte pallium philosophicum à peu près so verhält, wie sich unsere Magistri nostri gegen die alten Philosophen verhalten) aus Ihren magisterlichen Händen zu empfangen.

In Warthausen werden Sie unendlich hochgeschätzt. Ich hoffe, Sie antworten der Frau Hofrätin La Roche in dem nämlichen Tone, worin sie Ihnen geschrieben hat: Nur nichts von kleinen Anspielungen auf die Doris de annis 1750, 51 und 52, denn Ihr Briefchen muß ostensible sein.

Es ärgert mich und das gute kleine Dorchen, meine Frau, daß wir das hochzeitliche Fest unsers Freundes Riedel mit seinem liebenswürdigen Lottchen nicht anwesend begehen helfen sollen. Nennen Sie uns den Tag, so soll es wenigstens abwesend geschehen. Zählen Sie darauf, daß im ganzen Schwabenlande zwei ehrlichere Herzen, als die unsrigen sind, nicht gefunden werden, und daß niemals zwei Paar Volks einander zärtlicher attachiert gewesen sein sollen, als wir es sein werden.

Hier zu Lande ist großer Lärm über mein Fortgehen, und zu Biberach glaubt das Volk, welches mich liebte, daß Gog und Magog, als die Vorläufer des Antichrists, unmittelbar, so wie ich bei dem einen Tor ausziehe, bei dem gegenüberstehenden einziehen werden. Unsäglich ist der Unwille, den die guten Leute über ihre Herren haben, weil man mich, wie sie meinen, nicht gehen lassen sollte. – Requisitionales an hiesigen Magistrat sind nicht von nöten; es wäre denn, daß einige Schikanenmacher, denn deren haben wir auch genug, mich länger aufhalten wollten, als ich mich aufhalten lassen will; welches ich doch nicht hoffe. Leben Sie wohl, mein Teuerster. – Ich umarme Sie. – Mes Compliments partout ou il appartient, in specie auch an den Magnificum, den Pater Lestri und den Augustiner *P. Jordan, nach dessen Bekanntschaft mich sehr verlangt.*

NB. Zum Beweise, daß ich auch Magistros nostros machen kann, habe ich erst dieser Tagen unsern Stadt-Physikum Dr. Mann zum Doctor Philosophiae in Kraft meines Palatinal-Amtes kreiert. – Verzweifelt, daß ich mich selbst nicht kreieren kann!

III. Unfleißigster und indolentester Correspondent

Vom Frühjahr 1769 bis zum Herbst 1772 war Wieland mit dem Titel eines kurmainzischen Regierungsrates und einer »Professura Philosophiae primaria« Hochschullehrer an der in der Mainzer Exklave gelegenen Universität in Erfurt. Die 1392 gegründete, einst berühmte Alma mater war inzwischen in Verfall geraten. Wieland sollte ihr, zusammen mit anderen »neuen Professoren«, wieder zu größerem Ansehen verhelfen. Der seit 1768 in Erfurt lehrende Ästhetiker Friedrich Justus Riedel (1742–1785) kündigte in der »Erfurtischen Gelehrten Zeitung« am 3. März 1769 den Poeten aus Oberschwaben mit folgenden Worten an: »Diese Acquisition ist so beträchtlich, daß sie allein, wenn auch vorher nichts wäre getan worden, unserer Universität einen Glanz verschafft, in welchem sie gegen ihre Schwestern stolz sein kann.« Ab Dezember 1769 bewohnte Wieland mit seiner Familie sieben Zimmer im Obergeschoß des Erfurter Gasthauses »Zum Güldenen Strauß« (seit 1789: »Zum alten Schwan«), wofür er, einen »ziemlich großen Garten« inbegriffen, jährlich 82 Reichsthaler Miete zahlte.

Den jungen Fritz La Roche hatte Wieland der Mutter zuliebe zur Erziehung mit nach Erfurt genommen.

23. An Sophie La Roche in Warthausen

Erfurt, den 23. Juli 1769.

Wenn ich Ihnen, meine geliebteste Freundin, sage, daß das schmerzliche Gefühl unserer Trennung mich seit dem Augenblick nicht verlassen hat, als ich von Warthausen wegging und Sie schließlich aus den Augen verlor, sage ich Ihnen nur die reinste Wahrheit. – Obwohl ich mit meiner augenblicklichen Lage einigermaßen zufrieden bin, weil sie so unvergleichlich weniger beschwerlich und unangenehm ist als das Amt in der *Biberacher* Kanzlei – kann ich mich nicht mit dem Gedanken anfreunden, mich hier für den Rest meines Lebens festzusetzen; im Grunde meines Herzens habe ich eine Art Vorahnung, daß wir eines Tages wieder vereint sein werden; ich klammere mich an diese vielleicht trügerische Hoffnung, ich liebe diese Illusionen, und ich flehe Sie an, liebe Kusine, mich darin zu bestärken; ich brauche das, um mich nicht einer nutzlosen Traurigkeit zu überlassen, die vor allem wegen der Entmutigung und Zerstörung meiner Seele, die die Folge davon wären, schädlich wäre, wenn ich nicht alles unternähme, um dagegen anzugehen. Ihr lieber Brief vom 5. dieses Monats war nicht geeignet, mich über eine Sache zu beruhigen, die mir oft empfindlichen Schmerz bereitet – ich fühle wie Sie den Verlust eines Herzens- und Geistesfreundes, dem Sie Ihre Gedanken, Ihre Gefühle, Ihre Nöte usw. usw. anvertrauen konnten. Ich fühle dies doppelt bei dem Gedanken, daß ohne Freund Riedel mein jetziger Aufenthalt mir unerträglich wäre. – Die schwermütige Stimmung, die in diesem Brief herrscht, traurige Gedanken, unheilverkündende Vorahnungen, die Sie beim Schreiben zu beherrschen schienen – das alles bedrückte mich mehrere Tage lang; ich hätte Ihnen gleich darauf antworten wollen, aber ich wurde daran von Tag zu Tag gehindert, und abends war ich an Körper und Geist so müde, daß ich zu nichts mehr gut war, ganz zu schweigen von meinen Augen, die von 9 Uhr abends an nichts mehr taugen. Ich hatte tausend Dinge im Kopf, die ich Ihnen sagen wollte, um Ihren Geist in bezug auf Ihren Sohn usw. usw. zu beruhigen, und jetzt, da ich ein paar Stunden vom Dienst an Gott abzweige, um diese der Freundschaft zu widmen, die ihrer mehr bedarf als Gott, werde ich Ihnen vielleicht nur den hundertsten Teil davon sagen. Aber wer gut zu hören versteht, dem genügen wenig

Worte; es ist eine Angelegenheit, die sich besser in einem Sessel Ihnen gegenüber in Ihrem kleinen Kabinett besprechen ließe; weil dies aber nicht sein kann, will ich mich darauf beschränken, Ihnen darüber kurz und bündig von mir bisher gemachte Beobachtungen mitzuteilen und Maßnahmen, die ich getroffen habe, und ich möchte Sie bitten, sich ruhig, quoad reliqua, auf die Freundschaft Ihres alten Cousins zu verlassen, und auf das gute Naturell von Fritz, das sich sogar im Jünglingsalter, in dem er jetzt ist, von Zeit zu Zeit in kleinen Gefühlsregungen zeigt, die mich Gutes für die Zukunft hoffen lassen und mich in bezug auf alles beruhigen, was wegen geistiger und seelischer Verführbarkeit zu befürchten wäre, wofür man unmöglich eine absolute Garantie wird geben können.

Kommen wir also zur Sache. – Das törichte Gerede, von dem ich letzthin gesprochen habe, hat seither aufgehört; und ich glaube, daß die Entschiedenheit, mit der ich darüber ganz offen gesprochen habe, und außerdem das Ansehen des Herrn Statthalters dazu beigetragen haben. Eines wie das andere wird in der Öffentlichkeit dieser Stadt immer respektiert werden. Fritz geht gewöhnlich jeden Tag zur Messe, weil der katholische Brauch dies hier verlangt; obwohl der Herr Statthalter übrigens keinesfalls bigott ist, ist er in diesem Punkt sehr genau und weiß mir Dank dafür, daß ich meinen jungen Schüler die Vorschrift befolgen lasse. Das genügt – daneben wird er von keinem Priester unterrichtet; er kennt seinen Katechismus, oder man meint, daß er ihn kennt, was aufs gleiche hinausläuft, und das reicht. Ich beschäftige ihn bisher nur mit lateinischen und französischen Lektionen; die Mathematik und jedes andere angenehmere Fach als die Sprachen würde ihm zuviel Ablenkung geben. Es stimmt, daß er sich in den Kopf gesetzt hat, bei meinen öffentlichen Vorlesungen dabei zu sein, von denen er aber so gut wie nichts versteht; ich vermeide es, soviel ich kann, ihm zuviel Zwang aufzuerlegen, und ich lasse ihn sich immer neben den kleinen Baron von Beulwitz setzen, einen jungen Mann von höchstens 14 Jahren, der – obwohl er einer meiner fleißigsten Schüler ist – kaum mehr als Fritz versteht. Übrigens dient dies immer dazu, ihn unmerklich an Aufmerksamkeit zu gewöhnen und ihn mit den Gedanken und Inhalten vertraut zu machen, die er zu seinem Hauptstudium machen muß, sobald er dafür genügend Latein und Französisch kann usw. usw. – Im übrigen, meine liebe Freundin, Sie verstehen, daß weder die natürliche Veranlagung von Fritz, die ihn eher zur Aktivität als zur Spekulation bestimmt, noch die Erziehung, die er beim verstorbenen Grafen erhalten hat, noch sein jetziges Alter seinen *Studieneifer* kaum begünstigen. Er macht nur langsame Fortschritte; er macht sie aber nach und nach; ich bemühe mich, ihm Anregungen zu geben, ohne ihm Gewalt anzutun, weil ich aus·ein oder zwei kleinen Erfahrungen gelernt habe, daß man ihn äußerst behutsam behandeln muß. Ich merke aber jeden Tag mehr, wie er dank seiner Erziehung zu *vernünftigem* Denken und dank einer gewissen Leichtigkeit im Gebrauch seiner seelischen Fähigkeiten sehr viel mit dem ausgleicht, was er in bezug auf die Gedächtniswissenschaft verloren hat, mit der man gewöhnlich die Köpfe der jungen Leute vollstopft. So wiederhole ich meine Bitte, sich darin ganz auf mich zu verlassen, und sicher zu sein, daß ich ihn immer behandle und behandeln werde, als ob er mein eigener Sohn wäre, und tanto basta was den Geist angeht. Die genaueste Sorge um sein Herz, um die ich mich besonders bemühe, soweit es meine Umstände erlauben, lehrt mich, was ich schon wußte, *daß er Mensch ist*; auch ist er zu einigen Tugenden und Lastern, die damit zusammenhängen, gleichermaßen veranlagt, vor allem denen seines Alters, manchmal lebhaft und unbesonnen wie ein eigensinniger Zögling, der sich gern schmeicheln läßt, wie dies ihm hier nur zu oft geschieht wegen gewisser Ähnlichkeiten, die er mit den »Liebesgöttern« des Freundes *Jacobi* haben soll; er macht sich einen Spaß daraus, den Dienern hundert kleine Streiche zu spielen, unterrichtet sich über die Eigenheiten aller Bewohner der Stadt und ihrer Vororte, indem er sich bei einigen Leuten in der Nachbarschaft während seiner Freizeit danach erkundigt, er kennt immer tausend kleine Anekdoten und erzählt sie sehr hübsch weiter, wobei er immer viele eigene Erfindungen hinzufügt usw. usw. usw. Das sind ungefähr die Charakterzüge, die jedem 12jährigen Knaben zukommen, der über Lebhaftigkeit und Geist verfügt. Ich versäume keine Gelegenheit, ihn auf seine kleinen Fehler aufmerksam zu machen, wenn er welche zeigt; da ich aber weiß, daß es nichts Törichteres gibt, als jungen Leuten ständig und ohne Überlegung *Moral zu predigen*, und daß es sogar absolut notwendig ist, ihnen einige Freiheit zu gewähren und sie ein Höchstmaß an Lebhaftigkeit ausleben zu lassen, das eine der natürlichen Reaktionen ihres Alters ist – so vermeide ich alles, was ihm das Vertrauen nehmen könnte, das er mir gegenüber haben soll, oder die Freiheit, die er zur Entwicklung seines Geistes braucht usw. usw. Ich fahre mit dieser Methode umso besser, als der junge Mann wirklich ein gutes Herz hat, weil er für Freundschaft und gutes Benehmen empfänglich, für Wohltätigkeit aufgeschlossen ist, mitfühlend usw. usw.; daß er bigott werden könnte, fürchte ich nicht, denn er ist dazu von Natur her nicht veranlagt, auch könnte ich ihn vor den scheinheiligen Heuchlern schützen, ohne daß sich dies zum Nachteil der katholischen, apostolischen und römischen Religion auswirkt, zu der er sich bekennen muß. Riedel, der ihn wegen mancher Züge von *geistiger Empfindsamkeit* zärtlich liebt, die er gelegentlich bei ihm beobachtete, wird nach Kräften dazu beitragen, mir in allem, was ich tue zu helfen, um aus ihm einen gebildeten Weltmann zu machen. Was seine Gesundheit angeht und alles, was den wirtschaftlichen Bereich und das Äußerliche betrifft, auch darauf verwenden wir jede Sorgfalt, besonders meine Frau, deren große Geduld Sie ja kennen, die hierbei erforderlich ist. Das ist, meine Kusine, der kurze Bericht, den ich Ihnen über Ihren lieben Sohn geben mußte, anläßlich dessen, was Sie mir letzthin dazu geschrieben haben. Ich hoffe, daß dies zu Ihrer Beruhigung ausreichen wird, und daß Sie sich nicht darauf stürzen werden, was ich Ihnen nebenbei über seine kleinen Fehler gesagt habe, um daraus neuen Anlaß zur Beunruhigung und Angst zu finden. Vorausgesetzt, daß mein lieber Freund *La Roche* es für gut hält und weiterhin das Vertrauen in mich legt, das ihn bewogen hat, seinen Sohn meiner Sorge und Freundschaft zu überlassen, wird alles gut gehen. So sei es!

Das wichtigste Thema, mit dem ich Sie dieses Mal vertraut machen zu müssen glaubte, hat drei Viertel meines Briefes beansprucht; wir müssen uns also darauf beschränken, alles übrige einfach nur zu streifen. Ich bin sehr erfreut darüber, daß La Roche mit meinen *Zürcher* Freunden zufrieden ist. Ich warte ungeduldig auf weitere Einzelheiten dazu. – Ich kann mich nicht entschließen, an jene Saite zu rühren, die Ihrem Herzen so weh tut – ich wage jedoch zu hoffen, noch irgendetwas von dem Eindruck, den Land und Leute auf meinen Freund vielleicht gemacht haben, zu erfahren, und ich hoffe auf den Zufall, der uns manchmal besser dient als alle unsere geistigen Bemühungen. – Was mich angeht, so bin ich *gern hier*; soweit dies vom guten Willen des Statthalters abhängt, der wirklich ein liebenswürdiger Herr ist, auf die alte Art, ohne Steifheit, voller Herzlichkeit, der Förmlichkeiten haßt, ohne deshalb weniger geneigt zu kleinen Aufmerksamkeiten zu sein, deren sich seinesgleichen gewöhnlich enthalten. Er behandelt mich aufs beste, und von daher habe ich nichts zu wünschen. – Da im übrigen meine 550 Reichstaler Einkünfte gerade genügen, mich leben zu lassen (denn wir haben unsere Lebensgewohnheiten sehr eingeschränkt, die man uns so gepriesen hatte), besitze ich keine andere Geldquelle, um reicher zu werden, als meinen Geist und den Gebrauch, den ich von meiner Zeit mache. Das ist eine sehr armselige Geldquelle in Deutschland; aber nach und nach werden meine geringen Geldmittel dabei anwachsen und der liebe Gott wird für den Rest sorgen. – Meine kleine Tochter, für die Sie sich so liebevoll interessieren, wächst und wird schöner, daß es ein Vergnügen ist; sie ist meine ganze Wonne. Ihre liebe Mutter umarmt Sie und dankt Ihnen für die Sorgen, die Sie sich unaufhörlich um uns machen. Sie bittet Sie, Anna-Maria zu sagen, daß sie willkommen sein wird; daß sie kommen soll, bevor die Jahreszeit zu beschwerlich wird, daß dies völlig von der Gelegenheit abhängt, die sie vielleicht finden wird, daß ihr die Reisekosten bezahlt werden, und daß sie keinen Grund haben wird, sich über uns zu beklagen. Ich hätte gern, daß sie in Warthausen lernt, Auflauf zu machen – obwohl das hiesige Mehl für Mehlspeisen nichts taugt. Fritz, der hiermit grüßen läßt und Papa und Mama die Hand küßt, bittet, Anna-Maria bei ihrer Abreise die Semiton zu seiner Harfe zu geben, die er zurückgelassen, und seine Harfenstücke. – Die große Affäre mit seinem Bett ist erledigt; wir haben ihm alles, was er dazu nötig hatte, machen lassen, und der Dame Frantz Maz ihre Sachen mit vielem Dank restituiert. Sie ist sehr höflich gewesen, und hat sich zu allem möglichen offeriert. Ich danke Ihnen, liebe Freundin, für alle Freundschaft, die Sie meinen Eltern erwiesen haben; lassen Sie sie wissen, daß es uns gut geht, und daß wir es sehr oft bedauern, die kleine Sophie nicht zu ihrem Großvater bringen zu können. Anbei ein eigenartiger Brief, den ich dieser Tage mit der Post erhalten habe; sagen Sie mir dazu Ihre Meinung, und schicken Sie ihn mir zurück. Ich schulde mehreren Freunden Briefe – ach! ich habe so wenig Muße – mit der Zeit wird dies besser werden. – Der Herr Statthalter ist vor zwei Tagen nach Mainz abgereist; er wird 2 oder 3 Monate bleiben. Er hat mir den Auftrag gegeben, Herrn La Roche zu bitten, ihm die Kopie der Komödien von Pater Sebastian über die Erschaffung der Welt und Adams Fall zu schicken. Ich würde mich freuen, ihm die Freude verschaffen zu können, auf Kosten unseres schwäbischen Dialekts zu lachen; er mag jenes kleine Vergnügen sehr. – Leben Sie wohl, liebe Freundin – adieu; ich umarme Ihre Kinder – tausend freundschaftliche Grüße an Ihren lieben Gatten und an *Ihre* Frau Schwester. – Tausend Empfehlungen den Exzellenzen – und Grüße an wen auch immer Sie wollen.

P. S. Freund Riedel hat Ihnen soeben geschrieben. Sein Brief wird morgen abgehen, sagt er. Der arme Teufel schämt sich wegen seines Versäumnisses; er entschuldigt sich damit, daß er mit Geschäften überhäuft ist, er ist ein wahrer Galeerensklave.   [Im Original französisch]

*

Johann Wilhelm Ludwig Gleim (1719–1803), Domsekretär und Kanonikus in Halberstadt, Dichter des literarischen Rokoko, wurde seit der Tübinger und Schweizer Zeit als »liebenswürdiger Liebling der Musen und Grazien« von Wieland besonders geschätzt und hatte schon am 10. März 1755 nach Zürich geschrieben: » ... mit einem Wieland zu sprechen, das ist gar zu angenehm.«

Johann Georg Jacobi (1740–1814), Philosophieprofessor und Dichter, lebte seit 1768 als Freund Gleims in Halberstadt und war wie dieser bevorzugter Korrespondenzpartner Wielands: »Sie und Er sind unter der kleinen Anzahl von Dichtern und Schriftstellern, welche nie genug schreiben können, und an denen ich mich nie satt lesen werde, ob ich sie gleich so oft lese als ich mir was recht Gutes tun will« (Wieland, Brief an J. G. Jacobi, 25. 9. 1769).

24. An Johann Wilhelm Ludwig Gleim in Halberstadt

Erfurt, den 8. Dezember 1769.
Ihre mir diesen Morgen zugekommene allerliebste Briefchen, Mein unschätzbarer Freund, enthalten einige Punkte,
welche einer schleunigen Beantwortung bedürfen. Ich setze
mich also auf der Stelle hin Ihnen zu schreiben, ungeachtet
ich von Geschäften zu distrahiert bin, um etwas zu schreiben, das würdig wäre, von Gleim gelesen zu werden.
1.) Der rapporteur, der Ihnen gesagt hat, »es gefalle mir
hier so schlecht, daß ich meine itzige Stelle gegen *die schlechteste in Halle* vertauschte« hat Ihnen, M. Bester Gleim, eine
insolente Unwahrheit gesagt. Ich begreife nicht woher solche Gerüchte kommen können und schreibe sie Leuten zu,
welche der hiesigen Akademie nicht viel gutes gönnen –.

Ich habe alle ersinnliche Ursachen *gerne* hier zu sein. Der
Kurfürst gibt mir alle Proben von *Distinktion* und *Vertrauen*
die ich nur wünschen kann; sein erster Minister, der Baron
v. Groschlag *liebt* mich, und schreibt mir Briefe, welche des
Drucks würdig sind. Unser Statthalter überhäuft mich mit
Merkmalen von einer *freundschaftlichen* Gewogenheit. Ich
lebe in der vollkommensten Freiheit, und was ich für die
Akademie tue, wird mir mehr für ein *Verdienst* als für eine
Schuldigkeit angerechnet. Ich genieße einen Gehalt von
550 Rthl. und habe neuerlich die positivste Kurfürstl. Versicherung erhalten, daß selbiger baldmöglichst ansehnlich
vermehrt werden sollte. Ich bin erst vor wenigen Wochen,
ohne mein Gesuch, und in terminis maxime honorificis von
Seiner Kurfl. Gnaden zum Assessore Extraord. Consilii
Academici und zum Membro Commissionis Electoral. Aca-
demicae bestellt worden, – mit einem Wort ich bin so zufrieden mit meinem Schicksal als man sein kann, und habe noch
nie daran gedacht Meine Stelle selbst gegen die beste an
irgendeinem Orte zu vertauschen.

Inzwischen danke ich Ihnen doch von Herzen, M. Liebster Freund, für das warme freundschaftliche Anerbieten Ihrer guten Dienste bei Ihrem Hofe in casum contrarii. Immer werd ich Ihnen verbunden sein, wenn Sie mir Freunde verschaffen, deren man sich *in der Zukunft* bedienen könnte, wofern wider Verhoffen eine Veränderung zu Mainz vorfiele. Aber so lange uns der Himmel unseren vortrefflichen Kurfürsten erhält, habe ich nichts zu besorgen, und würde undankbar sein, an eine Veränderung zu denken. – Eben so falsch ist daß Riedel fortgehe, und Schmidten und Hereln mitnehme. Es ist kein Gedanke hieran –

Im Gegenteil werden noch 3 bis 4. angesehene Gelehrte hieher berufen werden, und man wird alles mögliche anwenden, um denen, welche unsere Akademie gerne zu einem Irrwische machen möchten, das démenti zu geben.

2.) Mein letzter Brief an Sie war kaum 8 Tage abgegangen, als ich von drei unterschiedl. Buchhändlern, (worunter einer zu Berlin ist) demütige Suppliquen bekam, Ihnen, Buchhändlern, von meiner Manufaktur (denn die ehrlichen Leuter glauben ich habe eine Fabrik) zu kommen zu lassen, mit dem Anerbieten alles zu bezahlen was ich verlangte. Ich habe aber nicht Zeit diesen Sosiis zu antworten. Inzwischen bin ich mit Hrn. Reichen in Leipzig zufälliger weise nicht nur bekannter worden, sondern der Freundschaftsknoten ist inzwischen so enge zwischen uns zugezogen worden, daß ich an keinen andern Verleger mehr denken kann. *Reich* hat sich bisher sehr *edelmütig* gegen mich betragen. Als ich Ihnen letztmals schrieb, hatte ich ihm meinen Diogenes noch nicht offeriert. Bald darauf bot mir ein gewisser benachbarter Buchhändler, der sich hier etablieren will, 50 Dukaten für das Mspt. des Diog: welches 12 Bogen ohne die Vorrede beträgt. Ich schrieb dieses Reichen, und sagte ihm, er habe das Zugrecht. Statt der Antwort schickte er mit dem nächsten Postwagen 50. Spec.ducaten und so

Johann Wilhelm Ludwig Gleim.

war das Mspt. sein. Es ist würklich unter der Presse, und wird so niedlich gedruckt als jemals etwas gedruckt worden ist. Oeser macht ganz delicieuse Vignetten dazu, wovon eine in meinen Augen alles übertrifft, was ich in dieser Art noch gesehen habe – wälsche und französische nicht ausgenommen. In 4 Wochen werde ich das Vergnügen haben Ihnen und unserm allerliebsten Jacobi ein paar Exemplare davon zu schicken.

Meine Muse ruht diesen ganzen Winter aus; dafür arbeite ich desto fleißiger in Prosa; denn ich lebe fast gänzl. für mich selbst, und finde außer meinem kleinen Museo, kein Vergnügen nach meinem Geschmack – denn *hier* ist kein Gleim, kein Jacobi, keine Adelaide, keine Gräfin Max Stadion und keine Sophie – Ich werde also unvermerkt ein *Vielschreiber* – wofern Sie mir nicht bald entgegen rufen, ohe! jam satis est –.

Ihre Kritiken, Mein Teurester, sie mögen nun Großigkeiten oder Kleinigkeiten betreffen, sind mir unendl. willkommen, und sollen mir allemal zur *Besserung*, so wie Ihr gar zu gütiges Lob zur *Ermunterung im Guten* dienen.

Hier haben Sie den stärksten Beweis von Freundschaft und Vertrauen, den ich NB. Jemals einem Sterblichen gegeben habe – 6. Gesänge von meinem Amadis, in Mspt. – mit der ernstlichsten Bitte, sie keiner lebendigen Seele als Unserm Jacobi in die Hand zu geben, von dessen Integrität ich eben so wie von der Ihrigen überzeugt bin. *Vorlesen* können sie *andern Freunden* davon was Sie wollen; nur ersuch ich Sie das Mspt nicht aus ihren Händen – und keine Abschriften weder im Ganzen noch Stückweise davon nehmen zu lassen – und das Mspt. selbst mir längstens in 14 Tagen wieder zurückzuschicken.

Daß *Amadis* ein Ding ist, das nichts anderm gleich sieht, und nur nach *seinen eigenen Regeln* beurteilt werden muß, brauche ich einem Gleim nicht zu sagen. Die Versart ist auch wie Sie sehen von meiner eigenen Erfindung. Ich denke Sie ist dem Sujet angemessen. Nach meiner Meinung sollten alle Versarten die nicht *heroisch* sind, etwas lyrisches haben; je mehr je besser. Ich hasse die Alexandriner und alle steifen monotonischen Versarten in langen Gedichten tödlich.

Orten und *worden*, reimt man nur in ottave rime, wenn man *muß*. Aber Ihr Herren Niedersachsen reimt auch zuweilen, daß uns ehrlichen Schwaben die Ohren gellen – z.ex. Geschmack, und *Tag*; weil ihr *Tack* aussprecht – und wir Taag. Wer hat von uns recht, und wer soll in solchen Dingen zwischen Ober und Nieder Deutschen entscheiden?

Unserm Jacobi sagen Sie, ich bitte Sie, in meinem Namen das Schönste was Sie können. Ich schäme mich vor Gott im Himmel, Ihm und mir selbst daß ich Ihm auf seinen letzten Brief (der unendl. schön ist, und welchen ich tentiert bin drucken zu lassen, wenn ich dächte, daß er es leiden könnte) noch die Antwort schuldig bin. Ich liebe ihn, und seine Muse, und seinen Amor, und seine Scherze, und seine Laune, und alles was von ihm kömmt, mehr als ich jemals werde ausdrucken können – aber, leider! ich bin der trägste, unfleißigste, indolenteste Correspondent unter der Sonne – und lese doch nichts liebers als Briefe – von Gleim, von Jacobi, von Van Goens etc. etc. –

Was sagen Sie, Mein Freund, zu dem schändlichen Bello omnium contra omnes, welches unter unsern modernen Gelehrten, Kritikern, und anmaßlichen Beaux esprits herrschet? – I despise it – Ich werde nimmermehr Anteil an dergl. Händeln nehmen. Sogar an der hiesigen Zeitung hab' ich keinen Teil – ungeachtet Riedel und ich so sehr Freunde sind, daß ich (den einzigen *Herel* ausgenommen) sonst mit keinem andern hiesigen Gelehrten in einigem nexu stehe, als mit ihm. Aber in seine gelehrten Fehden werd' ich niemals mich einmengen – ich liebe die Ruhe, und weiß wie wenig dergl. Federkriege nutzen. Daß sie am Ende die Literatur zusamt den Gelehrten verächtl. machen, ist alles, was man davon hat. Für unsers *Jacobi Apollo* tausend Danksagungen!! – Ich hatte ihn schon in einer Zeitung abgedruckt gelesen. Er ist, wie alles was von Jacobi kommt, schön. Aber mehr Sommerreisen! Mehr Sommerreisen!

– Ich gedenke auch einmal eine Reise zu reisen – und wohin meinen Sie? – Ins *Land der Ideen*. Der Plan davon spückt schon lang in meinem Kopfe. Die Ausführung wartet auf Muße, Laune, und Inspiration. Itzt habe ich noch Jahr und Tage zu tun, das angefangene zu vollenden.

Geßner besorgt eine Neue Auflage meiner *jüngern* Gedichte, wo Sie die Erzählungen, und den Anti-Ovid sehr verändert finden werden; – auch die Moralischen Briefe.

Ihrer liebenswürdigen Nichte danke ich demütiglich für den Kuß, den Sie mir zugedacht hat! Vergessen Sie ja nicht, Mein l. Gleim, Ihre Nichte mit zu bringen, wenn Sie zu mir kommen. Ich habe Begeisterung vonnöten und – meine l. Frau ist nicht eifersüchtig. Ich muß mich von Ihnen losreißen, Mein Allerliebster! Ich umarme Sie, und beschwöre den Aesculap und alle Menschenfreundliche Gottheiten Sie flugs wieder gesund zu machen. Sie sollen so alt werden als Anakreon, dem Sie in allen andern Stücken so ähnl. sind. Leben Sie wohl! Ihr   Wieland.

P.S. Unser Jacobi soll in 8 Tagen unfehlbar einen Brief haben; Riedel wird Ihnen selbst schreiben.

*

Im Mai 1771 unternahm Wieland eine »sentimentale Reise« nach Koblenz, Mainz und Darmstadt, auf der er als »Philosoph von Erfurt« und »Schriftsteller der galanten Welt« überall gefeiert wurde. In Koblenz-Ehrenbreitstein, im Hause von Georg Michael Frank La Roche, der inzwischen das Amt eines Konferenzmini-

sters beim Kurfürsten von Trier erworben hatte und der durch seine
»Briefe über das Mönchswesen« bei der geistigen und politischen
Elite seiner Zeit bekannt geworden war, fand am 13. Mai 1771 ein
sogenannter »sentimentaler Kongreß« (Goethe) statt. Hier sah
Wieland Sophie La Roche wieder, deren Roman »Geschichte des
Fräuleins von Sternheim« er im Sommer und Herbst des gleichen
Jahres herausgeben wird. Hier lernte er auch die Brüder Johann
Georg und Friedrich Heinrich Jacobi persönlich kennen. In Darm-
stadt begegnete er Johann Wilhelm Ludwig Gleim und Johann
Heinrich Merck zum ersten Mal.

25. An Johann Wilhelm Ludwig Gleim in Halberstadt

Erfurt, den 27. April 1771.
Nur ein paar Worte, – mein liebster Gleim; der Tag meiner
Abreise von hier nach Coblenz nähert sich. Für einen Men-
schen, der so selten aus seinem Schneckenhäuschen heraus
kriecht wie ich, ist eine solche Reise eine Epoche. Ihr Jacobi
hat mir gewisse Hoffnung gemacht, daß ich *ihn,* und unge-
wisse, daß ich auch *Meinen Gleim* zu Coblenz sehen würde.
Ich wage es nicht, beides mir zu versprechen; aber wenn Sie
es möglich machen können, dann würde mein Aufenthalt zu
C. die schönste Epoche meines Lebens ausmachen. Ich kann
Ihnen gar nicht sagen, wie sehr mich verlangt einmal etliche
Tage mit Ihnen und Jacobi zuzubringen; ich möchte so
vieles und über so viele Dinge mit Ihnen schwatzen; in
Briefen kann dies nicht geschehen; niemand in der Welt
schreibt so ungern Briefe als ich; und niemand, leider! auf
diesem ganzen Erdenrund, England Schottland und Irland
mit eingeschlossen, hängt mehr von Barometer und Ther-
mometer und Hygrometer, von Hitze und Frost, von Wind
und Wetter, Sonnen und Mondschein und tausend andern
Zufälligen Dingen ab als Ihr humoristischer Wieland. Ich
bin oft in ganzen 8 Tagen keine Stunde lang *ich selbst,* und

hier in Erfurt gehe ich vollends nach und nach zu Grunde. Niemals niemals, mein Freund, haben die Grazien dieses freudeleere Chaos von alten Steinhaufen, winklichten Gassen, verfallenen Kirchen, großen Gemüsgärten und kleinen Leimhäusern, welches die Hauptstadt des edlen Thüringerlandes vorstellt, angeblickt; daß Sie jemals in der ungeheuren Ebne, in welcher uns Hr. Riedel den Amor, wie eine Stecknadel in einem Fuder Heu suchen läßt, getanzt haben sollten, daran ist gar nicht zu denken. Ich wüßte um ganz Erfurt keine Gegend die sich zu einem Rundtanz schickte, es müßte denn ein Hexentanz sein. Doch kein Wort mehr von diesem verhaßten Neste!

Hier, mein liebster Gleim, schicke ich Ihnen eine Neuigkeit. Wenn Sie, wie es Ihnen sehr leicht sein wird, die Verfasserin erraten, so beschwöre ich Sie, es ein Geheimnis sein zu lassen.

Wie gefällt Ihnen Thümmels Inoculation der Liebe? On diroit que cet homme-la m'a volé ma maniere. Heinze empfiehlt sich zu Gnaden, und bittet Sie, wenn Sie über lang oder kurz etwas Geld an Ihn zu schicken hätten, es an mich zu schicken. Ich habe ihm inzwischen gegeben was er nötig hat. Während meiner Abwesenheit von hier, gedenkt er auch eine Exkursion in seine Heimat zu tun.

Ist bei Ihnen auch solche Witterung wie hier? Schon der 27. April und keine Anscheinung von Frühling; nicht einmal eine arme Schwalbe, die uns Hoffnung mache, daß er kommen werde. Ich lebe nur noch an einem Faden, so maßleidig macht mich diese verwünschte decrepitude de la Nature. – Maßleidig ist wohl kein Wort das Sie verstehen; es ist stockschwäbisch; aber es drückt den Ton meiner Seele aus, welches ne vous deplaise, ungefähr so ein Ton ist, als wie der Ton – des Kots den man mit Ruten peitscht. Gehaben Sie sich wohl, liebster Gleim und machen Sie daß es Frühling wird, oder ich sterbe. Ihr   Wieland.

Im September 1772 berief Herzogin Anna Amalia von Sachsen-
Weimar und Eisenach, geborene Prinzessin von Braunschweig und
Nichte Friedrichs des Großen, Wieland zum Erzieher ihres Soh-
nes, des 15jährigen Erbprinzen Carl August, von Erfurt nach
Weimar: »Ich gehe als Hofrat und Instruktor des Erbprinzen in
Weimarische Dienste, mit 1000 Taler Gehalt, so lange mein
Dienst währt, und mit 600 Talern lebenslänglicher Pension, wenn
er zu Ende ist, das ist, von dem Tage an, da der Erbprinz die
Regierung antritt« (Wieland, Brief an Sophie La Roche, 7. 8.
1772). Die Berufung Wielands, der diejenigen Goethes, Herders
und Schillers durch Carl August folgten, erwies sich als die bedeu-
tendste kulturpolitische Entscheidung der Herzogin. Anfang März
1772 hatte sie den Autor des Staatsromans »Der goldne Spiegel«
bei einem seiner Besuche in Weimar beauftragt, ihr seine Ansichten
über die Erziehung ihrer beiden Söhne schriftlich niederzulegen. In
ihrer Antwort darauf vom 29. März 1772 identifizierte sie den
Dichter wiederholt mit Danischmend, der Philosophengestalt des
Romans, und versicherte ihn ihrer Freundschaft »pour la vie«.

26. An Herzogin Anna Amalia in Weimar

Erfurt, den 22. März 1772.
Ihre Durchlauchtigste Hoheit hat mir aufs freundlichste die
Erlaubnis erteilt, Ihr einige Gedanken zum Hauptgegen-
stand jener Unterhaltung mitzuteilen, zu der Sie beim letzten Ball des vergangenen Karneval mir die Ehre gab. Diese
neue Gnade, die zu all jenen Gunsterweisen hinzukommt,
mit denen mich Ihre Hoheit während meines Aufenthaltes
in Weimar zu begünstigen geruhten, berührt mich umso
mehr, weil ich mir schmeichle, sie als ein Zeichen der Gerechtigkeit betrachten zu können, die Ihre Durchlauchtigste
Hoheit jenen Empfindungen gern entgegenbringen will,
die mich ermunterten, diese Erlaubnis zu begehren. Könnten Sie es, Madame, verschmähen, die einfache und naive

Sprache einer aufrichtigen Seele zu verstehen, die kaum für die Sprache des Hofes geschaffen und die unfähig ist, Gefühle vorzutäuschen, die sie nicht wirklich empfindet? Nein! Ihre Hoheit wird es in keiner Weise übelnehmen, wenn ich wage, Ihr diejenigen Gefühle zu zeigen, die Sie all denen einflößt, die das Glück haben, sich Ihr zu nähern, und das Glück, eine Seele zu haben; ein Vorteil, den – trotz allem, was man uns darüber sagt – die Natur nicht jedermann scheint gewährt zu haben. Mögen jene, die in Ihrer Durchlauchtigsten Hoheit nur eine große Fürstin sehen, die Anspruch hat auf die Huldigung des Universums, dank dem erhabenen Blut, von dem Sie abstammt, und dank dem Besitz, über den Sie verfügt, mögen sich jene mit kühlem Respekt begnügen, der oft nicht aus dem Herzen kommt, der nur den Mächtigen schmeicheln kann, die eine innere Stimme, die niemals schmeichelt, spüren läßt, daß sie nur darauf Anspruch erheben können. Ein Philosoph, der – als Entschädigung für alles, was ihm der Zufall verweigerte – von der Natur ein wenig gesunden Menschenverstand und viel Empfindsamkeit erhalten hat, die Sprache seines Herzens zu sprechen wagt und gegenüber der Enkelin Friedrich Wilhelms nicht zu fehlen glaubt, wenn er Ihr Empfindungen gesteht, welche die Gottheit selbst nicht verschmäht.

Ich fürchte also keineswegs, Madame, in den Augen Ihrer Hoheit anmaßend oder lächerlich zu erscheinen, wenn ich das ganze lebhafte Interesse zu erkennen gebe, mit dem ich an Ihrer Ruhe, Ihrem Ruhm und Ihrer Glückseligkeit Anteil nehme. Ich wäre nicht in dem Maße Danischmend, wie ich es bin, wenn ich in Ihnen eine Fürstin hätte sehen können, die so ruhmreich alle Pflichten erfüllt, die die Vorsehung Ihr auferlegt hat, wenn ich nicht jene Empfindungen für Sie teilte, von denen alle diejenigen durchdrungen sind, die das Glück haben, Ihr zu dienen oder Ihr nahe zu sein, und wenn ich nicht den glühenden Wunsch hätte, Sie Selbst

*Anna Amalia, Herzogin
von Sachsen-Weimar-Eisenach.*

ebenso glücklich zu sehen, wie Sie all jene zu machen versucht, die von Ihr abhängig sind.

Man behauptet, es gibt zwei Klassen von Sterblichen, die mit allem, was nötig ist, um glücklicher als andere zu sein, es im allgemeinen viel weniger sind. Es sind, sagt man, die empfindsamen Seelen und die Mächtigen. Da es genaugenommen nur diese und jene gibt, die am meisten dazu geschaffen scheinen, die wahre Glückseligkeit zu kosten, erscheint es mir sehr schwer zu glauben, daß es nur diejenigen sind, denen die Glückseligkeit sich versagt. Ich rede mir wenigstens ein, daß die Vereinigung dieser beiden Eigenschaften unbedingt glücklich machen muß, und ich glaube in Ihrer Hoheit ein Beispiel dafür zu sehen. In der Tat, Madame, Sie erfreuen Sich der Genugtuung, es erreicht zu haben, daß Ihr Volk unglückliche Zeiten vergessen konnte, an die man sich nur noch zu gut erinnerte, den Namen Amalia sogar der fernsten Nachwelt ehrenwert und teuer gemacht zu haben, und dem Prinzen, Ihrem Sohn, das gegeben zu haben, was einen sehr wesentlichen Teil der Erziehung eines Menschen ausmacht, der dazu geboren ist, anderen zu befehlen, nämlich das Beispiel Ihrer Tugenden und einer gleichermaßen sanften wie klugen Herrschaft; wie sollten Sie mit dieser Empfindsamkeit der Seele, die den liebenswürdigsten Ihrer Vorzüge ausmacht, nicht glücklich sein? Es gibt nur einen einzigen Fall, der ein so sehr verdientes Glück verderben könnte, aber ich wage zu sagen, dieser Fall wird nie eintreten. Ihre Hoheit erfreut sich in ungewöhnlichem Maß des größten Vergnügens, welches das Herz einer Mutter zu rühren vermag, nämlich den Prinzen, Ihren Sohn, von Tag zu Tag Ihrer Selbst und allem, was Sie für Ihn tut, würdiger werden zu sehen. Sie sieht in seinem Geist den Keim zu großen Fähigkeiten; und selbst wenn ein löbliches Ausmaß an Argwohn Sie schützen würde vor der natürlichen Voreingenommenheit für einen geliebten Sohn: Die Art, mit der sich der erste König unserer Zeit über Seinen Wert ausgesprochen hat, ist sie nicht die sicherste Garantie für die Hoffnungen, die man zu Recht in Ihn setzt? Aber wozu würden Ihm Selbst und Seinem Volk eines Tages alle Fähigkeiten des Geistes ohne die des Herzens dienen, die allein Sein eigenes Glück und das seines Landes begründen können? Ich hätte mich sehr getäuscht über die Gefühle, die Ihre Hoheit die Güte hatten mir in dieser Angelegenheit zu zeigen, wenn ich mir vorstellte, daß Sie dem Gnädigen Herrn Erbprinzen für Seine zahlreichen Herzensqualitäten nicht Gerechtigkeit widerfahren läßt, die mir die Grundlage eines sehr edlen und guten Charakters zu bilden scheinen. Aber ebenso gerecht ist es, daß der geringste Anschein des Gegenteils dem Herzen einer Fürstin oft einige Unruhe verursacht, die die mütterliche Liebe mit der Zuneigung zu einem Volk verbindet, das Sie glücklich macht. Ihre Durchlauchtigste Hoheit hat mir einen sehr kostbaren Beweis Ihres Vertrauens gegeben, als Sie mir nicht jene Zeichen verheimlichte, die Sie manchmal beunruhigen, wenn Sie den Prinzen weniger empfindsam, weniger der Rührung fähig, weniger empfänglich für herzliche Freuden sieht, die gewöhnlich die schönen Seelen kennzeichnen. Ich schmeichle mir, mich nicht zu überschätzen, wenn ich mich für fähig halte, Sie in dieser Beziehung zu beruhigen. Obwohl ich erst seit kurzer Zeit die Ehre habe, den Gnädigen Herrn Prinzen zu kennen, glaube ich, Ihn richtig einzuschätzen. Es wäre nur natürlich, wenn die vorteilhafte Meinung, die Er von mir gefaßt zu haben scheint, ihn dazu veranlassen würde, mir nicht nur seine gute Seite zu zeigen. Aber ein Prinz seines Alters und in seiner Stellung ist, ich wage es zu sagen, weder gewandt genug, noch dazu geneigt, einem aufmerksamen Auge immer zu entkommen. Außerdem weiß ich, daß er ein zu edles Herz hat, um jemals freiwillig sich zur geringsten Falschheit oder Heuchelei herabzulassen. Ich glaube also, ihn gut genug zu kennen, um es wagen zu können, die Beobachtungen, die ich in bezug auf sein Temperament und seinen Charakter gemacht habe, vertrauensvoll zu Füßen Ihrer Durchlauchtigsten Hoheit zu legen. Der Prinz besitzt nicht, ich gebe es zu, jene Empfindsamkeit, die – während sie ja eine der vorzüglichsten Eigenschaften des schönen Geschlechts ist – die Angehörigen unseres Geschlechtes, welche die Natur damit ausgestattet hat, liebenswürdiger macht. Ich unterscheide aber, nach zuverlässig bestätigter Erfahrung, zwei Arten von Empfindsamkeit, die – obwohl unvereinbar – nicht immer zusammen vorkommen. Man kann eine *empfindsame Seele* haben, ohne mit einer *empfindsamen seelischen Organisation* ausgestattet zu sein, die – selbst wenn sie uns zu einigen guten oder angenehmen Eigenschaften befähigt – sehr bald hervortretende Anlagen zu großen Schwächen verleiht. Der Prinz läßt sich nicht leicht rühren; die Eindrücke, die er empfängt, werden nach außen hin nur wenig sichtbar, und es ist nicht sehr leicht, seine Seele zu erschüttern. Es handelt sich dabei ganz und gar nicht um das Bestreben, sich über andere menschliche Wesen zu erheben; es ist, wenn man will, ein Fehler seines Temperaments; aber dieser Fehler hat seine Ursache in großen Tugenden. Seine Seele, ich wage es zu sagen, und ich bin davon überzeugt, ist für das Wahre und das geistig Schöne empfänglich; sie ist ergriffen, berührt von den Bildern des Glücks oder Unglücks anderer; sie belebt sich beim Anblick guter Fürsten und tugendhafter Männer; Er wünscht lebhaft, ihnen zu gleichen; schließlich übt der Gedanke der Vollendung Reiz auf Ihn aus, Er denkt gern an die Pflichten, zu denen Er berufen ist, Er wird Sich mehr und mehr daran gewöhnen, und Er wird Seiner Berufung immer mehr ergeben sein, weil seine von Natur aus starke Seele mit mehr Kraft der Versuchung seiner eigenen Leidenschaften und jeder Art Verführung durch andere widerstehen wird. Niemals ist das Bild der Tugend in die Seele eines Menschen eingetreten, die für das Glück der anderen nicht empfänglich ist. Auch besitzt er wenig von jener unglücklichen Härte des Charakters. Aber bei den Fürsten hängt alles davon ab, daß sie sich daran gewöhnen, niemals zu vergessen, daß sie Menschen sind und folglich überall Ihresgleichen sehen.

Was aber mehr als jede andere Überlegung in der Lage ist, Ihre Hoheit zu beruhigen, ist jener Schatz an gesundem Menschenverstand, jene natürliche Schärfe des Geistes, jenes Verlangen, sich zu unterrichten, jene Wahrheitsliebe, jene Abneigung gegen Schmeichelei, die der Gnädige Herr Prinz unstreitig in einem sehr hohen Maße besitzt. Das sind die wesentlichen Eigenschaften, aus denen eine geschickte Hand leicht einen wahrhaft weisen und wohltätigen Charakter formen wird. Ich sage *leicht*, weil in der Tat *das Schwierigste des Werks schon getan ist* und weil vernünftige Gedanken und nützliche Prinzipien bereits in seinem Herzen Wurzel geschlagen haben. Zwar ist er noch sehr jung, sein Charakter nur ein *erster Entwurf*, und viele Gefahren stehen ihm noch bevor. Aber ich wage zu versichern, daß die Vernunft immer die Vorherrschaft über Ihn haben wird, und daß es dem gebildeten Weltmann, der den Mut oder vielmehr die Rechtschaffenheit und Geschicklichkeit besitzen wird (denn ihrer bedarf es ebenfalls), sie Ihm vor Augen zu stellen, immer gelingen wird, ihn vor Irrwegen zu bewahren, zu denen das Feuer des Temperaments oder der Leidenschaften ihn einmal verleiten können. Es steht für mich fest, daß der Weg zu Seinem Herzen *über seinen Kopf* geht; er läßt sich nur vom inneren Gefühl überzeugen, und um Sein Herz zu rühren, muß man seinen Geist gewinnen. Aber dies alles sind hervorragende Anlagen. Man möge aus Ihm einen *aufgeklärten Fürsten* machen, ich bürge für Sein Herz. Man gibt einem sehr empfindsamen jungen Mann die Form, die man will, er ist Wachs, das bei der geringsten Wärme weich wird. Die Seele unseres lieben Prinzen ist von ganz anderer Härte; aber die Charaktereigenschaften, die Wahrheit und Tugend einmal in sie eingegraben haben, werden unauslöschlich bleiben. Außerdem gebe ich gerne zu, daß dieses Gold noch mit einiger Schlacke gemischt ist; es nützt nichts, in seinem Alter frühreif und sozusagen geformt zu sein; die Jugend trägt oft den Sieg davon; man wird wieder Kind; später schämt man sich, es gewesen zu sein, man möchte es gern verheimlichen, man gewinnt wieder eine reifere Einstellung, man erinnert sich an seine Grundsätze; aber trotz aller Anstrengungen der Vernunft und der Erziehung fordert die Natur ihre Rechte. Der Prinz verfügt über viel Temperament; er wird manchmal ungestüm sein, er wird sich vergessen; aber das alles entspricht der Ordnung der Natur, und nur so wird die Schlacke abgestoßen und das Gold bleibt, um die Sprache des *Gymnosophisten* beizubehalten. Es gibt keinen Charakter, dessen Tugenden nicht gewisse Fehler mit sich bringen; der Prinz hat zweifellos solche; es geht nicht darum, sie auszureißen, man würde gleichzeitig den Keim für außerordentliche Eigenschaften mit ausreißen; mit Vernunft, Beharrlichkeit und Nachsicht wird es einem gelingen, sie zu korrigieren, zu verhindern, daß Laster daraus werden. Aber wovon ich zutiefst überzeugt bin, ist, daß in Ihm keinerlei Veranlagung zu niederen und verabscheuungswürdigen Lastern vorhanden ist. Niemals werden Falschheit und Undankbarkeit seine reine Seele besudeln; der äußere Anschein könnte in seinem Alter manchmal gegen Ihn sprechen; aber in diesem Fall wird der äußere Anschein falsch sein. Er besitzt eine zu edle Seele, um der Laster feiger und kleiner Geister fähig zu sein. Er wird vielleicht alle jene Laster haben können, die mit dem natürlichen Adel der Gefühle vereinbar sind; er wird anmaßend sein können, aufbrausend, zu stolz, manchmal schroff, und rachsüchtig in bezug auf Angriffe, die nach kaltblütiger Beleidigung aussehen usw. usw. Aber nie wird er erhaltene Wohltaten vergessen, niemals wird er Verdienst und gute Dienste mit Undankbarkeit vergelten, niemals wird er aus niederen Beweggründen heimliche Laster unter der Maske der Tugend verbergen; schließlich müssen wir für Ihn nicht das berühmte *Quinquennium Neros* befürchten. Die Fehler, die ich erwähnt habe und zu denen Er von Natur aus neigt, sind durch die außerordentliche Erziehung, die er, nach den Wirkungen zu urteilen, empfangen haben muß, schon so gut korrigiert, daß es leicht sein muß, mit ihnen schließlich fertig zu werden. Die Hauptsache bei seiner Erziehung wird immer sein, sie seinem individuellen Charakter anzupassen. Milde, Vernunft, Offenheit und Großzügigkeit werden alles bei Ihm vermögen; Härte, Geringschätzung oder übertriebene und zu häufige Moralpredigten würden viel verderben und zu nichts führen. Schließlich, wenn die Erkenntnisse, die ein stetiges und fleißiges Studium von mehr als zwanzig Jahren mir von der menschlichen Natur gegeben haben sollte, mich nicht vollkommen täuschen, sehe ich im Gnädigen Herrn Erbprinzen alle Anlagen, mit denen die Natur und das Schicksal große Männer gewöhnlich ausstattet: Und der Himmel lasse Ihn nicht zu groß werden zum Wohle Seines Landes! Da liegt, wie Ihre Hoheit Selbst zu spüren scheinen, die einzige Klippe, vor der man ihn wird schützen müssen. Man wird dieses Unglück abwenden, indem man in seinem Geist die Grundsätze der moralischen Erziehung festigt, die er bis hierher erhalten hat; indem man mehr und mehr, seinem Alter entsprechend, ihn über das Wahre und Falsche der irdischen Dinge aufklärt und ihn schließlich zu der Überzeugung bringt, es müsse immer dabei bleiben, »daß der wahre Ruhm eines Herrschers darin besteht, sich selbst leiten zu können und sein Land gut zu regieren, alle seine Pflichten zu erfüllen, sein Volk so glücklich wie möglich zu machen, so viel als möglich von denjenigen unabhängig zu bleiben, die mächtiger sind als Er, seine Wünsche zu mäßigen, schließlich Philosoph und Christ zu sein und niemals den Augenblick aus dem Auge zu verlieren, in dem er dem König der Könige Rechenschaft geben wird von dem Gebrauch, den er im Guten wie im Schlechten von der ihm anvertrauten Macht gemacht hat.«

Es wird aber nicht viel brauchen, um ihn von diesen Grundsätzen zu überzeugen, denn nichts ist leichter, es wird darum gehen, *Ihn daran zu gewöhnen*, und vor allem Seinen Geist über die Pflichten aufzuklären, die man Ihm ans Herz gelegt hat. Das ist viel Arbeit für die Jahre, die Ihm noch bleiben, um Ihn für das hohe Amt, zu dem ihn die Vorsehung berufen hat, auszubilden und vorzubereiten!

Ich spüre, daß ein so wichtiges Thema mich noch viel weiter führen könnte. Nur aus allzu gutem Grund fürchte ich, die Nachsicht Ihrer Hoheit durch die Weitschweifigkeit dieses Briefes schon zu sehr in Anspruch genommen zu haben. Allein wegen dieser Weitschweifigkeit und nicht wegen der Aufrichtigkeit und Offenheit, mit der ich gewagt habe, Ihr meine Empfindungen mitzuteilen, bitte ich Sie demütig um Pardon. Ich betrachte diese Aufrichtigkeit und Offenheit als den heiligsten Teil dessen, was wir denen schulden, welche die Vorsehung an die Spitze der menschlichen Gesellschaft gesetzt hat; Wahrheit ist die reinste und kostbarste Gabe, die Achtung und Eifer, die wir Ihrer erhabenen Würde schulden, Ihnen je wird darbringen können. Ich habe mich vielleicht getäuscht, ich habe vielleicht falsche Urteile abgegeben, wie das nur allzu oft viel theoretischeren Köpfen wie dem des ehrenwerten Danischmend passiert; aber in diesem Fall ist zumindest mein Herz nicht mitverantwortlich für meinen Kopf, und in Anbetracht der Redlichkeit meiner Absicht werden Ihre Hoheit die mangelhafte Ausführung gnädigst nachsehen.

à Erford ce 18. Juin. 1772.

Cher Comte, j'étois sur le point de me mettre à
mon bureau pour Vous écrire lorsqu'on m'annonça que
Mr. Seidel étoit là pour me voir. Il m'a enlevé, quoique
très agréablement pour moi, une couple d'heures, et Vous
n'aurez qu'une petite lettre dont il sera le Porteur.
Je commencerai par Vous prier, de vouloir bien saisir la
première occasion convenable pour me mettre aux pieds
de S.A.S. La Duchesse, et de lui faire agréer les
raisons qui me privent pour cet été du bonheur de passer
quelques semaines à Belvedere. C'est pour moi une priva-
tion d'autant plus désagréable, que je m'y avois moins
attendu; et ce n'est qu'avec un regret infini que je vois
s'évanouir les images des matinées et des soirées délicieu-
ses que je comptois passer sous les Orangers et dans les
bosquets de ce petit château enchanté. Mais il n'y a
pas moyen de m'arranger autrement sans me brouiller
absolument avec mes devoirs d'ici et avec notre jeunesse
académique, qui aime je ne sai pas pourquoi à m'entendre
et qui croit avoir des droits sur moi. Il est vrai que
la Regence m'a accordé encor fort poliment 15 jours ou
3 semaines tout au plus; mais la troisième partie de
ce tems est déja passé et le reste me suffira à peine
pour expédier ce qu'il y a de plus pressant entre les
occupations pour lesquelles je suis obligé de m'employer
pendant ces mois d'été. Enfin, mon bien cher Ami,

Christoph Martin Wieland, französischer Brief an Johann Eustach
von Schlitz, von Goertz genannt, vom 18. Juni 1772 aus Erfurt.

Ich bitte Ihre Hoheit, weiterhin um Ihren allergnädigsten Schutz, und bin mit dem Ausdruck tiefer Verehrung, Madame, der zutiefst demütige, gehorsame und ergebene Diener Ihrer Durchlauchtigsten Hoheit – Wieland.

[Im Original französisch]

*

Herzogin Anna Amalia hatte in einem Schreiben vom 24. Juli 1772 Kurfürst Emmerich Joseph in Mainz um Wielands Entlassung aus der Erfurter Professur gebeten.

27. An Kurfürst Emmerich Joseph in Mainz

Erfurt, den 25. Juli 1772.
An den Hochwürdigsten Fürsten und Herrn, Herrn Emerich Joseph, Des Heil: Stuhls zu Maynz Erzbischoffen, Des Heiligen Römischen Reichs ErtzCanzlarn und Kurfürsten, auch Bischoffen und Fürsten zu Worms etc. etc. Meinen Gnädigsten Kurfürsten und Herrn untertänigste Anzeige und Bitte des bisherigen Professoris Primarii Philosophiae auf Höchstdero Akademie zu Erfurt

Christoph Martin Wieland

Hochwürdigster Erzbischoff und Kurfürst Gnädigster Herr!

Von dem Augenblick an, da die Göttliche Vorsicht und Eu: Kurfürstl[en] Gnaden Gnädigster Ruf mich zum öffentlichen Lehrer der Philosophischen Wissenschaften auf Höchstdero Universität zu Erfurt bestellte, war mir nichts angelegener, als durch möglichste Verwendung für die Aufnahme dieser Akademie und für die daselbst studierende Jugend des in meine Wenigkeit gesetzten Gnädigsten Zutrauens mich nicht unwürdig zu zeigen. Zufrieden mit dem mir angewiesenen Platze unter dem Scepter eines Fürsten, welchen neben So vielen andern erhabenen Eigenschaften auch die Tätigste Beförderung Nützlicher Künste und Wissenschaften der spätesten Nachwelt noch verehrungswürdig machen wird, hatte ich keinen Gedanken, das Glück unter Eu. Kurfürstlichen Gnaden höchstem Schutze zu leben, jemals mit einem andern zu vertauschen: und noch in diesem Augenblick kann ich mit reinestem Gewissen die Versicherung zu Eu: Kurfürstl. Gnaden Füßen legen, daß keine Verbesserung meiner Umstände, keine Rücksicht auf irgend einen größern Privatvorteil jemals fähig gewesen wäre, mich, so lange Eu. Kurfürstl. Gnaden höchster Zufriedenheit mit meinen untertänigsten Diensten mich zu getrösten gehabt hätte, zu einiger Veränderung zu bewegen. Nichts konnte diese Entschließung erschüttern als ein Antrag wie derjenige, so dieser Tagen ganz unvermutet von der Herzogin Regentin zu Sachsen-Weimar und Eisenach Durchlaucht an mich gebracht worden, da nämlich höchstgedachte Herzogin, unter solchen Umständen, welche ein ganz besonderes Zutrauen zu meiner Wenigkeit beweisen, mich zum Amt eines Instructors Seiner Durchl. des Herrn Erbprinzen von Sachsen-Weimar in höchstdero Dienste zu berufen geruhet haben.

Eine schuldige ehrfurchtsvolle Zurückhaltung verbietet mir, Eu. Kurfürstlichen Gnaden alle die Betrachtungen, deren bewegendem Einflusse an einer so wichtigen Sache mich nicht entziehen konnte, untertänigst vorzulegen. Nur dies sei mir erlaubt zu sagen daß in der Verlegenheit worin mein Gemüt durch diesen unverhofften Antrag gesetzt wurde, nichts als die völligste Überzeugung meines Gewissens: daß ich die Gelegenheit durch Teilnehmung an der Erziehung und Bildung eines hoffnungsvollen und mit seltnen Fähigkeiten begabten jungen Fürsten einen Vorzüglichen Nutzen zu stiften, ohne Verletzung meiner wesentlichsten Pflichten gegen Gott und Vaterland, nicht von mir abweisen könne: meinen wankenden Entschluß endlich dahin entscheiden konnte, einem Ruf, in welchem ich allen Umständen zufolge den Göttlichen Fingerzeig unmöglich mißkennen kann, Platz zu geben, in so ferne Eur. Kurfürstlichen Gnaden höchste Genehmigung und Gnädigste Entlassung meiner bisherigen Pflichten und Dienste zu solchem Ende erhalten haben werde. Und Dies ist es, Gnädigster Kurfürst und Herr, warum Eu. Kurfürstl. Gnaden ich in tiefster Erniedrigung hiemit anzuflehen mich erkühne. Sollte ich auch abwesend, bei der geringen Entfernung von Erfurt und Weimar, tüchtig gefunden werden auf irgend eine Weise zur Aufnahme hiesiger Akademie etwas beizutragen, so würde mich unendlich glücklich schätzen, solchergestalt durch etwelche Fortsetzung meiner geringen Dienste (als worin höchstersagter Herzogin-Regentin Durchlaucht niemals entgegen sein zu wollen mir gnädigst versichert haben) die unbegrenzte Verehrung und Dankbarkeit zu Tage zu legen, welche mich lebenslänglich zu einem freiwilligen Untertan von Eu. Kurfürstlichen Gnaden machen wird, und mit welcher, unter den feurigsten Wünschen für Euer Kurfürstlichen Gnaden unschätzbares Leben und Ruhmvolleste Regierung, zu Höchst Dero Füßen mich lege, und in tiefster Erniedrigung ersterbe, Hochwürdigster Ertzbischoff und Kurfürst Gnädigster Herr, Eu: Kurfürstlichen Gnaden untertänigster Knecht

C. M. Wieland.

*

Schon in seiner Schweizer Zeit hatte sich Wieland mit dem Gedanken getragen, eine literarische Zeitschrift zu gründen. Von 1773 an wird er nach dem Vorbild des französischen »Mercure de France« den »Teutschen Merkur« im Selbstverlag herausgeben, der zeitweilig zu einer der auflagenstärksten Zeitschriften des 18. Jahrhunderts wurde (ab 1790: »Der Neue Teutsche Merkur«): »Meine Idee ist, es nach und nach dahin zu bringen, daß die besten Köpfe und die Schriftsteller von der ersten Classe es ihrer nicht unwürdig achten mögen, in den Merkur zu arbeiten. Ich möchte, daß es ein National-Journal, und etwas fortdauerndes würde« (Wieland, Brief an F. D. Ring, 22. 1. 1773). Riedel war inzwischen kaiserlich-königlicher Rat in Wien. Durch Vermittlung von Tobias Philipp von Gebler (1726–1786), Geheimer Rat und Vizekanzler der böhmischen Hofkanzlei in Wien, erhoffte sich Wieland ein kaiserliches Privileg für den »Teutschen Merkur«. Deshalb zeigte er auch die zahlreichen Dramen des Theaterdichters Gebler sehr wohlwollend in seiner Zeitschrift an und sorgte dafür, daß sie auch in Weimar gespielt wurden. Gebler bemühte sich seinerseits, für den »Merkur« in Wien Abonnenten zu gewinnen. Wielands Bitte, Berichte über das Wiener Theaterleben zu verfassen, entsprach er jedoch nicht.

28. An Friedrich Justus Riedel in Wien

Erfurt, den 17. September 1772.

Ich bin nun zum letztenmal in Erfurt, liebster Freund! im Begriff meine sarcinas und sarcinulas zu kolligieren, und in drei Tagen à dato dieser wundervollen Hauptstadt Thüringens, und ihrem uralten Musensitz auf ewig, so Gott will, den Rücken zu kehren. Ich bin Ihnen, mein Freund, auf zwei Briefe Antwort, für Ihre warme Freundschaft und eifrige Bemühung zum Besten Agathons meinen Dank, und für gewisse Sie selbst betreffende hints meinen Glückwunsch schuldig. Immer wird Ihr Glück ein Teil des meinigen sein. Fahren Sie nur fort *vorsichtiglich* zu wandeln, und dem Διαβολος keine prise über sich zu geben, so bin ich gewiß, was ich Ihnen in der letzten Stunde, da wir uns sahen, prophetete, wird nach und nach in Erfüllung gehen.

Ich sehe dem Ausgang Ihrer Negociation wegen des Agathon mit Verlangen entgegen. Ich habe nicht vonnöten

Sie aufzumuntern, ich bin gewiß, Ihr eigener Eifer für mich wird Sie tun machen, was möglich ist.

Ich bin nun in meinem 40. Jahre, liebster Riedel, und wenn die Göttin Fortuna etwas für mich tun will, so hat sie hohe Zeit, en attendant und weil ich dieser Humoristin nicht sonderlich traue, bemühe ich mich, ne ipse desim mihi. Was sagen Sie zum folgenden Projekt? Ich bin entschlossen eine Art von Journal zu entreprenieren, welches quo ad formam einige Ähnlichkeit mit dem Mercure de france haben soll.

Prosaische Original-Aufsätze, Literarische Nachrichten, Rezensionen und Revisionen unrichtiger Urteile über interessante Schriften, sollen die Haupt-Artikel davon ausmachen. Den nähern Plan werde ich Ihnen in kurzem mitschikken. Ich werde einige ordentliche Mitarbeiter haben, und es sehr gerne sehen, wenn mir von Zeit zu Zeit auch von bloßen Dilettanten was Gutes zugeschickt würde. Das Ding soll, um das, was es ist, gleich an der Stirne zu führen, der *deutsche Merkur* heißen. Ein Hauptgesetz soll sein, alles was irgend einer in Deutschland rezipierten Religion anstößig sein könnte, zu vermeiden; denn mein Merkur soll in den katholischen Staaten eben so gangbar werden, als in den Protestantischen. Da ich der eigentliche Entrepreneur und Direktor des Werkes sein, und dasselbe zu Weimar unter meinen eigenen Augen besorgen werde, so stehe ich auch sowohl für die *Güte* als für die *Unanstößigkeit* aller Artikel. Der Debit soll, weil ich selbst Verleger davon bin, durch Abonnement hauptsächlich bewirkt werden. Alle Monate kommen sechs Bogen i.e. alle Quartale ein Bändchen von achtzehn Bögen 8vo heraus; jährlich also vier solche Bände. Die Abonnenten machen sich nur bei gewissen Kollekteurs anheischig ein Exemplar zu nehmen, und es zu continuieren, so lang es ihnen gefällt. Sie bezahlen nichts voraus, sondern bloß also fort nach Empfang eines jeden Bandes.

Der

Teutsche Merkur.

Des dritten Bandes
Erstes Stück.

Julius 1773.

Weimar
Im Verlag der Gesellschaft.

Titelblatt zu »Der Teutsche Merkur«.

Der Prix d'abonnement ist für jeden Band 16 gr. Leipziger Currant, folglich 2 Rthlr. 16 gr. für den ganzen Jahrgang. Wer sich nicht abonniert, zahlt 3 Rthlr. 8 gr. Den Kollekteurs kommt für ihre Mühe 20 pCt. zu gut, hingegen stehen sie für die Einkassierung der Gelder. Dies ist ungefähr die Idee von meiner Entreprise, zu deren Beförderung ich Ewr. Liebden hiemit freundlich eingeladen haben will.

Sagen Sie dem Herrn Staatsrat von Gebler nebst meiner angelegendsten Empfehlung, daß *der Minister* den 3. September am Geburtstage unseres Erbprinzen vor dem Weimarischen Hofe und einem sehr ansehnlichen Auditorio *sehr wohl* und mit unbeschreiblichem, allgemeinem Beifall aufgeführt worden. Niemalen in meinem Leben habe ich in einem Schauspiele eine so ununterbrochene Aufmerksamkeit und eine so durchgängige Zufriedenheit gesehen. Insbesondere hat mich unser Erbprinz zu wiederholten Malen ernstlich ersucht, dem Herrn von Gebler seine besondere Hochschätzung und seinen lebhaften Dank für ein so interessantes und lehrreiches Stück zu bezeugen, und in seinem Namen zu bitten, daß unser vortrefflicher Freund die Nation mit noch mehr Stücken von dieser Gattung sich verbindlich machen möchte. Sie können es dem Herrn von Gebler nicht stark genug ausdrücken (sagte der Prinz) wie sehr ich ihm für dieses Stück verbunden bin. In der Tat habe ich diesen jungen Fürsten, der sonst nichts weniger als reizbar oder leicht aus seiner Fassung zu setzen, dabei aber voll Verstand ist, noch von keinem Stücke nur halb so sehr interessiert und gerührt gesehen, als von diesem. Nach und nach werden wir nun auch die übrigen Stücke unsers Gebler (die nicht zu lokal sind) zu sehen bekommen, und wir freuen uns alle darauf. Ich habe mich seit gestern beinahe blind an Briefen geschrieben, und ich muß nun aufhören. Verzeihen Sie mir dies Geschmier; wann ich einmal wieder in meiner Ordnung bin, sollen Sie besser bedient werden.

Leben Sie wohl, mein Freund, und erfreuen mich bald wieder mit Ihrer Zuschrift. Je öfter je lieber, und je mehr je besser! Ich bin unveränderlich Ihr ganz eigener etc.

IV. Ich habe meine Partie genommen

Am 29. September 1772 starb in Wielands Heimatstadt Biberach sein Vater, Pfarrer Thomas Adam Wieland. Die Mutter, Regina Katharina, zog kurz darauf zu ihrem Sohn nach Weimar, der Mitte September in die Residenzstadt übergesiedelt war, und lebte dort bis zu ihrem Tode (27. Dezember 1789). In Weimar war der Dichter bald ein gern gesehener Gast bei der berühmten Tafelrunde der Herzogin Anna Amalia im Wittumspalais und bei der Tischgesellschaft in ihrer Sommerresidenz in Tiefurt. In den Parkanlagen des Schlosses pflegte Wieland, häufig inmitten seiner Familie, besonders gern zu »lustwandeln«. Um den Freund zu ehren, ließ die Herzogin 1782 im Tiefurter Park an der Ilm eine Büste Wielands aufstellen. Goethe verfaßte für den Sockel eine Inschrift:

»Wenn zu den Reihen der Nymphen, versammelt in heiliger Mondnacht, Sich die Grazien heimlich herab vom Olympus gesellen: Hier belauscht sie der Dichter und hört die schönen Gesänge ...«

29. An die Mutter in Biberach

Weimar, den 5. Oktober 1772.

Meine allerliebste Mama.

Mit welchen Bewegungen ich den Brief des Herrn Abendpredigers und den rührenden Einschluß von meiner teuren, innerst geliebten Mama gelesen habe, dies können Sie sich leichter vorstellen, als ich es beschreiben könnte. Indessen muß ich doch sagen, daß meine Tränen nicht bloß Tränen der Wehmut und des Schmerzens waren. Sie waren mit innigstem Dank gegen Gott, der mir einen so vortrefflichen, so würdigen Vater gegeben, und doch gleichwohl so lange gegönnt, und mit dem heißen Wunsche vermischt, daß dereinst mein Ende sein möge, wie das Ende dieses Gerechten. Ewig sei die göttliche Barmherzigkeit gepriesen, daß sie, da nun einmal das Ziel seines teuren Lebens gesetzt war, seinen Leiden ein so glückliches und seinem, etwan geplacktesten Leben ein so erbauliches, so rührendes, so schönes Ende gemacht hat!

Ich kann Ihnen nicht ausdrücken, wie sehr meine ganze Seele davon bewegt ist. Der Tod meines teuren, nun zur Ruhe und Freude seines Herrn eingegangenen Vaters ist in meinen Augen ein besserer Beweis der Göttlichkeit unserer Religion als zwanzig dicke Bände in Folio.

Noch einmal, liebste Mama, was können wir denen, die wir am zärtlichsten lieben, was können wir uns selbst besseres wünschen, als einst so zu sterben, wie dieser fromme, redliche, verehrungswürdige Diener Gottes!

Ihnen liebste Mama, hat Gott bewundernswürdige Stärke der Seele bei dieser schweren Prüfung verliehen. Ich bin außerordentlich davon gerührt und wünsche nur sehnlich, daß Ihre teure Gesundheit nicht darunter gelitten haben möge. Nun, meine beste Mutter, eilen Sie, so bald es möglich zu machen ist, in die offenen Arme Ihrer Kinder. Unsere liebste, angelegenste Sorge soll sein, Ihnen die schmerzliche Trennung von unserem ewig geliebten Vater zu erleichtern und Ruhe und Zufriedenheit über den kostbaren Rest Ihres Lebens auszubreiten.

Meine Liebste, die unsern Seligen wie eine leibliche Tochter beweint, vereinigt sich mit mir, Sie zärtlichst zu uns einzuladen und Ihnen mit mir unverbrüchliche, dankvolle Liebe und Verehrung anzugeloben. Inzwischen disponieren Sie in allem über mich! Niemals werde ich meiner teuren, geliebten Mutter wieder vergelten, genugsam vergelten können, was Sie an mir getan.

Ich muß schließen; mit nächster Post antworte ich dem lieben Herrn Abendprediger, dem ich inzwischen vor seine tröstende, liebereiche Zuschrift verbundenst danke. Adieu, Gott der Allmächtige segne, tröste, stärke und erhalte Sie.

Ich bin, so lang ich leben werde, Meiner geliebtesten Mama ganz eigener, einziger, getreuer Sohn

C. M. Wieland.

*

Als sein eigener Chefredakteur, Verleger und Autor betreute Wieland jahrelang seine »Fabrik« des »Teutschen Merkur«. Ständig war er, oft vergeblich, darum bemüht, angesehene Mitarbeiter zu gewinnen. Auch Immanuel Kant wird nur eine kurze Gastrolle in Wielands »Manufakturwesen« geben.

30. An Immanuel Kant in Königsberg

Weimar, den 1. Februar 1773.

Wohlgeborner, Hochgeehrtester Herr Professor

Mit dem lebhaftesten Danke erkenne ich die Freundschaft, so Eu. Wohlgeboren mir in Dero verbindlicher Zuschrift vom 18ten pass. zu erkennen geben. Sie haben schon viel für meinen Mercur getan, da Sie mir in der Person des Hrn. Kanters einen Substituierten Collector anbieten, für dessen Zuverlässigkeit Ihre Empfehlung mir Bürge ist. Aber, mein Vortrefflicher Freund – erlauben Sie daß ich mir schmeichle, Ihr Herz sei nicht abgeneigt mir diesen Namen zu geben – Sie können noch viel mehr für mich tun; Sie können durch eigene Beiträge den Wert meines Journals sehr erhöhen. Darf ich mir zur Erhörung dieses mir sehr angelegnen Wunsches mir einige Hoffnung machen? Ich will Ihnen nicht sagen, wie hoch ich Sie, unter der einzigen Seite die ich von Ihnen kenne, als Philosophischen Schriftsteller schätze. Wenn ich Autoren einander aus Leibeskräften ins Angesicht loben höre, so empfinde ich dabei ungefähr die nämliche Bewegung die mich ankömmt, wenn ich die Geheimen Räte eines deutschen Prinzen einander alle Augenblicke die Excellenz in den Bart werfen höre. Aber soviel darf ich Ihnen doch sagen, daß ich auch nur wenige Bogen von Ihnen für einen unschätzbaren Beitrag zu einer Unternehmung welche ich gerne für unsre ganze Nation interessant machen möchte, ansehen würde. Ich würde es Ihnen lediglich überlassen ob Sie in dem 1ten. 4ten. 5ten. oder welchen andern Artikel Sie arbeiten wollten; so wie ich auch überhaupt niemalen unbescheiden genug sein würde, praetensionen zu machen, sondern es immer auf Ihre Convenienz ankommen lassen wollte, wie oft oder selten Sie mich mit Ihren Beiträgen beehren wollten. Je öfter je lieber, dies versteht sich. Noch ein andrer kleiner Umstand versteht sich auch von selbst, nämlich daß ich zwar jede Produktion des Genies an sich für eben so unbezahlbar halte als ein Gemälde von Raphael; indessen aber und da nun einmal Manuskripte, ungefähr nach Proportion ihres relativen Wertes eine gewisse valeur numeraire haben, fest entschlossen bin, Beiträge von der Art wovon itzt die Rede ist, besser als irgend ein Sosius in der Welt, zu honorieren. Dies, Mein teurester Herr, soll kein Beweggrund sein; der Himmel verhüt es daß Sie einen solchen Beweggrund vonnöten haben sollten, vielmehr mich als jemand andren mit Ihren Mscpten zu beehren. Indessen würde ich selbst, wenn ich gleich den Stein der Weisen besäße, meine Mspte nicht leicht umsonst weggeben, und ich sehe nicht warum nicht jeder Schriftsteller so denken sollte.

Den Einschluß bitte so gütig zu sein, dem Herrn Kanter zu übergeben, und zu Beförderung der Sache sich ferner soviel möglich zu verwenden.

Ich habe die Ehre mit wahrester Hochachtung zu sein Eu. Wohlgeboren gehorsamster und ergebenster Diener
                                                    Wieland.

Mit der aus altem württembergischen Geschlecht stammende Fami-
lie von Keller unterhielt Wieland seit September 1771 enge
freundschaftliche Beziehungen. In der »charmanten Retraite« des
etwa sechs Kilometer südlich von Erfurt gelegenen Schlosses in Sted-
ten war er häufig Gast von Auguste von Keller und ihren drei
Töchtern, die er seine »Drei Grazien« nannte. Seine besondere
Verehrung galt der Ältesten, Julie von Keller (1752–1847), die
am 4. April 1774 den dreizehn Jahre älteren Bruder ihrer Mutter,
Johann Ludwig von Bechtolsheim, genannt von Mauchenheim, heira-
tete, der von 1776 an Kanzler und Oberkonsistorialpräsident in
Eisenach war. Ihr widmete Wieland sein 1774 entstandenes Gedicht
»Die erste Liebe. An Psyche«. Später, im Alter von 75 Jahren,
schrieb er an Elisabeth von Solms-Laubach, die sich bei ihm nach
Julie von Bechtolsheim erkundigt hatte: »Ihro Durchlaucht wissen
vermutlich, daß sie die Psyche ist, an welche ich vor 32 Jahren ein
Gedicht ... adressierte, worauf sie sich noch jetzt viel zu Gute tut,
wiewohl der Hauptinhalt eigentlich der Dame Sophie La Roche
galt – welche im Jahre 1750 meine erste Liebe, aber ich freilich
nicht die ihrige war ... So etwas könnte noch jetzt einem 75jährigen
Altvater begegnen, wenn er das Glück oder Unglück hätte, mit dieser
Zauberin unter einem Dache zu leben« (Brief vom 29. 7. 1808).

31. An Julie von Keller in Stedten

Weimar, den 3. Dezember 1773.
Ein Brief von Julie! – und zu einer Zeit, in der sie, um ihn
zu schreiben, auf die Freude verzichten muß, sich mit dem
zu beschäftigen, was ihrem Herzen am nächsten liegt –
glauben Sie mir, göttliche Julie, ich spüre das ganze Ausmaß einer solchen Gunst – Möge das Wort Gunst in den
Augen Ihres künftigen Herrn und Meisters nicht als Ent-
weihung gelten; Freundschaft hat ihre eigenen Gunstbezei-
gungen, genauso wie die Liebe – Aber Sie gehen recht in
der Annahme, daß ich im Schutz der Vorrechte eines Poeten

Julie von Keller, verh. von Bechtolsheim.

mehr sage als ich fühle, und daß Ihr Brief mich nicht so glücklich gemacht haben muß, da ich bis heute mit der Antwort habe warten können. Was soll ich Ihnen sagen, liebenswürdige Julie? Soll ich Ihnen gestehen – unglücklich der *Liebhaber*, der sich bei seiner Herrin nur auf so eine kleine Entschuldigung berufen könnte! Aber kann ein *Freund* auf ihre Nachsicht zu hoffen wagen, wenn er Ihnen gesteht, daß er nicht genügend Mut hatte, Ihnen *Alceste* zu opfern. Da dieses Stück am vergangenen Montag gegeben wurde (das heißt am selben Abend, an dem ich Ihren liebenswürdigen Brief erhielt), war es entweder erforderlich, auf das Vergnügen zu verzichten, Alceste zu hören, oder darauf, Ihnen zu schreiben. Mußte ich mich nicht schämen, so schwach zu sein? Wie dem auch sei, ich gestehe lieber meine *Schuld* ein, und erwarte lieber Ihre gütige Nachsicht, als daß ich meinen Fehler zu beschönigen versuche, falls Sie es für einen solchen hielten. Sie sehen übrigens, daß Alceste hier noch gegeben wird, und daß man der Schirmherrin über dieses bezaubernde Land Unrecht getan hat, als man ihr den grausamen Entschluß zuschrieb, unsere Heldin zu verbannen, ohne einen anderen Grund als den, daß sie zu schön ist. Ihnen, meine reizende Freundin, die Sie den Grund meiner Seele kennen, muß ich nicht sagen, wie sehr mich die glückliche Nachricht von der völligen Genesung Ihrer verehrten Mutter, die Sie mir soeben bestätigt haben, erfreut. Ich bin ebenso sehr erfreut über alles, was Sie mir bei dieser Gelegenheit über die Aufmerksamkeiten berichten, die man ihr in *Gotha* erwiesen hat, wie auch über das würdevolle Verhalten des Herzogs Ihnen und Ihrem lieben Baron gegenüber. Ich schätze es sehr, wenn man alles bereitwillig tut, und wenn die Fürsten vor allem für das Vergnügen aufgeschlossen sind, Gefälligkeiten zu erweisen, und zwar niemals nur einer Hälfte. Aber diesen verfluchten Prozeß, der die Vereinigung des liebenswertesten Paares, das

Amor je verbunden hat, noch um mehrere Monate verzögert, verabscheue ich, seien Sie davon überzeugt, liebe Freundin, von ganzem Herzen, und ich würde gern ohne die geringsten Gewissensbisse drei Viertel aller Staatsanwälte, Verteidiger und Richter der Welt dem Teufel überantworten, wenn dies ein Mittel wäre, Ihnen die Gelegenheit zu ersparen, einen Beweis Ihrer *Großherzigkeit* zu geben. Umso ungeduldiger ersehne ich ein glückliches Ende Ihres schönen Liebesabenteuers, weil ich mir in den Kopf gesetzt habe, daß der Priester, wenn er Ihnen den priesterlichen Segen gibt, im Namen unserer heiligen Mutter der Kirche nur der *Vereinigung von zwei Hälften* zustimmen wird, *die die Natur in der Absicht geschaffen hat, daraus ein Ganzes zu machen*; und die beide aus dieser Vereinigung umso mehr gewinnen werden, weil ein *Liebhaber* wie ich ungeduldig auf das Vergnügen aus ist, dabei Augenzeuge zu sein.

In der Zwischenzeit freue ich mich, daß das frühere gute Einvernehmen zwischen Stedten und der Erfurter Statthalterei wiederhergestellt ist, und ich heiße aus vollem Herzen alles für gut, was Sie über die liebenswerte Amazone *mit der leidenschaftlichen Seele* sagen. Es ist wirklich eine reizende Frau, und wenn ich Amadis wäre, erkläre ich Ihnen, daß ich sie in die Reihe meiner Göttinnen aufnähme.

Es liegt nicht an mir, wenn ich Ihnen von hier nichts Neues berichten kann. Für Sie und für mich ist interessanter, daß alles, was wir in Weimar lieben, sich wohl befindet. Prinz Constantin hat zwar gestern einen vorübergehenden Fieberanfall gehabt; heute aber fühlt er sich wiederhergestellt. Der junge Prinz beginnt wie eine Rosenknospe aufzublühen, sehr zu seinem Vorteil; sein Charakter entfaltet sich, sein Herz gewinnt an Festigkeit, er zeigt Grundsätze und sogar Entschlossenheit; schließlich verspricht er, recht liebenswert zu werden – und meine Befürchtungen finden sich hierin angenehm enttäuscht. Im übrigen bin ich glücklich wie ein Sultan – in dem Grade, wie ein Sultan glücklich sein kann – über die Freiheit, die man mir stillschweigend gewährt hat, mich wie einen Menschen zu betrachten, der (mit Ausnahme seiner Pflichten dem Prinzen gegenüber) völlig vom Hof getrennt ist. Erst seit dieser Zeit fange ich an, wirklich wieder zu leben und mich mit meinen Empfindungen, meinen Gedanken und dem bißchen Genie, mit dem mich unsere gute Mutter Natur liebenswürdigerweise begünstigt hat, wieder zurechtzufinden.

Nun muß ich mit meinem Geschwätz aufhören. Übermitteln Sie bitte der ehrwürdigsten und liebsten aller Mütter meine ehrerbietigen Gefühle zarter und reiner Freundschaft, die meine Seele für sie erfüllen. Sagen Sie *Schwester Auguste* von mir alle freundschaftlichen Empfindungen, und sagen Sie dies auch so eindringlich, wie Sie können; mein Herz wird Sie niemals verleugnen. Seien Sie, meine liebenswürdigen und geliebten Schwestern, ganz davon überzeugt, daß die Empfindung, mit der Sie mich ehren, einen wesentlichen Teil meiner Glückseligkeit ausmacht. Tausend zärtliche und freundschaftliche Grüße für den würdigen Liebhaber Ihres Herzens! Adieu, Julie; seien Sie immer glücklich und bewahren Sie immer ein kleines Stück Ihres Herzens für Ihren Freund Wieland.

P. S. Ich habe 4 Exemplare der Alceste von Schweizer notiert, die Sie bei mir bestellt haben.

[Im Original französisch]

*

Auf den Ruinen der 1774 abgebrannten Weimarer Wilhelmsburg wurde das Schloß in seiner heutigen Gestalt als Dreiflügelbau zwischen 1789 und 1803 in enger Zusammenarbeit mit Goethe wieder aufgebaut. Dabei entstanden berühmte Raumschöpfungen wie der Weiße Saal, das Treppenhaus und die Falkengalerie. Mitte des 19. Jahrhunderts fand der bis dahin noch nicht ausgebaute Westflü-

Ansicht von Weimar.

*gel durch den Weimarer Oberbaudirektor Clemens Wenzeslaus
Coudray und den Hofmaler Friedrich Preller d. Ä. mit den Dich-
terzimmern und der von Karl Friedrich Schinkel entworfenen Goe-
the-Galerie seine Vollendung.*

32. An Johann Ludwig von Bechtolsheim in Eisenach

Weimar, den 8. Mai 1774, 7 Uhr morgens.
Beruhigen Sie sich, mein lieber und ehrenwerter Freund –
Der Himmel will, daß unser vielgeliebter Prinz eine große
Rolle spielt, zumindest die Rolle eines bedeutenden Mannes
auf dem großen Welttheater, und sie beginnt mit dem Brand
seines Hauses.

Ein Prinz von 17 Jahren, mit Geistesgegenwart, Selbst-
beherrschung, Großherzigkeit, Aktivität, Menschlichkeit
usw., die der unsrige durch seine ganze Art zu sein in allem
gezeigt hat, durch alles was er seit dem ersten Augenblick
dieses schrecklichen Unglücks sagte und tat, ein solcher
Prinz ist ein Wunder. Wie sollte er nicht zu großen Dingen
berufen sein.

Es ist nur natürlich, daß ein solches Unglück wie dieses,
das so unverhofft über uns gekommen ist, Pläne stört und
so manche angenehme Träume verschwinden läßt. Ich sehe
manches schöne Traumschloß, das meine Phantasie zur
Ehre und zum Ruhm der Herrschaft meines jungen Helden
gern errichtet hat, unter den Ruinen des großen Schlosses
zu Weimar begraben; aber es ist nicht alles verloren, mein
Freund. Im Gegenteil: Je mehr der Prinz auf der einen Seite
verloren hat, desto mehr Freunde wird er brauchen, die
wirklich zu ihm halten; und desto mehr wird er darauf
bedacht sein, Männer seines uneingeschränkten Vertrauens
an sich zu binden.

Die Herzogin, die Prinzen, Graf Görtz, kurz alle Personen für welche Sie Sich interessieren und auch die übrigen,

die uns nicht interessieren, befinden sich alle so wohl als nach Gestalt der Sachen nur möglich ist. Unser lieber Graf hat sich wie ein Held aufgeführt, und selbst seine Maschine hat besser ausgehalten als ich zu hoffen wagte. Das Unglück war groß; aber es ist eine Art von Trost in der Vorstellung, daß es leicht ungleich größer und schrecklicher hätte sein können.

Als ich um 1. Uhr, meine gewöhnliche Zeit, von Hofe ging, dachte noch keine Seele an nichts, selbst auf der Cammer, wo das Feuer zuerst ausbrach, wurden die bis 12 Uhr daselbst arbeitenden Räte und Subalternen nicht das Mindeste gewahr. Um halb zwei stund schon der ganze Dachstuhl des Schlosses ringsherum in vollen Flammen, und um 3 Uhr schlug es schon aus allen Kreuzstocken der herrschaftlichen Zimmer. Keine Menschliche Macht hätte das Schloß gegen die fressende Wut der Flammen retten können. Es ist beinahe ein Wunder wie noch eine so große Menge von allen Arten von Möbeln aus dem ganzen Schlosse gerettet worden sind. Die ganze Stadt war in größter Gefahr, und erst in der Nacht um 3 Uhr konnten wir uns der Hoffnung sicher zu sein, überlassen. Doch, ich habe weder Zeit noch Ruhe des Geistes genug um Ihnen eine Beschreibung dieses schrecklichen 6ten Maies zu machen.

Vom ganzen Schloß steht, außer den nackten steinernen Hauptmauern, nichts mehr als der Turm und die Regierung; alles übrige ist ein Raub der Flammen geworden. Von den Herrschaftlichen Sachen, Kostbarkeiten, Geld, und Möbeln ist das Meiste gerettet. Aber andre Personen, sonderl. die beiden Hofdamen haben ihr Meistes verloren; unser Graf alle seine Bücher – Doch der Bote dringt – und ich habe keine Zeit mehr zum detaillieren.

Schreiben Sie dem Grafen so bald als möglich.

Heute ziehen wir nach Belvedere.

Ich umarme Sie 1000mal, Mein liebster Baron. Ich küsse

Ihren Damen die Hände und bitte Sie allerseits sich möglichst zu beruhigen. Ich denke nicht, daß dieser Zufall, so fatal er immer ist, in unserm Hauptplan etwas ändern könne noch soll. Erhalten Sie Mir, Meine teuresten Freunde, Ihre bisherigen Gesinnungen und leben Sie wohl!

Ich bin mit der zärtlichsten Verehrung, Freundschaft und Ergebenheit Mein bester Bechtolsheim, Meine teuresten Freundinnen, Ihr ganz eigener   Wieland
      [Im Original z. T. französisch]

*

Anna Louise Karsch (1772–1791), Tochter eines Bauern und Gastwirts, korrespondierte neben Wieland auch mit Klopstock, Lessing und Gleim. Wegen ihrer zeitkritischen, antike Formen nachahmenden lyrischen Gedichte wurde sie von einigen aufklärerischen Schriftstellern als »deutsche Sappho« und »Wunderfrau« verehrt. Im August 1763 war sie von Friedrich II. von Preußen empfangen worden. Wieland, dessen »Teutschen Merkur« sie als »geflügelten Boten« goutierte, nannte sie in einem seiner Briefe »das Wunderweib, unsre Karschin« (28. 5. 1775). Sie schrieb für ihn verschiedentlich längere Briefgedichte: »Dir lieber Wieland muß mein Herz noch Grüße sagen...« (27. 6. 1777).

33. An Anna Louise Karsch in Berlin

Weimar, den 3. Juni 1775.
An die Dichterin, in welcher Sappho wiederlebt.

Mitten im Himmel der Freundschaft, an der Seite unsers Gleims, des edelsten und besten der Menschen, bringt mir der Venus schneeweißestes Täubchen Ihren ersten Brief, Göttliche Sappho! Wir lesen ihn mit Entzücken, wir reden den ganzen Tag und einen großen Teil des folgenden von Nichts als Ihnen, hören unserm Gleim, mit halboffnem Munde, so leise atmend als in einer Verzückung zu, da er uns eine Menge der herrlichsten Lieder lieset, die ein Gott unsrer Sappho einst eingab, und wovon die Welt noch nichts gehört hat; hören unverwandt, erfüllen uns ganz mit Ihrem Geist, entbrennen von Ihrem Feuer, ergießen uns in Liebe und Bewunderung des schönsten Geistes, der jemals ein weibliches Weib belebt hat, und beten die Natur in einem ihrer herrlichsten Werke an – und dennoch, vortrefflichste Karschin, konnte Wieland kalt oder träge genug sein, es bis zum 3ten Junii anstehen zu lassen, Ihnen, der Dichterin, die er schon so viele Jahre liebt und bewundert, zu sagen, daß Sie die freundschaftlichen Empfindungen, wovon Ihr schöner Brief überfließt, an keinen undankbaren verschwendet habe! Aber glauben Sie mir, meine liebste Freundin, weder Trägheit noch Kaltsinn war daran Schuld. Es ist von jeher meine Art so gewesen, daß ich nicht schreiben kann noch mag, wenn mein Herz so voll ist, als es in Halberstadt war. Geschriebne *Worte* dünken mir dann eine so kalte, so armselige Art wie Seele mit Seele Gemeinschaft pflegen soll, daß ich mich gar nicht dazu entschließen kann. Doch auch izt, da ich bei gelaßnerm Mute an Sie schreibe, kann und werde ich Ihnen nicht den zehnten Teil davon sagen, was ich von Ihnen denke, was ich für Sie empfinde, und wie glücklich Sie mich dadurch machen, daß Sie meine Freundin sein wollen. Ein Genius soll Ihnen das in seiner eignen Sprache unmittelbar ins Herz sagen – Sie sollen's fühlen, eben so stark es fühlen, als ob Sie es mit ihren eignen Geistesaugen unmittelbar in meiner Seele läsen – und wozu brauchen Sie dann noch, daß ichs Ihnen durch Worte sage? Sie allein, Vortrefflichste Frau, fehlten noch, um unsre Wonne in Halberstadt vollkommen zu machen. Zwölf ganzer Tage – ein Jahrhundert an innerm Wert, einen Augenblick im Genusse selbst – habe ich bei unserm Gleim, dem besten unter allen Günstlingen des Musengottes, dem wärmsten der Freunde, dem edelsten der Menschen gelebt. Nur

unsre Sappho, unsre Muse, mangelte uns, um aus seinem kleinen Sans-Souci den Hain der Musen oder Elysium zu machen.

Ihr freundschaftlicher Wunsch, beste Karschin, ist auch
der Wunsch meines Herzens. Ja wir müssen uns noch von
Person kennen lernen. Sie müssen meine Kinder und die
Mutter meiner Kinder, alles was ein Teil meines Selbst ist,
sehen, und unter den kleinen um Sie herum wimmelnden
Kindern der Natur sich selbst wieder verjüngt fühlen, und
schönere Lieder singen als Sie je gesungen haben. Es muß
sein, es wird sein, oder meine Seele müßte mir in diesem
Augenblick falsch weissagen.

Unwillkommne Hinderungen unterbrechen mich – ich
muß mich von Ihnen losreißen. Aber der Anfang ist nun
gemacht, meine Freundin – Posten zwischen Berlin und
Weimar gehen wöchentlich und richtig, wenigstens zweimal
– also kein Wort weiter, als daß ich mit aller Bewunderung
aller Wärme der gefühlten Seelenverwandtschaft bin und
ewig sein werde Ihr ganz ergebenster   Wieland.

*

*Der jugendliche Enthusiasmus, den Wieland während seines Schwei-
zer Aufenthaltes für den preußischen König geäußert hatte, ließ in
späterer Zeit merklich nach. Jetzt sah er in Friedrich dem Großen
einerseits den »großen Herrn«, der sich »wenig um unseres Gleichen« bekümmert (Brief an Gleim, 3. 6. 1770), andererseits ver-
teidigte er ihn als Autor der vielgetadelten Schrift »De la littéra-
ture allemande« (1780) und hielt ihn für »einen sehr glaubwürdigen
Zeugen unseres literarischen Jammers« (Brief an Gleim, Mai
1782). Es sei Friedrich aber nicht vergönnt gewesen, ein »Perikles
für uns und seine Nation« zu werden und »aus seinem göttlichen
Berlin ein Teutsches Athen zu machen« (Brief an Gleim, 11. 8.
1777). In seinem Antwortschreiben (vom 17. September 1775)
auf den folgenden Brief erteilte Friedrich II. dem Hofrat Wieland
für die nächsten zehn Jahre »ein Privilegium allerhuldreichst« für*

den Druck und Verlag des »Teutschen Merkur« in Preußen und
verbot, »vorgedachtes Journal weder ganz noch zum Teil nachzu-
drucken«.

34. An Friedrich II. von Preußen

Weimar (?), den 6. September 1775.
Allerdurchlauchtigster Großmächtigster König
Allergnädigster König und Herr,

Da ich besorge, daß mir mein Journal der Teutsche Merkur welches ich selbst drucken lasse und verlege, in denen
Preußischen Staaten, sowie es in Danzig schon geschehen
ist, nachgedruckt werden möchte, und ich in Ansehung
meiner verwandten Kosten, dadurch einen großen Schaden
leiden würde: so unterstehe ich mich *Ew. Königl. Majestaet*
alleruntertänigst zu bitten, mir gegen solchen Nachdruck
und Verkauf eines Nachdrucks in *Dero* Landen auf erwähn-
tes Journal allergnädigst ein *Privilegium* zu erteilen. Ich
werde diese allerhöchste Gnade mit dem lebhaftesten Dank
erkennen, und dadurch verbunden werden lebenslang zu
sein *Ew. Königl. Majestaet* alleruntertänigster Knecht

C. M. Wieland.
Herzoglich-Sachsen Weimarischer Hofrat

*

Mit dem Zürcher philosophisch-theologischen Schriftsteller und
Pfarrer Johann Caspar Lavater (1741–1801), dessen vierbändi-
ges Hauptwerk »Physiognomische Fragmente« zwischen 1775 und
1778 erschien, führte Wieland zeitweilig einen regen Briefwechsel.
Seine erotischen Verserzählungen hatten bei dem »Zürcher Prophe-
ten« so großen Anstoß erregt, daß er alle Christen dazu aufforderte,
für den schwer gefallenen Sünder zu beten. Wieland schrieb dazu am
4. Juni 1773 an Friedrich Heinrich Jacobi: »...was soll man mit
einem Narren anfangen, der so viel Genie und, wie es scheint, ein so
gutes Herz hat, wie dieser Seraphs-Reiter?« Ihn störten an »Lava-

ters Schelmenstreichen« vor allem dessen »Ton«, das »ewige sitzen
auf dem heiligen Dreifuß«, seine »Miene von Unfehlbarkeit« und
sein »verdammtes Schimpfen und Verpfuien unsers Jahrhunderts«.
Im Juli 1786 und im Mai 1793 kam es zu persönlichen Begegnun-
gen zwischen Wieland und Lavater in Weimar, im Sommer 1796 in
Zürich, die zum besseren gegenseitigen Kennenlernen beitrugen:
»Wieland ist jetzt bei uns. Ich hoffe, noch Wichtiges mit diesem
wichtigen geistvollen Mann sprechen zu können« (Lavater an
Friedrich Leopold von Stolberg. Zürich, 31. 7. 1796).

35. An Johann Caspar Lavater in Zürich

Weimar, den 4ten März 1776.
Engel Gottes! lieber bester Lavater! Mein Herz allein nennt
Deinen Namen! Glaube nicht Bester, daß ich zu gut von
Dir denke! Gewiß ich tue es nicht. Aber ein großes seliges
Gefühl dessen, der dich gemacht hat, dessen Organ du bist,
durchdringt mich, fast allezeit so oft ich an dich denke!

Verzeihen Sie mir diese Vertraulichkeit. O Lavater, Sie
können auch Menschen, die nichts als natürliche Menschen
sind, lieben und Bruder nennen. Ich *bin* Ihr Bruder! Ich fühl
es, daß ichs bin!

Aber Lavater ein *Müdling*! – Ich kann Ihnen nicht beschreiben, wie es mich im Innersten verwundet und
schmerzt, daß ich Sie unter dem Drang *solcher* Arbeiten,
solcher Geist und Leib erschöpfender Arbeiten und Sorgen
seufzen sehe, und dann noch denken muß, daß es Menschen
gibt, die es über ihr Herz bringen können, meinem Lavater
sein Leben zu verbittern, seine Bemühungen, die jeder gute
aufmuntern, mit *Liebe belohnen* sollte (wenn ich so sagen
darf) – ihm zu erschweren – Weg mit ihnen! ich kann nicht
ohne Grimm an solche Menschen denken. Ich habe keine
Geduld für sie. Und doch ist es auch *Liebe*, wenn ich über
solche Menschen ergrimme.

Eben izt, Bester Mann, erhalte ich die beiden Platten, *Hutten* und *Hans Sachs*. Große Freude darüber, und herzlichen warmen Dank dafür, und für die Erlaubnis Ihnen noch 6 zu schicken. Sie fühlen (wie ich) wie wesentlich mir Lips zu diesem Geschäft ist; es gibt, außer Chotowicki, gar keinen andern Künstler so, der zum *Physionomie-Hascher* so gemacht ist, wie Lips. Mit erster Post schicke ich wieder ein Paar brave Männer aus den Zeiten meines Lieblings Maximil. I. Ich bin Ihnen für die 3 Platten nun 12 $\#$ [*Dukaten*] schuldig, die ich also, nach Ihrem Willen, *an Göthen* zahle.

Unser Göthe ist seit vorgestern wieder mit dem Herzog bei Dalbergen in Erfurt, und kommt erst morgen abend zurück. Ist auch ein Müdling, nur auf eine andre Art: denn ach! l. Lavater, denken Sie Sich einmal Favorit und fac totum und Göthe zusammen! Und fac totum, das am Ende doch – nicht den 100sten Teil von dem tun kann, was er gerne täte. Und gleichwohl sehen sie aus *Herders* Berufung zum General-Superintend. u: O. Hofprediger, daß Göthe *etwas* tut. Ich stelle mir seine hiesige Existenz als ein Farao-Spiel vor; der Herzog hält die Bank[,] Göthe pointiert wider ihn. Göthe setzt 1. 2. 3. 4. oft 8 und mehr *Tage* auf eine Karte; verliert manchmal; aber weil er sein Spiel poussiert, so braucht er auch nur wieder ein einziges Trente-leva oder Soixante-leva zu gewinnen, so ist alles wieder ersetzt. So ein Trente-leva gewann er mit *Herdern* – doch, Sie verstehen mich wohl nicht einmal mit meinem Farao und meinen Trentelevas?

Verlassen Sie Sich inzwischen darauf, daß Göthe, in allem dem Wirbel worin er sich dreht, Sie und die Physiognomik nicht vergißt, und daß er alles im Gang erhält. Ich freue mich unsägl. auf diesen kommenden 2ten Teil. Aber alles was Sie dazu bestimmt hatten, kann und soll doch wohl nicht in den 2ten Teil kommen? Er würde ohne alle Proportion dikker als der 1ste und wozu das? Doch darüber hat Ihnen

Göthe wohl schon geschrieben, oder tuts nächstens. Ihnen, liebster, wäre izt Ruhe und Erholung nötig! Könnte ich nur 3 Wochen bei Ihnen sein! Aber, ich fühl es voraus, Sie würden mir zu lieb werden. Ich würde im eigentl. Sinn *vor Liebe krank werden*; und sterben, wenn ich Sie dann wieder verlassen müßte.

Von unsrer Herzogin Louise? Was kann ich Ihnen sagen? Sie ist ein Geschöpf aus meiner lieben Niobes-Familie; gleicht einem Weib aus der Unschuldswelt, oder aus den guten Homerischen u. Patriarchalischen Zeiten wenigstens. So mag Rebecca, oder Alceste, oder Artemisia, *ausgesehen* haben, und gewesen sein. Und doch ist sie nicht glückl. und macht nicht glücklich! Ein trauriges Rätsel! – So ist alles in dieser Welt nur Verhältnisweise gut oder bös.

Ihr Briefchen, Mein Lieber, kann ich Louisen erst morgen geben. Ich sehe sie sehr selten; und wohl mir, daß ich sie selten sehe. Sie ist, nach Seel und Leib, eine Idealische Form für mich, und würde mir mehr Liebe einflößen, als unser Verhältnis tragen möchte. Warum kann *Carl August* den Engel nicht aus *meinen* Augen sehen? Warum kann Louise den edlen, guten, biederherzigen, wiewohl auf halbem Weg verunglückten Heros C.A. nicht mit *meinen* Augen sehen? – Warum? – Warum? – Was helfen alle die Wenn's und Warum's. 'S *ist* nun so, und *soll* so sein – wie alles übrige.

Täglich ist unter meinen Lieben die Rede von *Lavater*, mit so herzlicher Liebe, Teilnehmung, Freude, Bekümmernis, etc. etc. Sie sollten's manchmal fühlen – wenn Herzen einander in einer solchen Distanz fühlen könnten. O Du Bester, segne, stärke, erhalte Dich Gott! –

P.S. Die *Nachricht* kommt gleich in den Merkur. Haben Sie das Exempl. von No. 1. das ich Ihnen durch die Post schickte?

*Am 1. Oktober 1776 war Johann Gottfried Herder (1744–
1803) auf Anraten Wielands als Generalsuperintendent und Ober-
pfarrer an die Stadtkirche Sankt Peter und Paul nach Weimar
berufen worden. Über Wielands Verhältnis zu Herder schrieb dessen Frau Caroline in ihren »Erinnerungen aus dem Leben Johann
Gottfrieds von Herder«: »Wielands zarte gutmütige Seele schloß
sich an Herder an; er ehrte und liebte ihn hoch, und unsere Familien
verbanden sich immer herzlicher. Wenn auch in Wielands und Herders Freundschaft zuweilen Mißverständnisse und Mißklänge
kamen, so löseten sie sich doch immer wieder. Sie achteten und ehrten
jeder des andern eigentümlichen Genius und Wert ohne Neid, obwohl
sie über viele Dinge sehr verschieden dachten, und eigentlich doch nie
innig sympathisierten ... Wieland erzeigte bei vielen Anlässen, wo
wir seine Freundschaft ansprachen, tätige Dienste; unter anderm
durch Darlehn; denn die Einrichtung an diesem neuen Ort, ohne
eigenes Vermögen, erschwerte uns die ersten Jahre recht peinlich.«*

*Friedrich Heinrich Jacobi (1743–1819), der jüngere Bruder
Johann Georgs, Schriftsteller und Philosoph, hatte 1771 Wielands
persönliche Bekanntschaft gemacht. In den Anfangsjahren des
»Teutschen Merkur« war er Mitarbeiter an Wielands literarischer
Zeitschrift und führte einen ausgedehnten Briefwechsel mit ihm, der
zeitweise wegen grundsätzlicher literarischer Meinungsverschieden-
heiten von einer »merkwürdigen Haßliebe« (Friedrich Sengle) der
beiden Korrespondenten bestimmt war.*

36. An Friedrich Heinrich Jacobi in Düsseldorf

Weimar, den 1. November 1776.
Mein Allerbester, dieser Tag, von dem ich Dir wenigstens
eine Stunde bestimmt hatte, ist mir weggekommen, ich
weiß selbst nicht wie – zwischen Herder, der nun bei uns ist,
und Kaufmann, einem wunderbaren, aber edeln, guten und
unbeweglich in seinem Centro ruhenden Menschen. Ich
muß schon lange gelebt haben, denn es kommen mir junge

Menschen vor, die den Menschen von meiner Zeit so un-
ähnlich sehen, als wir den Leuten vor der Sündflut, doch
sind's gute Menschen, und die Welt wird nicht schlimmer
dabei fahren, daß sie so sind.

Von Herder wollte ich Dir gerne viel schreiben; denn
meine ganze Seele ist voll von dem herrlichen Manne. Aber
er ist mir zu groß, zu herrlich; ich kann nicht von ihm
reden. Und gerade dies – daß sein Geist zu groß ist – ist hier
in Weimar eine Art von Unglück für ihn. Außer Göthe –
der aber gerade am wenigsten mit ihm leben kann, weil er
für den Herzog und seine leidige Ministerschaft leben muß
– außer Göthe, wer ist hier ein Mann für Herder? Wer kann
nur mit ihm *gehen*, geschweige im Geist mit ihm *ringen*, ihn
im Atem erhalten? Ich selbst, lieber Bruder, fühle, wie
wenig ich ihm sein kann. Fühlen, einsehen, durchschauen,
was er ist, und ihn *lieben*, mehr, als ihn noch ein Sterblicher
geliebt hat, das kann ich; aber wie unzulänglich ist das für
einen so tief denkenden, allumfassenden, mächtigen Genius!
Bei allem dem ist bis jetzt mein Haus eine Art von Ressource für ihn und den Engel, sein Weib. Alles, was in
meiner Familie atmet, ist von Herder und Herderin eingenommen. Die Einwohner von Weimar waren gegen ihn
präoccupiert. Trotz dem hat er gleich durch seine erste Predigt großen Eindruck gemacht und ut ajunt alle Herzen
gewonnen. Er predigt, wie noch niemand gepredigt hat, so
wahr, so simpel, so faßlich, und doch alles so tief gedacht,
so rein gefühlt, so schwer an Inhalt! Und was das wunder-
barste ist, so reinen Menschensinn, so lautere Wahrheit, und
doch alles so orthodox, so himmelweit von dem Begriffe
und der Lehrart unserer Mode-Theologen unterschieden.
Kurz, freue Dich auf die Zeit, da Du zu uns kommen und
den Mann sehen, erkennen, lieben und von ihm wieder
geliebt werden wirst.

In Johann Heinrich Merck (1741–1791), Kriegsrat in Darmstadt und Mitarbeiter am »Teutschen Merkur«, war Wieland zum erstenmal ein Vertreter der jüngeren Literatengeneration des Sturm und Drang gegenübergetreten. Wieland schätzte ihn vor allem als zuverlässigen und gefürchteten Rezensenten auf dem Gebiete der schönen Literatur und Kunst: »Leben und Tod des Merkur hängt von Euren Rezensionen ab« (Brief vom 21. 10. 1777). Der umfangreiche Briefwechsel mit Merck gibt interessante Aufschlüsse über Wielands Verhältnis zur Literatur seiner Zeit. Merck ist für ihn »der einzige Mann auf Gottes Erdboden..., dem ich das Innerste meines Kopfs, Herzens und ganzen Wesens sehen lassen kann, darf und mag« (Brief vom 19. 8. 1779). – Im folgenden Brief berichtet Wieland ihm von den »glückseligen Inseln« seines Weimarer Gartenlebens und von den Verhandlungen mit den Mannheimern über die Aufführung seines Singspiels »Rosamund«.

37. An Johann Heinrich Merck in Darmstadt

Weimar, den 16. April 1777.
Liebster Herr und Freund, Ich kanns mir immer noch nicht verzeihen und vergessen, daß ich Sie im ganzen letzten Monat durch so unfreundl. vernachlässigt habe. Verzeihen *Sie's* mir um der Heil. Rosemunda willen, aus der ich, si Diis placet, ein sehr erbauliches Singspiel, alias Oper genannt, für Se. Kurfürstliche Durchlaucht zu Mannheim fabriziert habe. Ich hatte das Ding den ganzen März durch dergestalt im Leib, daß ich sonst nichts sinnen noch beginnen konnte.

Sie ermahnen mich, von dem günstigen Wind, der mich dem Neckar zuzublasen scheint, zu profitieren, und dieses rauhe Land, wo kein Wein wächst, das Wasser nichts taugt, und Eurus und Boreas sich 8 Monat vom Jahr so unnütz machen als möglich, zu verlassen etc. etc. Ja, l. H. wenn das nur so leicht wäre, wie aus einer Straße in eine andre zu ziehen – pro primo: und wenn der Teufel nicht überall im

Nest wäre – pro secundo: und wenn nicht 100 gegen eins zu wetten wäre, daß ich aus dem Regen in die Traufe käme, pro tertio. Ich weiß überhaupt noch nicht viel davon, wieweit der gute Wille für mich in M. sich erstreckt – wiewohl ich von *Hompeschen* mir alles mögliche versprechen kann – Gesetzt aber auch, man wünschte mich zu haben, unter welcher *Specie* und quo titulo könnt' ich da sein? Und welche zeitliche Vorteile könnten die Muße, Ruhe, Freiheit, Unabhängigkeit, Achtung Affection, etc. etc. die ich hier genieße, aufwiegen? Es ist wahr, ich *bedeute* hier wenig, und was ich *in sensu politico bin*, ist noch siebenmal weniger als ich bedeute. Aber *ich will auch nichts sein und bedeuten*, und just darin besteht wenigstens $\frac{1}{3}$ meines Wohlseins. Die fürstl. Personen hier sind vielleicht die besten in der ganzen Welt. Alle sind gut für mich gesinnt, Keines drückt mich; sie fordern so wenig von mir, daß ich mich beinahe schäme, ihr Brot zu essen, und täten mir gerne alles zu Gefallen. Die Serenitäten zu Gotha sind ungefähr eben so für mich gesinnt; und, auch im unglücklichsten Fall der Weimar in Zukunft treffen könnte, sehe ich nichts Besorgliches für mich voraus. Ich sitze also ruhig unter den Bäumen meines Gartens; und wär' es nicht hart, daß ich von den 110 schönen Apfel-, Birn- und Kirschbäumen, die ich vergangnen Herbst gepflanzt habe, die Früchte nicht essen sollte? – Wär' es nicht unweislich an mir, wenn ich, so *sicher* als ich hier in meiner glücklichen Obscurität bin (qui bene latuit etc.) mich in das mare infidum von M. stürzen wollte, wo, wann sich ein paar Augen geschlossen haben werden, ungleich mehr zu risquieren ist als hier – sogar in dem noch nicht zu befürchtenden Falle, wenn die hiesige Linie ganz auslöschte? – Wär' ich klug, wenn ich meine selige Ungebundenheit und das sacrosanto Far Niente, mit dem goldnen Recht, zu allen sagen zu können: Was gehts mich an? – gegen die Sklaverei, gegen den schweren Dienst der Eitelkeit,

Johann Heinrich Merck.

zu M. vertauschte? Nehmen Eu. Lbden nun noch zu dem allen ein Weib und fünf Kinder, und ein Sechstes aufm Weg, und eine bejahrte Mutter, und das alles in ein Ganzes verwebt, das durch Lieb und Eintracht und Freude an einander glücklich ist – calculieren Sie ferner die unsäglichen Kosten einer abermaligen Transmigration mit Sack und Pack – und erinnern Sich, schließlich und letztens, der berühmten Grabschrift:

per star meglio, stò quì!

Und nun, hisce omnibus probe pensitatis, sagen Sie mir aufrichtig: hätte ich nicht das größte Unrecht, wenn ich mich durch die Zwiebel und Knoblauch Ägyptens, oder durch Sängerinnen und Saitenspieler, oder durch feistere Hofsuppen, oder durch den kleinen Vorteil meinen Wein um 2 Groschen wohlfeiler zu trinken, oder durch irgend eine Vorspiegelung Fleisches und Bluts verleiten ließe, Mein hundert Schritt langes und fünfzig Schritt breites Königreich, Paradeis, Elysium, oder wie ichs nennen will, zu verlassen – bloß, weils in dem albernen Thüringen liegt, und meine Herzkirschen freilich nur alle 10 Jahre einmal reif werden?

Tu pensa-ci, tu sei
L'arbitro del mio – destin!

Aber, wie gesagt, es ist noch nicht so weit, daß ich nötig hätte, mich zu verschanzen. Au contraire ich bin dato allbereits aufm Wege mich mit der Kur-Pfalz pour toujours zu brouillieren – Und raten Sie mal warum? – Gibt es nicht Sünden, die ein Poeta weder in dieser noch jener Welt verzeihen kann? – Nun stellen Sie Sich mal vor, daß mich das Volk plagt und bägert, ihnen eine Oper zu machen, und wie ich fertig bin, so kommt heraus, daß sie ihrer besten Actrice, einem Engel an Jugendreiz und Stimme, *Urlaub auf ein Jahr* gegeben haben, nach Paris und London zu wallfahrten, in den Planeten zu tanzen, und Gott weiß was zu tun, und daß sie nun keine Rosemunde haben, und daß mein Stücklein, das vermittelst der holden Nymphe Danzy, den allergewaltigsten Effekt hätte machen sollen, können und müssen, nun aus Mangel einer Actrice, die wie eine Rosemunde *aussieht*, und wie eine Rosemunde *singt*, vor die Hunde gehen wird. Und ich sollte nicht toll darüber sein, und sollte mit solchem Volke mehr was zu schaffen haben wollen? Auf ewig also gehabt euch wohl, ihr Ufer meines vaterländischen Neckars! – Ich werde mich hier an den schattigen Rand der kleinen rieselnden *Lotte* hinsetzen, die nicht weit von meinem Garten fließt, und vergebliche Projekte machen, wie ich sie durch meinen Garten fließen machen könnte, und wenn auch daraus nichts wird, aus dieser nämlichen Lotte ein seliges Vergessen aller Opern, und Opernnymphen, und Orchester, und Höfe und Abderiten in der Welt trinken – Das wird gescheiter sein! – E tanto basta!

Ihre Anekdote von Geron und dem Kammerrat hat mir große Freude gemacht. Aber was sagen Sie dazu, wenn ich Ihnen sub rosa bekenne und nicht leugne, und bekenne, daß ich selbst, den ganzen Jenner und Februar durch fest überzeugt war, daß Gerons Geschichte wahr sei, und bereit gewesen wäre, mich mit jedem herumzuschießen, der sie mir hätte leugnen wollen?

Das Original will ich Ihnen mit dem April Merkur schikken, wiewohl es mir bei Ihnen Schaden tun wird. Denn Sie werden sehen, wieviel herrlicher es ist als meine Copie, und wie alles was in der letztern *gut* ist, in dem alten Kerl noch zehnmal besser ist; kurz, daß ich mir von Geron gar nichts zuzueignen habe, als das bißchen Composition, und die Jamben, und, wenn Sie wollen, eine Diktion, die dem Colorit womit sich die Geschichte meinem Geist darstellte, in etwas nahe kommt. Hundertmal hab ich unterm schreiben gewünscht – o wär' ich ein Maler, der alles malen könnte was er wollte – Ich wollte dann wahrl. kein Narr sein, und diese Geschichte anders als mit dem Pinsel erzählen! – Und doch seh ich izt hinten nach wohl, daß ich unrecht gehabt hätte. Aber damals stunden die Bilder so lebendig vor mir, daß ich des T. hätte werden mögen, sie nur durch Worte und tote Buchstaben von mir geben zu müssen.

Was Sie mir von einem gewissen Kaufmann schreiben, ist mir ein Rätsel – Meinen Sie den *Löwenblutsäufer*, der vorm Jahr einige Wochen hier war? Was für ein schändliches Werklein hat er denn neuerlich ans Werk gestellt? – Ego solus semper nescio omnia.

Für die übersandten Rezensionen, gratias quam maximas! Nächstens empfehle ich Ihnen den *weisen Kunig* (wenn sie ihn kriegen können, *ich* hab ihn nicht) und die Klosterge-schichte [*Millers*], wovon ich letzthin schrieb.

Freund Schwan wird Ihnen in kurzem (wenns nicht schon geschehen ist) in Meinem Namen 90 Rth. Leipz. cou-rant; vermutl. in Golde bezahlen. Wenn sie solche in Emp-fang genommen, bitte mir davon per Saldo meines Debito pro 1776. f 35 : 10 × den Rest aber auf Abschlag pro 1777. gut zu schreiben, und wie solches geschehen hochgeneigtest zu avisieren Ihren getreuen Freund und Mitbruder   W.

*

In der letzten Juli-Woche 1779 saßen Wieland und Goethe dem Maler Georg Oswald May einige Male Modell. Während der Sit-zungen mit Goethe las Wieland diesem aus seinem romantischen Heldengedicht »Oberon« vor. Nach Vollendung des Werks wird ihm Goethe am 23. März 1780 einen Lorbeerkranz schicken: »Unter Lesung Deines Oberons hätt' ich oft gewünscht, Dir meinen Beifall und Vergnügen recht lebhaft zu bezeugen . . . drum schick ich dir hier statt alles ein Zeichen, das ich Dich bitte, in seinem primitiven Sinne zu nehmen.«

38. An Johann Heinrich Merck in Darmstadt

Weimar, den 1./2. August 1779.
L. B.! Hoffentlich haben die guten Dinger im Himmel (mit den Iroquoisen zu reden) Dich wieder gesund und wohlbehalten zu Deinen diis Penatibus zurückgebracht. Mir kann hier nichts Deine Abwesenheit ersetzen; indessen tröste ich mich, nach meiner Art, so gut ich kann, mit den Erinnerungen der besten Stunden, die ich mit Dir zugebracht habe, und mit der inneren Überzeugung, daß unsere Seelengemeinschaft und Vereinigung nichts scheiden wird, als der Tod, der ultima linea rerum est.

Von der Durchlauchtigsten *All* , oder wie ich eigentlich nach einem Viergroschenstücke hätte zeichnen sollen, *All* (es will mir aber, wie Du siehst, immer nicht gelingen) [*All*) ah! das war con amore! feci den 2. August, 8 Uhr Morgens] weiß ich seit Deiner Abreise nichts als daß sie diese ganze Zeit über die Gräfin *Bernstorf* und *Boden* bei sich gehabt und sich tête baissée in die Musik gestürzt, also dergestalt, daß *Kranz* mit noch ein paar Kammermusicis seit 3 Wochen Tag und Nacht in Ettersburg residieren, und da geklimpert, gegeigt, geblasen und gepfiffen wird, daß die lieben Engelchen im Himmel ihre Freude daran haben möchten. Wohl der guten Frau, daß sie tour à tour dieser anhaltenden Liebhaberei für Musen und Künste fähig ist!

Mit Göthen hab ich vergangene Woche einen gar guten Tag gehabt. Er und ich haben uns entschließen müssen, dem Rat *May* zu sitzen, der uns ex voto der Herzogin von Württemberg für Ihre Durchlaucht malen soll. *Göthe* saß Vor- und Nachmittags, und bat mich, weil Serenissimus absens war, ihm bei dieser leidigen Session Gesellschaft zu leisten und zur Unterhaltung der Geister den *Oberon* vorzulesen. Zum Glück mußte sich's treffen, daß der fast immer wütige Mensch diesen Tag gerade in seiner besten rezeptivsten Laune und so amusable war, wie ein Mädchen von sechszehn. Tag meines Lebens hab ich Niemand über das Werk eines andern so vergnügt gesehen, als er es mit dem Oberon durchaus, sonderlich mit dem 5. Gesang war, worin Hyon sich von dem kaiserlichen Auftrag verbotenus acquittieret. Es war eine wahre jouissance für mich, wie Du leicht denken kannst. Ein paar Tage darauf gestund er selbst, daß er in 3 Jahren vielleicht nicht wieder in diesen Grad von Rezeptivität und Offenheit jedes Sinnes für ein opus hujus furfuris et farinae kommen würde. Möchte der Himmel seiner Zeit der Augustissima zu *Petersburg* (auf die ich noch immer den bewußten Anschlag habe und dazu auf Deine besten Dienste und Mitwürkung glaubig vertraue) nur halb so viel, nur ein Sechstel so viel Rezeptivität geben, so wäre ich geborgen! Denn noch liegt mir ein Stein auf dem Herzen, der mit nichts als einem Wechsel auf tausend Rubel abgewälzt werden kann.

Seitdem Du aus meinen Augen hinweg genommen worden, hab ich wieder eine Centaine von Stanzen gemacht, an denen ich Freude zu erleben hoffe. Das Opus wächst allmählich und ich sehe, daß man langsam endlich auch weit kommt.

So Gott will, bringt mir die heutige Abendpost ein Brieflein von Dir, wornach mich stark verlangt. Will also izt abbrechen und das Evenement in Geduld abwarten.

*

Herders Frau Caroline, geborene Flachsland (1750–1809), hatte Wieland zum erstenmal 1771 auf seiner triumphalen Rheinreise am Hof der Landgräfin Caroline von Hessen-Darmstadt gesehen. Während sie sich für Gleim und Merck von Anfang an begeistern

Wieland und Goethe.

konnte, gelang es ihr erst allmählich, sich für Wieland zu erwär-
men: »Er ist im ersten Augenblick nicht einnehmend. Mager,
blatternarbig, kein Geist und Leben im Gesicht, kurz, die Natur
hat an seinem Körper nichts für ihn getan; tritt kalt in die Gesell-
schaft, spricht ziemlich viel, insonderheit wenn er Laune hat. Man
muß ihn lange sehen, ehe man ihn kennt; erst eine Stunde vor dem
Abschied habe ich gesehn, daß er warm und empfindsam sein kann;
und ich liebe ihn, da ich ihn als Freund hab' kennengelernt« (Brief
an J.G. Herder, 4. 6. 1771). Vierzehn Tage nach Herders An-
kunft in Weimar schrieb Wieland an Johann Heinrich Merck:
»Zwischen Herdern und mir, seinem Weib und meinem Weib, sei-
nem Bübchen und meinen Mädchen, hat sich allbereits eine gut
hausgesponnene Art von Familienfreundschaft erwürkt, die, wie ich
hoffe, derb und dauerhaft sein soll« (17. 10. 1776).

39. An Frau General-Superintendentin Caroline Herder
in Weimar

Weimar, den 29. Juli 1782.
Liebwerteste Frau Gevatterin, der Himmel segne unsre
Freundschaft, gute Harmonie, Studia und dergleichen. Aber
bei allem dem könnten wir beiderseits gestorben und begraben, ja bereits in Verwesung gegangen sein, ohne daß der
überlebende Teil sich etwas davon träumen ließe.

Ich meines Orts schlage mich seit fünf Tagen mit einem
dummen Fieber herum, sonst wär' ich in Persona gekommen, Ihnen die Antwort meiner Hälfte und zugleich meine
eigne Not respective zu hinterbringen, und de- und wehmütig vorzutragen. Es steht zwar wieder auf guten Besse-
rungswegen mit mir, aber noch nicht auf guten Füßen. Ich
erscheine also einsweilen schriftlich, und berichte, primo,
Namens meiner Domina, (welche heute auch wieder Salz
geschluckt hat) daß sie aus einer Menge wohlbedächtlicher
und weiser Gründe, welche mit Gelegenheit mündlich de-

tailliert werden sollen, weder für sich selbst noch für Sie ratsam finde, sich dem bewußten Flachsgeschäfte zu unterziehen. Ob die Gründe alle so gut sind, als meine Frau glaubt, kann ich als ein Laie und Idiot nicht *beurteilen*: aber da meine Dame die Präsumtion der häuslichen Weisheit für sich hat, so bin ich geneigt zu glauben, daß Ihre besagten Gründe seiner Zeit auch von Ihnen gültig erfunden werden dürften. Einer davon hat auch mir stark eingeleuchtet, und der ist, daß wir nirgends zu Beherbergung von vierzig Stein Flachs Platz im Hause haben, noch minder Gelegenheit, Zeit und Lust zum Auswägen und Verteilen etc. Item, habe man schon zu viel Zeit verstreichen lassen – die jetzige Jahrszeit sei zu einem solchen Flachshandel nicht bequem – der Preis zu 2 Taler 4 gr. und 1 Tlr. 22 gr. ohne Fuhrlohn, sei nich wohlfeil – und gleichwohl sei vielleicht dato dieser Flachs nicht einmal mehr um diesen Preis zu bekommen u.s.w. Das Resultat wäre also: ob man nicht bessere Zeiten abwarten, und jeder sich indessen behelfen wolle, wie er könne?

Was nun pro secundo meine eigne Not betrifft, so können Sie sich solche leicht vorstellen. Ich habe aus bloßer Bescheidenheit und Diskretion Sie für den *Julius* nicht plagen wollen – i.e. nicht erinnern wollen, daß Sie vor ungefähr sechs Wochen so gütig gewesen waren, mir für besagten Julius einen erklecklichen Beitrag zu versprechen. Aber nun geht mir das Wasser an die Kehle, und wenn Sie mich stecken lassen – so muß ich, beim Anubis! in den Kapuziner-Suppentopf greifen, und das wäre freilich *eine harte Buße*. So viel, liebe Frau, mit noch kränklicher Hand, zur Nachricht. Leben Sie wohl, tausend Dank für Alles Liebreiche in Ihrem Billet an meine Frau, von welcher Sie herzlich gegrüßt werden. Wir wünschen zu Ihrer Kur den vollständigsten Effekt, und verbleiben Ihnen mit aller Liebe und Freundschaft von ganzem Herzen wohl beigetan.

Justin Heinrich von Hillern der Ältere (1732–1792), ein Vetter Wielands, war Senator und Stadtammann in Biberach und von 1791 bis 1792 Bürgermeister. Von 1773 an korrespondierte der Dichter mit ihm und ließ sich in Geld- und Erbschaftsangelegenheiten beraten. Auch erfuhr er von ihm die jeweiligen Neuigkeiten aus seiner oberschwäbischen Heimatstadt. In seinen Briefen nach Weimar klagte der Senator häufig über die »Bosheiten und Dummheiten der Reichsstädter« (Thomas C. Starnes).

40. An Justin Heinrich von Hillern in Biberach

Weimar, den 17. Februar 1783.
Wohlgeborner, Hochzuehrender Herr Kirchenpfleger,

Besondere Vorfallenheiten haben gegenwärtige Zuschrift an Ew. Wohlgeb. länger verzögert als beim Empfang Ihres letztren verehrlichen meine Meinung war. Meine Zeit ist gewöhnlich so ausgefüllt, daß ein paar Incidentia mehr mir gleich alle die wenige Muße, die ich auf Briefe verwenden könnte, wegnehmen. Diesesmal lag es an einer für mich mit mancherlei Plackerei verbundnen, und an einer andern durchaus angenehmen und erfreulichen Begebenheit. *Jene* ist die Erbschafts-Sache meiner Sel. Fr. Schwiegermutter, von der ich aber gleichwohl noch immer hoffe, daß sie sich à l'aimable und zu leidlicher Befriedigung der meisten Interessenten, endigen wird; *diese* ist die, nach so langem Hoffen und Harren den 2. huj. Morgens gegen 3 Uhr endlich erfolgte erfreuliche Geburt eines Erbprinzen von Weimar S. Eisenach, die einen unbeschreiblichen Jubel über alles was in diesen Fürstentümern lebt und webt, verbreitet hat. Die frohe Aussicht, die für die sämtlichen Weimarischen Untertanen aus diesem hoffnungsvollen Unterpfand der Fortdauer des hiesigen Fürstlichen Hauses entstanden ist, zieht durch eine sehr natürliche Folge auch das Band das *Mich* an Weimar knüpft, stärker an; und wenn der Himmel sein Amen zu unsern Hoffnungen und Wünschen spricht, so wird meine Nachkommenschaft in Weimar, wo sie größtenteils geboren wurde, ein Vaterland finden, wo sie besser als in dem meinigen Wurzel schlagen und gedeihen wird. Die Bürger einer Reichsstadt, wo die Fortdauer einer Familie so wenig in die Augen fallenden Einfluß auf die Erhaltung und Wohlfahrt des ganzen gemeinen Wesens hat, können sich schwerlich einen Begriff davon machen, was für einen neuen Lebensgeist die Geburt eines sieben Jahre erwarteten Erbprinzen in einem Staat, der von einem Fürsten beherrscht wird, in alle Menschen haucht, und von welchem Einfluß das bloße Dasein eines solchen Kindes auf ein ganzes Volk ist. Ich werde in kurzem das Vergnügen haben, Ihnen einige gedruckte Proben hievon mit den 2 gewünschten Exemplaren des Merkurs pr. 1782 zu übersenden, welche Sie, ungeachtet der Gegenstand unsrer Freude Ihnen fremd und gleichgültig ist, nicht ohne Rührung werden lesen können.

Es ist nun Friede in der ganzen Welt: Wollen die Biberacher diesem löblichen Beispiel nicht folgen, und auch Friede miteinander machen? Ich kann Ew. Wohlgeb. den Unmut nicht beschreiben, den ich über die mehr als Abderitische Albernheit der Händel, in welche ich meine liebe Vaterstadt verwickelt sehe, empfunden habe. In Wien steckt man Leute wie Doktor H.[eider] ins Tollhaus. Was für Ehre also der Magistrat von einem solchen Mitglied, von einem solchen *Matador der Republik* haben werde, ist leicht zu erachten. Was man in Wien dazu denken wird, brauche ich nicht zu sagen. Sie, mein Teuerster, haben auf keinen Fall nichts dabei zu besorgen, noch zu riskieren. Wenn alle Glieder des Magistrats gesinnt wären wie Sie, handelten wie Sie, das Gemeine Beste so redlich suchten und beförderten, wie Sie, den Frieden und die Billigkeit liebten wie Sie, und jeder seines Amtes mit solchem Fleiß und solcher Treue wartete wie Sie, so würde Biberach ein Muster einer zwar kleinen aber glücklichen und blühenden Reichsstadt sein. Aber von jeher ist der Geist der Zwietracht und der Mangel an echter Vaterlandsliebe Biberachs Unglück gewesen, und wird, wenn die Zahl der Wohldenkenden und Rechtschaffnen nicht größer wird, endlich sein Verderben nach sich ziehen. Ich, meines Orts, nehme zu großen Anteil an Ihrer Zufriedenheit als daß ich nicht über die Nachricht von der Heirat des jungen Herrn Pfarrers Hauff mit der Jungfer Ellemmire eine herzliche Freude gehabt haben sollte. Heiders und seine Genossenschaft voreiliges Geschwätz und die darauf gegründeten albernen Beschuldigungen sind dadurch aufs kräftigste zu Nichts gemacht und Sie können nun, was Ihre eigne Person betrifft um so ruhiger dem Ausgang der Händel, die ganz unfehlbar den Biberachischen Magistrat in Wien aufs tiefste avilieren werden, zusehen. Joseph II. Geist hat sich allen seinen Ministern, Räten und Dienern mitgeteilt, und der Ton des Conclus, das der Magistrat sehr wahrscheinlicher Weise am Ende erhalten wird, wird ein laut redender Beweis davon sein, wie man in Wien auf Leute herabsieht, die anstatt sich mit gemeinnützigen, männlichen, und ihrer Bestimmung angemeßnen Dingen zu beschäftigen, ihre Zeit mit so armseligen Händeln verderben, und sich noch viel darauf einbilden, wenn sie sich alle Augenblicke um ihrer vermeintlichen Incuria willen herumbalgen; anstatt daß sie besser täten sich um ihre officia zu bekümmern, und keine dummen Streiche zu machen; denn als dann blieben die Jura wohl sicher und unangefochten.

Wenn Sie bedenken, was für Grundsätze der Kaiser über das Verhältnis selbst der Katholischen Klerisei zum Staat und zum Regenten desselben hegt, und dazu nehmen, daß, nach den unleugbaren Grundsätzen der Protestanten, unsre geistliche der Bürgerlichen Ordnung in allen Stücken unterworfen sind: so können Sie leicht vorausweissagen, wie der

Kaiser den unbegreiflichen Schritt des Hrn. B. v. Z. den Pfarrer Hauff ohne Verkündzettel aus der Kanzlei auswärts kopulieren zu lassen NB. ohne vorher wenigstens abzuwarten, ob Catholici den Pfarrer zu Holzheim als per Majora erwählt, anerkennen würden oder nicht? Denn hätten sie sich effectiva geweigert, so wäre es dann ganz ein andres gewesen. – Doch satis de his! Der Eifer für mein altes Vaterland hat mich unvermerkt zu weit fortgerissen. – – Es ist Zeit zu meinen eignen kleinen Angelegenheiten zu kommen.

Wofern Sie über meiner auf Georgii fälligen Zinsen, samt der 100 fl., welche der Pflugwirt als Capital-Ziel abzutragen hat, nicht bereits disponiert haben, so wäre mir lieber, solche durch eine Rimesse nach Frankfurt bar zu erhalten. Ich bin nicht gesonnen mehr Geld in B.[iberach] anzulegen; vielmehr wünschte ich wenigstens einen Teil davon nach und nach zurückzuziehen; und es würde mir sogar angenehm sein, wenn Sich jemand, der eines oder das andre meiner kleinen Capitalien an sich zu lösen Lust und Barschaft hätte, hervortäte. Auch wünschte ich, daß die auf 4 pr. Ct. stehenden zwei Capitale aufgekündet würden, wenn es geschehen kann, ohne daß Ew. Wohlgeboren sich dadurch etwa scheele Gesichter zuziehen. Ich habe hier eine Unternehmung von mir, zu welcher eine namhafte Barschaft gehört, und je mehr ich daran binnen Jahr und Tag werde zusammenbringen können, je besser wird es für mich sein. Ew. Wohlgeboren ersehen hieraus hinlänglich was meine Intention *überhaupt* ist: die Art und Weise, wie solche nun, *nach und nach mit so wenig Aufsehen als möglich*, ins Werk zu stellen sei, überlasse ich lediglich Ihrer Klugheit welche, nach Maßgabe der Umstände, immer den rechten Weg zu treffen wissen wird. Da *Ducaten* zu 5 fl. nämlich, diejenige Geldsorte sind, woran man hier am wenigsten verliert, so bitte, beiläufig, darauf soviel möglich Rücksicht zu nehmen

– – d. i. deren etwa so viele zusammen zu bringen, als ohne Ihre Ungelegenheit geschehen kann. Ich setze, wie Sie sehen, voraus, daß diese Geldsorte dort nicht so rar sei als bei uns. Nächst den [Ducaten] sind französische neue Louisdor zu elf Gulden für mich am brauchbarsten. Am Ende aber, und wenn kein anders zu haben ist, kann ich auch alles dortige Convent-Gold brauchen. Ich erbitte mir über all dieses gelegentlich ein paar Zeilen Antwort. – Hierbei folgt auch der Schein für die bewußten 8 fl. Da der Raum ein mehreres verbietet, so schließe ich unter herzlicher Anwünschung alles Guten mit der Versicherung der unwandelbaren Ergebenheit Ihres geh. Drs. und getreuen Freundes Wieland.

*

Wieland genoß am katholischen Hof in Wien und bei seinem österreichischen Lesepublikum hohes Ansehen und große Popularität. Zwar waren einige seiner Werke (»Don Sylvio«, »Comische Erzählungen«, »Agathon«) wegen angeblicher moralischer Libertinage und ketzerischem Atheismus von der Zensur Maria Theresias in den »Catalogus librorum prohibitorum« aufgenommen worden. Mit seinem Staatsroman »Der goldne Spiegel« (1772), den er Joseph II. dedizierte, wollte der an der Erfurter Universität lehrende Dichterphilosoph sich aber »als staatstheoretisch versierter Berater bei Hofe« empfehlen (Herbert Jaumann) und eine Berufung an die Wiener Akademie der Wissenschaften erreichen. Um so größer war seine Enttäuschung darüber, daß der Kaiser den Roman wahrscheinlich nicht einmal gelesen hatte: »Die Könige verachten uns, nehmen keine Notiz von uns, und wir schnattern und quaken uns zu Tode an ihrem Lob – welch eine Misere!« (Brief an Sophie von La Roche, 1. 4. 1782). Joseph Friedrich Freiherr von Retzer (1754–1824), ein enthusiastischer Verehrer Voltaires, war Hofschreiber und Zensor in Wien.

41. An Joseph Friedrich von Retzer in Wien

Weimar, im Dezember 1785.

Mein hochgeschätzter Herr und Freund!

Ich könnte mir es selbst nicht verzeihen, wenn ich dieses Jahr vorbeistreichen ließe, ohne Ihnen wenigstens noch einige seiner letzten Augenblicke gewidmet zu haben. Ich weiß zwar, daß Ihre Güte meine beste Fürsprecherin bei Ihnen ist, daß Sie sich leicht in meine Lage und Verhältnisse hineindenken, und also die Entschuldigungen überflüssig machen, die ich zur Beschönigung meines langen Stillschweigens anzuführen hätte: aber ich fühle darum nicht minder, wie unangenehm es ist, immer und immer die Nachsicht eines Mannes von Ihrem Werte nötig zu haben, und niemals seine Zufriedenheit, geschweige seinen Dank verdienen zu können. An den meinigen, lieber Herr von Retzer, haben Sie sich in diesem Jahre abermals ein vielfältiges Recht erworben, und ich bin beschämt, daß ich mich vor der Hand wenigstens meiner Verbindlichkeiten durch nichts als dankbare Empfindungen, und guten, aber unvermögenden Willen erledigen kann. Schon lange liegt ein Exemplar meiner neuerlich wieder aufgelegten, sogenannten *auserlesenen Gedichte* für Sie bereit, um wenigstens als ein geringes Denkmal meiner besonderen Achtung und Ergebenheit für Ihre Verdienste um Aufklärung und Geschmack in Ihrem eigenen und unserm gemeinschaftlichen Vaterlande einen Platz in Ihrem Museo zu erhalten. Aber teils fehlte es an einer schicklichen Gelegenheit, es Ihnen zu übermachen, teils kam es mir, unter der Menge von Dingen, die mein Gedächtnis zerstreuen und obruieren, von Zeit zu Zeit wieder aus dem Sinne; und nun, da es damit so lange angestanden hat, denke ich, ists eben so gut, noch so lange zu warten, bis ich Ihnen auch die beiden Bändchen der *kleinen prosaischen Schriften* mitschicken kann, wovon der zweite gegen die nächste Leipziger Ostermesse die Presse verlassen wird.

Die allgemeine Ausgabe meiner *sämtlichen Werke*, wovon ich vor Jahr und Tagen etwas gegen das Publikum erwähnt habe, und für welche einige wienerische Gönner und Freunde sich zu interessieren scheinen, entfernt sich mit jedem Jahre weiter von mir, und ist mit Schwierigkeiten verbunden, die ich vielleicht in mehreren Jahren noch nicht werde überwältigen können. Die Kupfer, welche man dazu wünscht, und deren erwähnt zu haben, mich gereut, sind keine der geringsten Schwierigkeiten. Denn, wenn auch zu den sehr großen Kosten einer so beträchtlichen Anzahl von guten Kupferstichen Rat geschafft werden könnte, wo sind die deutschen Cypriani und Bartolozzi, die uns ihre Talente dazu leihen könnten und wollten? Ein gutes Gedicht sollte wohl, denke ich, der Hilfe der andern bildenden Künste gar nicht bedürfen, wollte man aber ja, daß sie wenigstens dem Dichter unschädlich sein, und bloß das Vergnügen der Besitzer eines solchen Buches durch *Augenlust* vermehren sollten, so müßten sie doch immer Meisterstücke in ihrer Art sein. Vielleicht, daß sich indessen, und bis mein Vorhaben zur Ausführung reif geworden ist, Künstler hervortun, wie wir sie wünschen, und wie sie sein müßten, um zur Verschönerung desselben etwas beizutragen.

Ich habe noch immer eine Art von Ahnung, daß die Epoche unseres großen Kaisers auch für deutsche Wissenschaften, Literatur und Künste wichtig werden wird. Noch beschäftigen ihn dringendere Bedürfnisse seiner weitläufigen Staaten: und der große Gedanke, ein genau zusammenhängendes Ganzes aus ihnen zu machen, und allgemeines Leben in diesen Koloß zu hauchen, der in der Ausführung ein so schweres Werk ist, erfordert seine ganze Aufmerksamkeit. Aber gewiß kommt noch eine Zeit, wo er darauf denken wird, dem *belebten Koloß* auch *Geist* einzuhauchen, und den glorreichen Arbeiten einer Regierung, die in den Annalen der Welt die einzige ist, dadurch daß er auch den Musen einen ewig dauernden Sitz und Tempel in seiner Kaiserstadt stiften wird, gleichsam die Krone aufzusetzen. Dann wird man nicht länger sagen können, daß es der deutschen Nation an einem allgemeinen großen Vereinigungspunkt fehle. Wien, das jetzt schon in so vielen Hinsichten die erste Stadt des deutschen Reiches ist, wird dann wirklich die Hauptstadt der Deutschen, der Brennpunkt, wo sich die größten Geisteskräfte und Talente vereinigen, und aus welcher Aufklärung, Geschmack und Gemeingeist über alle Teile der Nation sich verbreiten; kurz, Wien wird für Deutschland werden, was Paris und London für Frankreich und Großbritannien sind, und die Glorien der Zeiten *Josephs II.* werden selbst die des Jahrhunderts *Ludwigs XIV.* verdunkeln. Ich werde diesen Zeitpunkt vielleicht nicht erleben; aber ich bin so gewiß, als man es von irgend einer Sache, die von Zeit und Menschen abhängt, sein kann, daß er kommen wird, und freue mich, daß ihn meine Kinder erleben, und hoffentlich keine müßigen Zuschauer dabei sein werden.

Sie werden, lieber Herr von Retzer, dieses Blatt erst im Jahre 1786 erhalten. Möge dies Jahr für Deutschland, für Sie und für uns Alle glücklich sein! Erhalten Sie mir Ihre mir immer sehr schätzbare Freundschaft, und bleiben Sie versichert, daß ich mit der vorzüglichsten Hochachtung immer sein werde Ihr

ergebenster und verbundenster Freund etc.

*

Seinen schwäbischen Landsmann Friedrich Schiller (1759–1805) lernte Wieland bei dessen erstem Weimarer Aufenthalt im Sommer 1787 persönlich kennen. Ihm hatte Wieland, für den nach eigener Einschätzung das dramatische Fach weder »innerer Beruf« noch

»besonderes Studium« gewesen, nach der Lektüre von acht Szenen des *»Don Carlos«* große Fähigkeiten als *»Tragödienschreiber«* bescheinigt, ihn aber auch an Sophokles und Racine gemessen und kritisiert, daß er *»weder die Charaktere richtig gezeichnet, noch die Leidenschaften mit Wahrheit dargestellt«* habe und daß der Verfasser der *»Räuber«* alle Augenblicke Gefahr laufe, *»gegen Wahrscheinlichkeit, Schicklichkeit und Anständigkeit zu verstoßen«* (*Brief an Herzog Carl August, 8. 5. 1785*). Für den Historiker Schiller fand Wieland dagegen hohes Lob und schrieb in seiner Vorrede zu dessen *»Geschichte des Dreißigjährigen Krieges«*: *»Von einem Schriftsteller verfaßt, dessen frühere Werke in der dramatischen Dichtkunst ... große Erwartungen von dem, was sein Geist in dem Zeitpunkte seiner völligen Reife leisten könnte, erweckt hatten, übertraf sie selbst diejenigen, zu welchen man sich durch seinen ersten Versuch in dem historischen Fache berechtigt hielt ...«* (*10. 10. 1791*).

42. An Friedrich Schiller in Jena

Weimar, den 9. Oktober 1791.

Mein Teuerster Freund,

Ich habe, Ihrem Auftrage zu Folge, mit G[oethe]. wegen Aufschub der Vorstellung Ihres Don Carlos gesprochen. So willig er sich, aus Achtung gegen Sie, bezeugte, so verbarg er mir doch nicht, daß er sehr ungern daran gehe. Er war gesonnen gewesen, D. Carlos künftigen Sonnabend zu geben, und gegen seine rationes decidendi, die sich ganz auf den Gesichtspunkt eines Theater-Direktors gründeten, war in dieser Rücksicht nicht viel einzuwenden. Das Interesse der Cassa und der Umstand, daß das Stück den Schauspielern noch frisch im Gedächtnis ist, vereinigten sich, ihn zu determinieren, es um so viel balder zu geben, da die Erwartung des hiesigen Publikums sehr darauf gespannt ist. Hiezu kommt noch, wie er sagt, der Umstand, daß den

Schauspielern nichts beschwerlicher u. beinahe unmöglicher ist, als ein Stück, das sie einmal memoriert haben, mit Veränderungen des Textes von neuem einzustudieren. Sie entschließen sich nicht nur sehr ungern dazu, weil diese Operation für so mechanische Wesen sehr penibel ist, sondern die Erfahrung hat auch von jeher gezeigt, daß sobald sie im wirklichen Spiel begriffen sind, die alte habitude im Moment die Oberhand gewinnt, und die neu memorierte Veränderung ihnen erst auf die Zunge kommt, wenn sie die Stelle so, wie sie solche zum erstenmal einstudiert hatten, hergesagt haben. Dessen allen ungeachtet hat sich G. doch erklärt, daß er aus Deferenz für Ihren Wunsch, den D. Carlos bis in die letzte Woche dieses Monats, allenfalls bis zum letzten Tag derselben zurückhalten wolle und dies ist Alles, was er glaubt daß ihm billiger Weise zugemutet werden könne.

Morgen schicke ich dem Hrn. Göschen die versprochne Vorrede, etwa 2 Bogen im Druck betragend, so gut sie mir invita Minerva gelingen wollte; denn der Teil davon, worin bloß mein Herz sprechen konnte, ist, wie ich besorge, das Einzige, was an diesem Aufsatz gut ist. Aber was ist auch für unsre kalten u. gleichgültigen Teutschen nicht gut genug? Sie werden finden, daß ich darin zu viel Gutes von unsrer Verfassung und von unsern Aristokraten i. e. Fürsten gesagt habe: aber es war nun einmal, für meinen Zweck, nichts anders zu tun, als unsre Sachen von der besten Seite zu nehmen.

Möchte der gütige Himmel zu der getrosten Hoffnung, die ich dem Publico von Ihrer baldigen gänzlichen Wiederherstellung gemacht habe, sein fiat sprechen! Ich habe keinen angelegnern Wunsch. Aber Sie sollten, wie ich aus allen Umständen ersehe, wenigstens ein Jahr frey von aller Arbeit in einem mildern Klima leben können – O warum steht es nicht in meiner Macht, dieses zu bewerkstelligen!

Empfehlen Sie mich Ihrer verehrtesten Frau Gemahlin; erhalten Sie mir Ihre Freundschaft und bleiben Sie der Meinigen auf ewig versichert.

W.

V. Französische Zustände
und eigene Bedrängnisse

Über den Verlauf der Französischen Revolution informierte sich Wieland vor allem aus den französischen Tageszeitungen »Le Moniteur« und »Journal de Paris«, die er an jedem Posttag über Straßburg erhielt. Im »Teutschen Merkur« berichtete er von 1789 bis 1793 über die »öffentlichen Begebenheiten in Frankreich« und kommentierte sie. Schon im Januar 1784 hatte er an Sophie von La Roche geschrieben: »Wir leben in einem außerordentlich merkwürdigen und mit den größten Revolutionen schwangeren Zeitlauf, daß es ein Vergnügen ist zu leben, wenn's auch nur wäre, um zu sehen, was aus dem allen noch werden wird. Und doch, wo wollten wir die Weisheit hernehmen, ganz müßige Zuschauer dabei zu bleiben?« (8. 1. 1784). Die Errichtung der konstitutionellen Monarchie erschien Wieland das erstrebenswerte Ziel der Französischen Revolution. So war für ihn das Zusammentreten der Verfassunggebenden Nationalversammlung am 14. Juni 1789 der eigentliche Stichtag. Am Ende des Jahres schrieb er an Madame de La Roche: »Hätten Sie ... sich wohl träumen lassen, daß diese Westfranken, vom 14. Juni 1789 an, der Welt solche Schauspiele und Beispiele geben würden, als sie zum Erstaunen aller Menschen, wiewohl nicht zum meinigen, getan haben?« (30. 12. 1789).

Gerhard Anton von Halem (1752–1819), Jurist, Regierungsbeamter und Schriftsteller in Oldenburg, berichtete aus Paris als Augenzeuge über die Ereignisse der Französischen Revolution.

GAZETTE NATIONALE,

ET

INTRODUCTION HISTORIQUE

AU

MONITEUR UNIVERSEL:

CONTENANT

UN ABRÉGÉ DES ANCIENS ÉTATS-GÉNÉRAUX,

DES ASSEMBLÉES DES NOTABLES

ET

DES PRINCIPAUX ÉVÉNEMENS QUI ONT AMENÉ LA RÉVOLUTION.

*Titelblatt zu »Gazette Nationale et introduction historique
au Moniteur universel«.*

Revolutions-
Almanach
von
1795.

Frhr. von Mack.

Göttingen,
bey Johann Christian Dieterich.

Titelblatt zu »Revolutions-Almanach von 1795«.

Weimar, den 30. November 1790.

Empfangen Sie, edler und schätzbarer Freund, meinen besten Dank für die höchstwillkommne Probe Ihres Andenkens und Wohlwollens, welche Sie mir durch Ihre Zuschrift aus Paris (7. Novemb.) zu geben die Güte gehabt haben. Ich erhielt sie am 27st und habe Ihre Absicht zu erfüllen geglaubt, indem ich sie zugleich mit den beigelegten Proben des neuen *Tagebuchs von Paris* sogleich im T. M. abdrucken ließ. Wir stimmen, wie ich mir zu schmeicheln Ursache habe, in unsern Begriffen, Gesinnungen und Grundsätzen überhaupt zu sehr überein, als daß wir nicht auch in unsern Gedanken von der großen Revolution in Frankreich übereinstimmen sollten. Ich halte es für eine Glückseligkeit, um welche uns die Nachwelt beneiden wird, daß wir Zeitgenossen und Zuschauer dieses größten und interessantesten aller Dramen, die jemals auf dem Weltschauplatze gespielt wurden, gewesen sind – so wie ich (wenn Neid irgend an meinem Gemüte haften könnte) einen jeden Teutschen beneiden möchte, dem das Glück so wohl wollte, allenfalls auch nur auf eine ganz kurze Zeit ein unmittelbarer Augenzeuge einer so erstaunlichen und noch vor weniger als drei Jahren von niemand gerechneten oder nur für möglich gehaltenen Umschaffung einer so großen Nation und der ersten Monarchie in Europa, zu sein.

Wie weit unsre ehrlichen und in der Tat (sans les flatter) etwas stupiden Germanier auch noch von dem Punkt der Reife entfernt sein mögen, der dazu nötig ist, um über solche moralische u. politische Phänomenen unbefangen zu urteilen, so gibt es doch – und in nicht geringer Anzahl – animas praecoces unter uns, die ihren Zeitgenossen in diesem Stücke einen ziemlichen Vorsprung abgewonnen haben. Ihr Freund kann sich also mit großer Gewißheit versprechen, daß sein Unternehmen vielen Beifall in Teutschland finden wird. Indessen, da einige politische Charlatans die das zahlreichste Publikum haben, sich seit einiger Zeit eine rechte Angelegenheit daraus machen, unsere Regenten in Alarm zu setzen, und da diese (laut eines der Kaiserl. Wahlkapitulation eingerückten Artikels, welcher dem germanischen Bon-Sens nur sehr mittelmäßige Ehre macht) wirklich große Lust zu haben scheinen, der Freiheit der Presse (deren wir bisher bloß darum in einem so vollen Maße genossen, weil unsre meisten Großen – nichts oder meist nur unterm Frisieren ihrer leeren Köpfe, lesen) wo nicht ein Ende zu machen, wenigstens so enge Grenzen zu setzen, daß die Freunde der Wahrheit ihre Zuflucht wieder zu Märchen, Apologen und Geschichten aus dem Monde zu nehmen genötigt sein würden: so möchte es nicht überflüssig sein, wenn Ihr Freund, der Unternehmer des Tagbuchs (wie ich ihm hierüber in einer kleinen Note unter den Text einen Wink gegeben habe) einen Bund mit sich selbst machte, so wenig Vorliebe für die neue Constitution Frankreichs und für die sogenannte demokratische Partei, besonders die eigentlichen Demagogen, z.b. die Barnave, Chapalier, Mirabeau und Compag. zu zeigen als nur immer möglich, sondern sich gänzlich in den Grenzen der kaltblütigsten historischen Unparteilichkeit zu halten.

Schade für meine Neugier, daß Ihr Rückweg Sie nicht über Weimar geführt hat – aber desto mehr Glück für Ihre Lunge! denn wo hätten Sie Atem genug hernehmen sollen, alle meine Fragen über alles was ich zu wissen wünschte, zu beantworten? Ich *lese* zwar sehr viel, aber je mehr ich lese, desto mehr Fragen steigen in mir auf, die mir, da ich nicht selbst hingehen und sehen kann, nur durch einen der selbst gesehen hat, beantwortet werden können. Doch es ist Zeit, Ihre Geduld nicht länger zu mißbrauchen. Ich schließe also mit nochmaligem Dank für die Freude, so Sie mir durch

Ihre Zuschrift gemacht haben, und mit der Versicherung der ungefärbten Freundschaft und innigen Hochschätzung Ihres ganz ergebenen Wieland.

*

Der Philosoph Karl Leonhard Reinhold (1757–1823) war anfänglich Jesuitennovize in Wien, wurde dann Mitglied des Illuminatenordens, trat 1783 zum Protestantismus über und kam nach einem Leipziger Studiensemester nach Weimar zu Wieland, dem er bei der Herausgabe des »Teutschen Merkur« half. Seine »Briefe über die Kantsche Philosophie« (1786/87) veröffentlichte er zum erstenmal in Wielands Zeitschrift. 1787 wurde er Professor in Jena, wo er auch Vorlesungen zur Ästhetik und über einzelne Werke Wielands, wie zum Beispiel »Oberon«, hielt. 1785 heiratete er Wielands älteste Tochter Sophie. Von 1794 an wird er auf einen Lehrstuhl nach Kiel berufen. Die »Schorchtin« war Sophies Schwester Karoline, die nach nur vierjähriger Ehe mit dem Prediger Johann Salomo Gottlieb Schorcht (1762–1792) verwitwet in Wielands Haushalt lebte.

44. An Karl Leonhard Reinhold in Jena

Weimar, den 1. Juli 1791.

Herzlichen Dank, Mein Teurester Reinhold, für die frohe Morgenstunde, die Sie mir heute durch Ihr liebevolles Briefchen geschenkt haben!

Keines andern Sterblichen Beifall kann mir mehr Zufriedenheit geben als der Ihrige. Denn wiewohl ich von dem Ausdruck desselben alles, was die Wärme Ihres Herzens und die sehr verzeihliche Parteilichkeit des Freundes und Sohnes dabei getan hat, gehörig abzuziehen nicht vergesse: so bleibt doch noch immer soviel übrig, daß ich mich, nach einem solchen Urteile von einem Manne wie Sie, sicher halten darf, dem was ich in den beiden jüngsten Produkten meiner Muße zu leisten gewünscht habe, so nahe gekommen zu sein, als es mir nach meinen Fähigkeiten und meiner äußerlichen Lage, die auf die Kinder meines Geistes immer vielen Einfluß hat, möglich war.

Hr. Steuerrat Ludekus, der dieser Tagen vom Carlsbad zurückgekommen ist, rühmt sehr viel davon, wieviel die Anwesenheit der dänischen Kronprinzessin und ihres liebenswürdigen Gemahls zur dermaligen Verschönerung des Aufenthalts an diesem Orte beitrage, der durch den Zusammenfluß interessanter Kurgäste und durch eine vom Zwang der Etiquette freie Geselligkeit einen besondern Vorzug vor den meisten seines gleichen behauptet. Bleibt es noch dabei, daß der Erbprinz v. A. bei seiner Rückreise über Jena und Weimar gehen wird?

Hier, mein liebster R., steht seit dem verwichenen Donnerstag-Abend kein Kopf mehr an seinem rechten Flecke: denn da erhielten wir durch das Journal de Paris und die neue Strasburger Zeitung die erste authentische Nachricht von der heimlichen Entweichung des Königs Louis XVI. und seiner Familie aus seinem bisherigen honorabeln Gefängnis im Schlosse der Tuilerien (welche in der Nacht zwischen dem 20ten und 21ten Jun. auf eine zur Zeit noch unbegreifliche Art bewerkstelliget wurde) und von der am 22ten glücklich erfolgten Arrestation desselben zu Varennes, einem kleinen Orte, von wannen er nur noch wenige Meilen zu reisen hatte, um sich außerhalb der französischen Grenzen zu befinden. Seit dieser Nachricht hören wir hier von nichts anders reden, und nichts anders träumen noch denken als diese Begebenheit, deren Wichtigkeit alle übrig[en] verschlingt, und auf deren Folgen und endlichen Ausgang ganz Europa nun so aufmerksam sein wird als wir. Niemals ist vielleicht ein so wichtiges Unternehmen, und auf dessen glücklicher Ausführung dem König, der Königin und ihrer ganzen Partei so unendlich viel ankam, elender concertiert

Sophie Reinhold geb. Wieland.

Karl Leonhard Reinhold.

worden; und nie hat vielleicht das Wohl oder Wehe einer großen Nation auf einer so dünnen Spitze gestanden, als in dem Augenblicke, da der König von dem Posthalter zu St. Menehoud erkannt, und auf dessen Veranlassung auf der nächsten Station arretiert wurde.

Von diesen und andern Dingen hoffe ich mich bald mündlich mit Ihnen unterhalten zu können, wenn ich an einem Tage der künftigen Woche, hinüber zu kommen gedenke, sobald ich erst von unsrem Schorcht berichtet bin, ob und was für Geschäfte er für mich auf der Naumburger Messe gemacht hat. Am liebsten wählte ich dazu einen Sonntag, und daher kann sich meine Hinüberkunft leicht bis morgen über 8 Tage verziehen.

Inzwischen liegt eine Rolle mit Laubtalern auf Abschlag Ihres Guthabens bei der Merkur-Casse für Sie bereit, die ich mit der ersten sichern Gelegenheit abgehen lassen werde; der versprochne *neue Beitrag* zum Merkur aber soll mir sehr angenehm sein; doch bitte ich, in der Ausarbeitung desselben lediglich Ihre Convenienz zu Rate zu ziehen, und doch ja nicht mehr zu arbeiten, als ohne die geringste Gefahr Ihrer Gesundheit und Heiterkeit geschehen kann. Inzwischen werden Sie und Ihre lieben Angehörigen von uns allen herzlich gegrüßt, und ich umarme Sie, mein Bester, mit den lebhaftesten Empfindungen eines Freundes, der auf nichts stolzer ist als Sie den Sohn seiner Wahl und seines Herzens nennen zu können. Wieland.

Weimar, den 22. Juli 1792.

[...] Was werden Sie gedacht haben, Mein liebster Reinhold, da Sie Gestern Abend ein Ganzes Pack mit Zeitungen u einen beschwerten Brief an die Exp. d. A. L. Z. ohne eine Zeile an Sie Selbst von mir erhielten? – Ich erschrak nicht wenig, da ich Abends zufälliger Weise noch an meinen Schreibpult kam, und das Briefchen an Sie, welches mit dem übrigen hätte gehen sollen, noch auf einer Ecke desselben liegen sah. In der Tat müßte man die Unruhen u. Plackereien des Aus- und Einziehens in ein Haus, woran noch beinahe alle Handwerker in Arbeit begriffen sind, selbst erfahren haben, um sich vorzustellen, wie sehr diese Dinge unserm einem den Kopf zerrütten, und wie schwer es unter solchen Umständen ist, nur nicht gänzlich alle Besonnenheit zu verlieren.

Sie erhalten also den beiliegenden Brief erst morgen früh, den Sie schon gestern Abend hätten bekommen sollen. Inzwischen sind neue Blätter vom J[ournal] d[e] P[aris] angelangt, welche mir Gelegenheit geben, das gestrige peccatum omissionis soviel mögl. wieder gut zu machen.

Dem Vernehmen nach soll der größere Teil der Jenaischen Emigrés bereits wieder auf dem Rückwege begriffen, und also erfolgt sein, was so leicht vorauszusehen war. Nur ist zu wünschen, daß nicht etwa ein unbesonnener Schritt von Seiten des Akad. Senats deshalben entweder schon geschehen sei, oder noch gemacht werde, wodurch die Herren sich und die Akademie um allen Vorteil bringen würden, den sie vermittelst eines gesetzten und standhaften Betragens über die Studenten auf immer erhalten könnten. Ich für meinen Teil gestehe, daß ich mir von dem schon so oft erprobten Abderitismus dieser Akademischen Zunftmeister nicht viel kluges verspreche.

Die französischen Angelegenheiten werden immer kriti-

scher und der Moment der Entscheidung rückt also immer
näher. Die Nazional-Versammlung hat die fatalen Worte
Citoyens, la Patrie est en danger!
nun wirkl. an alle Departements, Distrikte u. Municipalitä-
ten des Reichs ergehen lassen – In wenigen Tagen wird die
ganze Nazion, wie Ein Mann, aufstehen, sich bewaffnen wie
und womit sie kann, und jeder bewaffnete, in Panischen
Schrecken u. fanatischen Zelum für die Freiheit u. Gleichheit gesetzte Haufe des Volks wird von allen Enden sich in
Bewegung setzen, um das Feuer, das sie löschen sollten, erst
recht allgemein zu machen. Wenigstens kann man sich, in
dem anarchischen Zustande des Reichs, bei der fast allgemeinen défiance gegen die autorités constituées, und bei
dem allvermögenden Einfluß der Jakobiner, nichts bessers
von dieser Maßregel versprechen, zu welcher sich die
schwachköpfige Nazional-Versammlung abermals bloß
durch den Jakobiner-Club zu Paris hat hinreißen lassen. Bei
allem dem läßt sich kaum länger leugnen, daß der König
eine zweideutige Rolle zu spielen scheint, und den Verdacht,
den die Jakobiner nicht aufhören gegen ihn zu erregen,
wenigstens dadurch rechtfertiget, daß er nichts entscheiden-
des tut, um solchen von sich abzulehnen, und der ganzen
Welt zu beweisen, daß er durch seine öffentlichen Erklärun-
gen und Schritte nicht bloß den verborgenen Gang eines
geheimen Plans zu decken suche. Das gewisseste unter allen
diesen Umständen ist, daß wir à la veille von großen Begebenheiten sind, deren Ausgang niemand vorhersehen kann,
und denen gleichwohl jeder Freund der Menschheit einen
ganz andern Ausgang wünschen muß, als den die Coblenzi-
sche Partei und ihre hohen Beschützer intendieren. Wie
vieles auch an den Jakobinern mit Grund auszustellen ist,
so kann ich mich doch nicht erwehren, ihre Sache im Ganzen innerlich zu begünstigen; denn, in fine finali, würde ihre
Unterdrückung unfehlbar der Tod der Gleichheit u. Frei-

heit sein, und, wenn Frankreich zuletzt doch eines von beiden, Monarchie oder Republik sein müßte, so ist es wahrl. besser, daß Einer umkomme, als daß das ganze Volk verderbe.

Wenn kein Hindernis dazwischen kommt, gedenke ich heut in 8 Tagen selbst zu Ihnen hinüber zu wipsen und wegen unsrer l. Schorchtin das nähere zu verabreden. Inzwischen werden Sie von Uns allerseits mit dem Kuß der Liebe gegrüßt und dem Schutz aller guten Mächte empfohlen. Ich kann Ihnen nicht genug ausdrücken, liebster Sohn meines Herzens, wie wohltätig mir und der Mama die Liebe ist, womit Sie und Ihre Sophie unsre gute Schorchtin umfassen. Möge dieser Geist der Harmonie u. Eintracht nie von meiner Familie weichen! Möchten sich alle Glieder derselben als Teile eines Ganzen betrachten, das nur durch Liebe und gegenseitiges aufrichtiges Aneinanderhangen, Teilnehmen, Vertrauen u. Wohlwollen bestehen kann! Möchten, zu diesem Ende, alle die übrigen so wie Sie, Mein bester Reinhold, gesinnt sein, und jedes (wenigstens doch *dem Herzen nach*) das Seinige beitragen, die Freude die Sie meinem Alter machen, und wofür jeder Segen des Himmels auf Ihnen und den Ihrigen ruhen wolle! – vollkommen machen zu helfen!   W.

46. *An Karl Leonhard Reinhold in Jena*

Weimar, den 15. Januar 1793.

Mein liebster Reinhold, Es war mir an verwichnem Sonntage mitten unter den häuslichen Unruhen der Bewirtung eines Preußischen Majors und seines ganzen Zubehörs unmöglich, Ihrem schätzbaren Landsmann Meusel auch nur ein kleines Recipisse der Schorchtischen Gelder à R[eichstaler] 108.5 G[roschen] 8d [Pfennige], die ich durch seine und Ihre Gefälligkeit richtig erhalten habe, mitzugeben; im

Grunde war es auch zu Ihrer Beruhigung ganz überflüssig. Indessen will ich es doch, der Formalität zu Gefallen, hiemit nachgeholt und Sie also andurch von aller Responsabilität für besagte, vollständig in meine Hände übergegangenen Gelder, in optima juris forma, losgezählt haben.

Zu Paris scheint itzt alles in die zwei Parteien, Brissot und Robespierre, geteilt zu sein, und die Entscheidung des Prozesses des Königs wird, allem Ansehen nach, für die eine oder die andere dieser Parteien halsbrechend werden. Die sogenannte Partei Brissot hat die Optimaten im Naz. Konvent und die große *Majorität* desselben – die Partei Robespierre hat die Marats, Carras, Bazire, Dallien, Chabots, den Jakobiner-Klub zu Paris, alle Desorganisateurs und Nivelleurs, die ganze Rotte des schandbaren Orleans und alle Kannibalen der Vorstädte St. Marcel u. St. Antoine – auf ihrer Seite. Die *erste* will, daß die Bestrafung des ehemaligen Königs dem Ausspruch der 6000 Primar-Versammlungen anheimgestellt werde: die andere besteht mit der größten Hitze und Hartnäckigkeit darauf, daß der Naz. Konvent selbst ohne Aufschub den König vom Leben zum Tode bringen lassen soll, und erklärt alle anders denkenden für Royalisten, Verräter, und Feinde der Freiheit, des Volks und des Vaterlandes. Brissot, der schon so lange seine Stimme nicht mehr hören ließ, hat sie am 3t. oder 4t. huj. endlich mit großem Nachdruck, aber ohne Effekt in Rücksicht auf seine Gegner, die Robespierrische Fakzion, erhoben. Was der Ausgang von diesem allen sein wird, ist noch nicht vorauszusehen. Wahrscheinlich wird die letztere Partei, die sich ihrem gewissen Untergang nahe sieht, noch alle ihre Kräfte zum Versuch einer neuen Revolution zusammenraffen. Ob die Pariser Bürger hiebei abermals nur ruhige Zuschauer abgeben werden, wie bei den Mordszenen am 2t. u. 3t. Sept., wird die Zeit lehren. Was ich von dem Naz. Konvent denken soll, weiß ich nicht. Offenbar ist er in *Paris* nicht *frei*; und doch bleibt er in Paris; und doch hat er bis itzt noch nicht einmal das Herz gehabt, den Parisern durch ein förmliches Dekret anzukünden, daß er die Stadt sogleich verlassen werde, sobald die Tribunen sich wieder anmaßen würden, das mindeste Zeichen von Approbazion oder Disapprobazion der Deliberazionen im N. K. von sich zu geben. Indessen muß man freilich auch gestehen, daß die Deputierten der Departements sich zu Paris unter dem Messer befinden, sie mögen bleiben oder gehen. Bleiben sie, so müssen Sie tun was die herrschende Pariser Fakzion haben will: wollen sie gehen, so wird man sie nicht gehen lassen, wird alles gute versprechen, und – nichts halten, wie bisher schon so oft geschehen ist.

Überhaupt sind die Franzosen mit ihrer Freiheit und Gleichheit übel dran; sie können sie weder entbehren noch behaupten: ihr innerer Zustand wird von Tag zu Tag mißlicher und ich fürchte es bleibt der ganzen Nazion endlich nichts übrig, als in ganz Europa auf Raub auszugehen. Wenn dies ist, so möchte der General Kalkreuth wohl recht haben, wenn er behauptet, die gänzliche Destrukzion von Frankreich sei das einzige Mittel, die Ruhe in Europa wieder herzustellen. Aber, wenn auch die Grausamkeit dieses Mittels nicht empörte, wo sollen, so wie die Sachen dermalen stehen, die *Kräfte* und wo das *Konzert* aller gegen Frankreich sich coalisierenden Mächte herkommen, ohne welches jene nicht einmal etwas ausrichten könnten? Gestehen Sie, Mein Bester, daß sich das Jahr 93. mit trüben Aussichten anfängt.

Inzwischen ist in meinem Hause alles ziemlich wohl. Die Mama ist wieder hergestellt, und ich halte mich so gut ich kann. Von Meuseln habe ich erfahren, daß Sie, mein liebster Sohn, in vergangner Woche wieder unpäßlich gewesen sind, und an Krämpfen im Unterleib gelitten haben.

Er versicherte mich, daß Sie wieder besser seien, und das

gebe Gott! Ich verlasse mich darauf, daß Sie Sich's zum unverbrüchlichen Gesetze machen, jedem kleinen Übel sogleich ernstlichen Widerstand zu tun – sonst würde ich, in Rücksicht der unsäglichen Beschwerden Ihres Akademischen Berufs, Ihrentwegen in beständiger Sorge sein. Erhalten Sie Sich, liebster Reinhold! dies sei Ihr erstes Gesetz! – auch um Meinetwillen. Das Schicksal meines Alters wäre zu schrecklich, wenn ich Sie verlieren müßte. Der Himmel verhüte, daß ich Sie durch diese hypochondrische Äußerung *ängstlich* machen wolle! – Alles was ich Ihnen wünsche ist, die möglichste Aufmerksamkeit auf Ihre Gesundheit mit der möglichsten *Leichtigkeit* des *Sinnes* (eine Qualität, ohne die ich schon längst nicht mehr da wäre) verbinden zu können. Der Leichtsinn, der das *gegenwärtige* übersieht, taugt nichts; aber der Leichtsinn, der sich so wenig als möglich um *die Zukunft* bekümmert, ist selon moi, das große Arcanum, diese Zukunft zu *erleben*.

Ich umarme Sie mit inniger Liebe und mit dem herzlichsten Gruß an Ihre Sophie von mir und uns allen.   W.

47. An Johann Wilhelm Ludwig Gleim in Halberstadt

Weimar, den 12. April 1793.
Dreimal Heil dem goldnen Tage, der den deutschen Musen, allen Guten und Edeln, seinen Freunden und mir, vor 74 Jahren unsern geliebten Vater und Bruder Gleim geschenkt hat!!! Mögen Sie, mein Bester, diesen frohen Tag noch im künftigen Jahrhundert im Kreise Ihrer Freunde begehen! Und möge die wohltätige Macht, die alles leitet, auch mich leben lassen, um noch viele Jahre, so oft dieser Tag wiederkehrt, von meinem Gleim mit einem so lieben Briefchen beseliget zu werden als das ist, das mir diesen Morgen zugleich mit höchstwillkommnen Zeitungen vom Rhein und von der Schelde her gebracht wurde.

Gewiß freut sich auch mein Gleim mit mir über die fast gewisse Hoffnung, die wir nun fassen dürfen, daß der heurige so glücklich angefangene Feldzug uns den *Frieden* wiederbringen, und der großherzige Entschluß, sich an die Spitze einer seinem Vaterlande wohltätigen Gegen-Revolution zu setzen, den der kluge und brave Dumouriez gefaßt hat, auch das zerrüttete und durch eine verruchte Bande von Narren und Bösewichtern an den Rand des Untergangs gestoßene Frankreich *retten*, und mit Hülfe der Deutschen und Engländer zu einer *wohleingerichteten Monarchie* regenerieren werde. Die armen Franzosen haben der ganzen Menschheit auf ihre eigenen Kosten so viel politische und moralische Weisheit gepredigt, daß eben so viele Jahrzehende kaum hinreichen werden, alle Lehren und Warnungen gehörig zu überdenken und zu beherzigen, die ihr Beispiel allen Altern, Klassen und Ständen der Menschen gegeben hat. Der beßre Teil der Nation scheint der anarchischen und mehr als tyrannischen Regierung des Jacobiner-Klubs in Paris müde und zu jeder leidlichen Veränderung geneigt zu sein. Aber ehe die Ordnung wieder hergestellt sein kann, werden wir noch gräuliche Szenen erleben; denn die herrschenden Bösewichter haben ihr Alles auf die letzte Karte gesetzt, und sind in der Verzweiflung zu allem fähig.

Mein Trost bei allem diesem ist, daß das mannichfaltige Gute, das die Französische Revolution mitten unter den gräßlichsten Ausbrüchen des aristokratischen und demokratischen Fanatismus und aller übeltätigen Leidenschaften, in Bewegung gebracht hat, für die Menschheit nicht verloren gehen, sondern nach und nach, im Stillen und ohne gewaltsame und erschütternde Bewegungen tausendfältige Früchte tragen wird. Denn nichts Gutes kann verloren gehen.

Wenn mich etwas stolz machen könnte, mein verehrter und geliebter Freund, so wäre es der Beifall, den Sie meinem *Peregrin* geben, und der ganz allein mehr als genug ist, mich für manche schiefe Urteile von jener seichten Art von anmaßlichen Kennern, woran die gelehrte Demokratie in Deutschland jetzt wimmelt, reichlich zu entschädigen. Ihnen, mein Gleim, und Ihresgleichen, wenn es anders deren gibt, einige vergnügte Stunden machen zu können, oder gemacht zu haben, ist die süßeste Belohnung für den warmen Eifer und die nicht immer leichte Mühe, die ich mir seit 40 Jahren gegeben habe, Etwas hervorzubringen, wodurch auch ich, nach Abstreifung dieser gröbern Raupenhülle, noch unter den Menschen leben, und all das Gute, das die Xenophon, Platon, Horaz, Lucian etc. *mir* getan haben, vielleicht manchem, der erst im Jahr 3000 geboren werden wird, wiedergeben möge. Id quod faxit Jupiter. O. M!

*

Ab 1768 übernahm der Verleger Philipp Erasmus Reich (1717–1787) in Leipzig alle neuen Werke Wielands in sein Verlagsprogramm. Für Wielands Überwechseln von den Zürchern »Orell, Geßner und Cie.« zu »Weidmanns Erben und Reich«, im folgenden Brief W. BH. = Weidmannsche Buchhandlung abgekürzt, waren vor allem finanzielle Erwägungen entscheidend. Eine seit Mitte der 70er Jahre eintretende Verstimmung zwischen Wieland und Reich ging auf das Zögern des Verlegers zurück, eine Gesamtausgabe der Werke des Dichters zu veranstalten. Vom Februar 1781 an leitete Wieland jedoch eine neue Verbindung zu Reich ein, die erst nach dessen Tod enden sollte. In der Zwischenzeit hatte Wieland mit dem Weimarer Hofbuchhändler Karl Ludolf Hoffmann zusammengearbeitet.

Der Leipziger Verleger Georg Joachim Göschen (1752–1828) gab von 1794 bis 1811 »Christoph Martin Wielands Sämmtliche Werke. Ausgabe von der letzten Hand« in vier verschiedenen, preislich gestaffelten Drucken, Formaten und Ausstattungen heraus, »das aufwendigste buchhändlerische Unternehmen, das je für einen

Autor veranstaltet worden ist« (*Hansjörg Schelle*). *Am 19. De-zember 1793 schrieb Wieland voller Stolz an ihn:* »*Dieser Tage haben mir meine Biberacher eine so unverhoffte Freude gemacht, daß ich nicht umhin kann, Ihnen eine Kopie des Rats-Conclusi hiermit zu communicieren, worin sie mit einer bonne grace, die diesen wak-kern biedersinnigen Schwaben eben so viel Ehre macht als ihrem Mitbürger, beschlossen haben, im Namen der Reichsstadt Biberach auf ein Exemplar der Quart Ausgabe meiner Werke zu praenume-rieren. In langer Zeit hat mir nichts einen so frohen Tag gemacht, als dieser Beweis der Achtung und Zuneigung meiner Kompatrioten.*«

48. An Georg Joachim Göschen in Leipzig

Weimar, den 23sten Sept. 1793.

Liebster Freund

Sie haben bei Ihrer letzten Anwesenheit in Weimar die Güte gehabt mich aufzumuntern, daß ich mich in vorkom-menden pecuniarischen Notfällen ohne Bedenken an Sie wenden sollte; und ich habe dagegen versprochen mich die-ser Erlaubnis mit Bescheidenheit u. nur, wenn ich mich dazu gedrungen fände, zu bedienen. Ich hoffe, mich Ihrer Gefälligkeit nicht zu sehr zu prevalieren, indem ich Sie um die Erlaubnis ersuche, diesesmal anstatt der gewöhnlichen 300, RTHL. 400 – in bevorstehender Messe auf Sie assignie-ren zu dürfen; u. zwar in 2 Assignationen jede à 200 rth. *à dato Michaelis*, eine in 3 u. die andere in 4 Wochen zahlbar. Diese Rthl. 100,– welche ich mir hiemit besonders erbitte, haben Sie die Güte als *abschlägliche* Zahlung von den 1000 rthl. zu notieren, welche ich pro 1794 pr. Abschlag an dem stipulierten Honorar für M. Sämtlichen Schriften, zu empfangen habe, und wovon ich mir (vor der Hand) 400 rthl. in Conventions-Species, *auf den 6ten März 1794.* ausgebeten haben will.

Ich habe an Agathon fleißig gearbeitet, und bin mit der Revision aller vier Teile fertig. Dem ungeachtet werde ich das ganze noch *zum letztenmal* die Revüe passieren lassen, und Ihnen dann durch H. Elkan die beiden ersten Bände der Ausgabe von 1773, vollständig revidiert, statt Mscpts. zu unsrer neuen Ausgabe überschicken. Nur eine kleine Vorrede, die ich noch zu dieser neuen Ausgabe machen möchte, bleibt einiger Ursachen wegen noch zurück. Der letzte Band von Agathon erhält einen für das Ganze Werk wichtigen neuen Zusatz in einem Dialog zwischen Archytas und Agathon.

Der Neue impertinente Schritt, den die W. BH. durch Herabsetzung des Preises meiner ehmals in ihrem Verlag gedruckten Schriften getan haben, ist Ihnen natürlicher Weise schon bekannt. Ob es nicht nötig sein dürfte, daß Sie Ihrer Seits das Publikum ebenfalls durch den Gothaischen *Reichs Anzeiger* und andere öffentliche Blätter prevenierten, überlasse ich Ihrem eigenen Gutbefinden.

Wer meine Schriften kaufen will, müßte ein Tor sein, wenn er (falls er ja auf wohlfeile Preise zu sehen hat) nicht lieber Alle in einerlei Format, zum letztenmal revidiert u. verbessert, in einer schönen und höchst wohlfeilen *Ausgabe von der letzten Hand* kaufen wollte, als die verlegene Ware der W. H. die in Vergleichung mit der Neuen Ausgabe eigentl. gar keinen Wert mehr hat.

Man muß diesen Leuten lassen, daß sie ihr möglichstes tun, Unsere Unternehmung zu traversieren, und, wo es sein konnte, zu Grunde zu richten: Ich hoffe aber daß es ihnen nicht gelingen soll; wiewohl ich nicht aufhören kann zu beklagen, daß wir gerade in diesen fatalen Zeitpunkt fallen mußten. Denn mit dem gehofften Frieden sieht es noch mißlich aus, da die Jacobiner u. Sansculotten, die das Gros der französischen Nazion ausmachen, Himmelweit von dem Gedanken sich zum Ziel zu legen entfernt, und alle Mächte von Europa zusammen genommen nicht im Stande sind, gegen eine so große Nazion etwas auszurichten, in welcher aufs wenigste Vier Millionen wehrhafter Menschen entschlossen sind eher zu sterben als sich von Auswärtigen Gesetze vorschreiben oder ihr Territorium zerstückeln zu lassen. Gott allein weiß also, was dies alles für einen Ausgang nehmen kann. Freilich müssen wir den Mut darum nicht sinken lassen; nur besorge ich, Sie, Mein Bester, werden diese Tapferkeit vor der Hand, mehr als mir lieb ist, nötig haben. Indessen zweifle ich nicht, daß Sie, wenn gleich die Praenumerazionen u. Bestellungen bis Ende dieses Jahres noch sehr unbeträchtlich sein werden, nichts desto weniger sicher darauf rechnen können, daß ihre Anzahl nach und nach immer zunehmen werde, und also auch die Zahl der Exemplare, so Sie drucken lassen, dieser gerechten Hoffnung gemäß bestimmen dürfen. Auf allen Fall nehmen Sie Weimar nicht zum Maßstab Ihres Successes – denn 1) gilt kein Prophet an dem Ort seines Aufenthalts und 2) sind hier die meisten Liebhaber so arm als die Kirchenmäuse, und die vermöglichen hingegen keine Liebhaber. Die Ernte wird also *hier* sehr klein sein. Inzwischen hat mich wenigstens die Herzogin-Mutter versichert, daß sie ein Ex. der Quart-Edition bestellen wolle; und hoffentl. wird der Herzog das Nämliche für die Bibliothek tun; da er doch nicht wohl erwarten kann, daß ich pauvre diable Ihm ein present von 200 rthl. mache. Ich bin ordentl. Neugierig drauf, ob Sie *ein Dutzend* deutsche Fürsten und Magnaten auf Ihre Praenumeranten Liste bekommen werden; denn es ist unsäglich, wie die französische Barbarei seit 4 Jahren auch unsre hohen Aristokraten angesteckt hat, und was für eine gewaltige Ungnade sie auf alle Bücher u. Büchermacher geworfen haben, seitdem sie sich in den Kopf gesetzt, daß bloß die Gelehrten Philosophen u. Poeten an der französischen Revolution Schuld seien. Kurz, mein Herz weissagt mir nicht viel tröstliches. Wolle der Himmel daß es besser gehe, als mich mein leidiger Thomas-Glaube hoffen läßt.

Der Sächsische Bote hat mir nichts von Ihnen gebracht –
Ich schließe also für diesmal mit einer herzl. Umarmung

Ihr ganz ergebener Wieland.

*

*Judith Geßner war die Frau des Zürcher Dichters, Malers, Buch-
händlers und Verlegers Salomon Geßner. Herder hatte im Juni
1795 ihren Sohn Heinrich mit Wielands Tochter Charlotte im
Schloß Belvedere bei Weimar getraut.*

49. An Frau Ratsherr Judith Geßner in Zürich

Weimar den 27. Juli 1795.
Die Elemente scheinen sich gegen die Abreise unsers jungen Ehepaars in vollem Ernste zusammen verschworen zu
haben. Seit mehr als 4 Wochen haben wir kaum 3 oder 4
schöne Tage gehabt, und ich erinnere mich kaum, jemals
einen so unfreundlichen Julius erlebt zu haben. Anstatt daß
das Wetter endlich, wie wir hofften, besser werden sollte,
hat es diese letzten drei Tage dermaßen geregnet, daß wir,
wenn wir uns nicht so fest auf das dem guten Altvater Noah
geschehene Versprechen verließen, eine zweite Sündflut um
so gewisser besorgt hätten, da die große Majorität jener
antediluvianischen Menschen schwerlich des Ersäufens
würdiger gewesen sein kann, als die Hefen dieses achtzehn-
ten Jahrhunderts nach Christi Geburt. – Durch diese unge-
heure Menge Regen sind Bäche und Flüsse so angeschwol-
len und alle ohnehin schlechten Wege so jämmerlich zugerichtet, daß wir uns notgedrungen sehen, die bereits auf
Morgen festgesetzte Abreise unsers geliebten Heinrichs und
seines vertrauten Weibchens noch um einige Tage aufzuschieben. Bei diesen Umständen schwebe ich zwischen dem
Schmerz, das mütterliche Sehnen meiner teuersten Frau
Schwester nach ihren guten Kindern noch immer täuschen

zu müssen, und der Freude, diese letztern noch einige Tage länger bei mir zu haben, in der Mitte; und wiewohl ich, aller meiner Liebe zu dem liebenswürdigen Ehepaar ungeachtet, selbst wünsche, daß, was nun einmal geschehen muß, bald geschehe, – so muß ich doch bekennen, daß ein kleiner Egoist in meinem Busen hauset, der ganz heimlich froh ist, daß er von den Hindernissen der Abreise, an denen er am Ende, doch unschuldig ist, profitieren kann, ohne sich selbst deshalb etwas vorwerfen zu müssen. Gedulden Sie sich also, beste Schwester, noch einige Tage länger, und trösten sie sich aus Liebe zu uns, mit dem Gedanken, daß *wir* es sind, denen das zu gut kommt, was Sie entbehren müssen, und was Ihnen dann in der Zukunft durch ununterbrochenes Zusammensein desto reichlicher vergütet werden wird.

Unter den vielen Projekten, die wir auszuführen gedenken, bezieht sich auch eines auf die Reise, die ich, will's Gott! im künftigen Jahre zu Ihnen zu machen gesonnen bin. Weil meine Meinung ist, wenigstens 4 Monate in Zürich zu bleiben, so habe ich mit unserm H. vorläufige Abrede genommen, daß er sich um eine nicht zu weit von Ihnen entfernte angenehme Wohnung auf dem Lande umsehen soll, die ich mieten würde, teils weil ich am liebsten auf dem Lande lebe, teils um desto freier zu sein, und auch meine Arbeiten ungestört treiben zu können.

Da nun zu allen unsern Projekten vonnöten sein will, daß Friede im Lande sei, und jedermann unter seinem Feigen- oder Holzbirn-Baum und unter dem hohen Schutz einer hochweisen Obrigkeit ein stilles und geruhiges Leben in aller Gottseligkeit und Ehrbarkeit führen könne: so hat es mir und uns allen großen Trost gebracht, aus unsers freundlich vielgeliebten Konrads, alias mon frère genannt, Schreiben an seinen mon frère von dem glücklichen Ausgang der dortigen Irrungen umständliche Nachricht, und die Bestätigung derselben aus *Ihrem letzten an mich*, zu ersehen. Der National-Convent und das Commité du Salut public der exaltierten Citoyens de Stäfa, hat mich herzlich lachen gemacht; und *lächerlich* (unter uns gesagt) ist im Grunde die ganze Sache, und hätte nie *tragisch* genommen werden sollen; zumal wenn die hohe Obrigkeit (wie ich nicht zweiflen will) ein gutes Gewissen hat, daß sie berechtigt ist, sich des Zutrauens und der Liebe ihrer Untergebenen versichert zu halten. Aber auch, wofern dies nicht der Fall wäre, kann eine Helvetische Obrigkeit sich immer darauf verlassen, daß ihre Untertanen, wenn sie sich gelüsten lassen wollten, sich, wie unartige Kinder, der väterlichen Zucht entziehen zu wollen, gar gewaltig den kürzern ziehen würden. Denn das Gemeine Interesse wird ja allemal die übrigen Obrigkeiten nötigen, kein so böses Beispiel aufkommen zu lassen, sondern die Widerspenstigen sogleich mit gesamter Hand in die Schranken der Gebühr zurückzuweisen. Ich verlasse mich also völlig darauf, daß ich, wenn ich zu Ihnen komme, alles in stolzer Ruhe antreffen werde; und wenn dies ist, so können Ihre gnädigen Herren von mir versichert sein, daß ich nicht kommen werde, politisches Unkraut unter ihren Weizen zu säen, denn schwerlich kann irgend einer von ihnen ein größerer Feind von Volksaufständen, politischen Klubs und Commités Révolutionnaires sein, als ich. Und so viel von dieser Materie.

Alles gütige, verbindliche und liebevolle, was Sie, meine liebenswürdigste Schwester, auch in Ihrer letzten angenehmsten Zuschrift mir aus der Fülle Ihres vortrefflichen Herzens sagen, erwidert das Meinige mit dankbarster Empfindung des unschätzbaren Werts Ihrer Freundschaft. Mit jedem Tage nimmt meine Freude über die sonderbare Fügung des Himmels zu, welche uns und unsre Familie so unverhofft mit einander verbunden hat. Das einzige was mich im Gefühl dieser Glückseligkeit an die Unvollkommenheit aller menschlichen Dinge erinnert, ist, daß ich nicht alle die ich liebe, und die zu mir gehören, um mich her versammeln und bis zu meinem Abschied aus dieser Welt bei mir behalten kann. – Daß mein *Reinhold* und seine *Sofie* 140 Meilen weit von Ihnen leben, und Sie, meine beste Schwester, diesen Sohn meines Herzens, einen der vortrefflichsten Männer auf diesem Erdenrund, vielleicht nie von Angesicht zu Angesicht sehen werden – daß ich nicht hoffen darf den Tag zu sehen, wo ich Ihnen alle meine Kinder und Kindeskinder – eine Familie der Liebe, wie es vielleicht keine andere mehr gibt – vorstellen, und mich an dem Vergnügen, welches Sie an derselben finden, und an der hochachtungsvollen Liebe, welche Sie allen diesen guten Geschöpfen einflößen würden, erlaben könnte! Ein so hoher Genuß von Glückseligkeit wäre wohl zu viel für dieses Erdeleben – und es muß wohl nötig sein, daß auch den Glückseligsten immer noch etwas fehle, um sie von einer allzu großen Anhänglichkeit an dasselbe zu verwahren. In acht Tagen, oder vielleicht noch früher, werde ich auch meine so herzlich geliebten Kinder, Heinrich und Charlotte Geßner, von mir lassen müssen! Aber sie kehren zu Ihnen zurück, meine teure Schwester! und von dem Augenblick an, da ich sie aus den Augen verliere, werde ich auch schon in der immer näher kommenden Zukunft, die mich zu Ihnen bringen wird, zu leben anfangen.

Heinrich und seine liebe Getreue küssen ihrer verehrten Mutter die Hände mit innigster Zärtlichkeit. Heinrich hat Ihnen letztverwichnen Freitag schon geschrieben. Meine *Dorothea*, meine Töchter *Caroline* und *Amalie* und mein ganzes übriges Haus, empfehlen sich Ihnen samt und sonders aufs beste. Haben Sie die Güte der guten Schwester meines verewigten Freundes und Bruders, die auch die meinige ist, recht viel Freundschaftliches, in meinem Namen zu sagen. – Nicht weniger dem Herrn Sohn Conrad, auf dessen persönliche Bekanntschaft ich so ungern Verzicht tue. Leben Sie alle glücklich und bleiben hold und gewogen etc.

*

1796 hielt sich Wieland dreizehn Wochen lang zu Besuch bei seiner in Zürich verheirateten Tochter Charlotte Geßner auf. Seine Frau und drei seiner Kinder begleiteten ihn. Am 10. September kehrte er nach Weimar zurück.

50. An Caroline Herder in Weimar

Zürich, den 3./22. Juli 1796.

Teure und verehrte Freundin! Wenn ich das Geheimnis ohne Vermittlung des Raums und der Zeit auf abwesende Freunde zu wirken, besäße, wovon mir Herr *** eben so glaubwürdige, als unglaubliche Proben erzählt hat, wie oft und wie lebhaft würden Sie und Ihr teuerster Gemahl in den sieben Wochen meiner Entfernung schon an mich erinnert worden sein! So oft wir an Sie dachten, von Ihnen sprachen, Sie in den frohesten Stunden des Genusses der Freundschaft und der herrlich schönen Natur, die uns umgibt, zu Uns her wünschten, würden Sie es unmittelbar empfunden, würden Sie die innige reine Liebe, wovon unsre Herzen für Sie erfüllt sind, unsre warme Teilnehmung an allem was Sie angeht, unser lebendiges Gefühl Ihres ganzen Wertes, des allgemein anerkannten und des verborgenen, und wie oft wir Sie vermissen, wie oft wir unsere besten Freuden durch Ihre Gegenwart und Ihren Mitgenuß erhöhen, vollkommen machen zu können wünschen, und welche Beruhigung wir bei dem Gedanken »dieses schöne Land und alle die uns darin angehören und dem Geist und Herzen nach mit uns verbunden sind, auf immer wieder verlassen zu müssen« darin finden, daß wir zu Ihnen zurückkehren, Sie wieder sehen, mit Ihnen leben, und unsre

Herzen, will's Gott! mehr als jemals in Ihrer Nähe erwärmen und stärken werden, – Alles dies, so wie es lebendig in unsern Seelen ist, würden Sie dann, wie in einem magischen Spiegel in den Ihrigen sehen!

Nun, da wir, wie ich besorge, auf diese Wundergabe die nur selten und nur ganz auserwählten Adams-Kindern von oben mitgeteilt wird, wohl Verzicht tun müssen, bleibt mir, um mich Ihnen auf eine zugleich anschauliche und deutlich erkennbare Weise, zu nähern kein andrer als der vulgare Weg des Briefschreibens und der Briefpost übrig, der durch eine tausendfältig entschlüpfende oder meiner freien Disposition entwundene *Zeit* und durch einen *Raum* von fünf und siebenzig deutschen Meilen so häufig durchkreuzt und unterbrochen wird, daß ich bis itzt nicht zu einem Paar ruhigen Stunden, mich nach Herzenslust mit Ihnen zu unterhalten, habe gelangen können. Aber auch jetzt kann ich zu diesem meinem Herzen so süßen Geschäft, nur kleine, erlauschte und ängstlich zusammengesparte Bruchstückchen von Zeit verwenden, immer besorgt gestört zu werden, oder wirklich den Faden abbrechen zu müssen; zumal da die schönen und beinahe himmlischen Sommertage, die uns, nach einer beständig wechselnden und zuletzt ziemlich unfreundlichen Witterung, seit vorgestern endlich geschenkt worden sind, uns zu mancherlei bisher immer auf bessere Zeiten aufgehobenen Exkursionen und Land und See-Partien in den benachbarten Gegenden einladen.

den 22. Julii.

Sollten Sie wohl glauben, liebe Freundin, daß in den dreizehn Tagen, die seit dem Anfang dieses Briefes bis zu seiner Fortsetzung verflossen sind, keine ruhige Stunde die ich dazu hätte anwenden können, sich gefunden haben sollte? Und doch fehlt nur wenig daran, daß ich Ihnen dies, wenn die Zeit nicht zu edel dazu wäre, durch ein detailliertes

Diarium oder Horarium vielmehr; über alles in dieser Zeit von Stunde zu Stunde vorgefallene, darzulegen im Stande wäre. Indessen fällt doch ungefähr die Hälfte der Schuld an dieser odiosen Verzögerung auf die an leidigen Folgen aller Art so reiche Französische Revolution, oder um die nächste Ursache anzugeben auf die seit dieser Zeit gemachten furchtbaren Fortschritte der republikanischen Kriegsheere, wodurch die Postämter in Schaffhausen und den benachbarten Vorder-Oestreichischen Landen dergestalt alarmiert worden sind, daß schon vor acht Tagen ein Aviso hieher geschickt wurde, wie man aus Furcht vor den täglich mehr im Schwäbischen Kreise sich verbreitenden Feinde (der *Freunde* und der zerstreuten Condeischen Marodeurs nicht zu gedenken) für die Sicherheit der Briefe ins Reich nicht mehr stehen könne.

Wirklich rückt uns der Krieg so nahe auf den Leib, daß man sogar in der Schweiz sich ein wenig zu fürchten anfängt, und auf alle etwaige Fälle die zu Behauptung der Neutralität und Verteidigung der Helvetischen Grenzen nötigen Vorkehrungen getroffen hat.

Wie einem ehrlichen deutschen Patrioten, dem die Erhaltung unsrer alten, neuern und *neuesten* Reichsverfassung (deren Vortrefflichkeit aus ihren vortrefflichen und heilbringenden Früchten so überzeugend am Tage liegt) über alles zu Herzen geht, bei dieser den sanguinischen Hoffnungen unserer Schirm und Twingherrn so schlecht entsprechenden Wendung der Dinge, zu Mute sein müsse, brauche ich Ihnen nicht zu beschreiben. Und wozu helfen auch all Jeremiaden? Wer kann mit dem Schicksale hadern? Das Schlimmste ist nur, daß die arme, in lauter einzelne Reiser und Binsen aufgelöste deutsche Nation, die schon so manches Jahr ihre Sehnsucht nach Frieden so laut und kategorisch erklärt hat, mit allen Drangsalen eines der verderblichsten Kriege, der je gewesen ist, für die Wenigen büßen muß, die weder die öffentliche Meinung noch die allgemeinen Wünsche von mehr als dreißig Millionen Menschen ihrer Aufmerksamkeit wert geachtet haben. So übel es indessen auch aussieht, so schmeichelt man sich doch noch immer mit der Hoffnung, daß der Friede im *Werke* und das Werk nahe an der *Vollendung sei*: aber worauf man diese Hoffnung gründet, kann ich nicht erfahren noch einsehen. Was am gewissesten scheint, ist, daß weder die dermaligen Pentarchen der Französischen Nation noch die Majorität der Nation selbst, unter den gegenwärtigen Umständen zu einem, nach diesseitigen Begriffen *billigen* Frieden, die mindeste Neigung zu haben scheinen: Wenigstens befinden sich Ihre ziemlich ausgehungerten Heerschaaren in Schwabenland, wo noch Speise die Fülle ist, so wohl, daß sie sich zu jenem Geschäfte schwerlich übereilen werden.

Man schämt sich beinahe, im Angesicht öffentlicher Calamitäten, worin so viele Tausende um ihre häusliche Existenz, Hab und Gut, Leib und Leben kommen, noch über seine eignen Bedrängnisse, (zumal so lange sie noch erträglich sind) Klagen anzustimmen. Indessen kann mir doch der Gedanke nicht gleichgültig sein, daß der Krieg, der sich nun nach Schwaben gezogen und wahrscheinlich auch noch über Frankenland sich ausbreiten dürfte, mir, allem Ansehen nach, die Rückkehr nach dem lieben Weimar (die ich vor vierzehn Tagen noch so nahe hielt) noch auf lange Zeit verwehren wird. Denn entweder müßte sich das zeither treulose Waffenglück auf eine so entschiedne und *soutenierte* Art für den doppelten Adler entscheiden, daß die Frankreicher in kurzem wieder über den Rhein zurückgetrieben würden, oder ich werde die Schweiz nicht eher mit einiger Sicherheit verlassen können, bis der Friede völlig zu Stande gekommen sein wird, welches mich, besorglicher Maßen, nötigen könnte, sogar das Winterquartier in Helvetien zu nehmen. So angenehm mir auch bisher der Aufenthalt in diesem Lande gewesen so könnte mir doch, in vielerlei Rücksichten nicht leicht etwas unerwünschteres begegnen. Denn nichts davon zu erwähnen, daß hier sehr teuer zu leben ist, und daß ich eine Wohnung in der Stadt mieten müßte, so würden auch alle meine Geschäfte und Cirkel sehr dadurch turbiert werden, und der Gedanke an meine armen Kinder in Weimar und an die Gute A** würde mir alle Freude, die ich etwa noch genießen könnte, verbittern. Dies, liebste Freundin, sind trübe Aussichten und ich gestehe, daß ich alle meine Kräfte zusammenraffen muß, um mich von ihnen wegzuwenden und das Fünkchen Hoffnung, daß alles in kurzem noch eine günstigere Wendung nehmen könne, noch lebendig in mir zu erhalten. Indessen, wenn es auch am besten geht, wird wenigstens vor Anfang Septembers an die Rückreise nicht zu denken sein, und es ist nun einer meiner Wünsche, einen Teil dieser Zwischenzeit zu einem kleinen Kreuz- und Querzuge durch die benachbarten Kantons, Schwytz, Zug, Lucern und Glarus anzuwenden, wozu aber das gute Wetter beständiger werden müßte als es bisher gewesen.

Die neuesten Weltbegebenheiten haben mir den Kopf so eingenommen, daß ich Ihnen von allem was der Inhalt meines Briefes sein sollte, beinahe nichts geschrieben habe, noch schreiben kann. Desto weniger wird es uns an Stoff zu freundschaftlichen Abendunterhaltungen fehlen, wofern der Himmel mir so günstig sein wird, mich wieder wohlbehalten und mit heiler Haut zu meinen Freunden in Weimar zurück zu geleiten. Ich erwähne also nur noch als einen Umstand, der Ihrer Liebe zu uns nicht gleichgültig sein kann, daß wir uns, trotz mancher unlieblichen Wetterlaune, und trotz alles andern was sich vereinigt, uns den reinen Genuß der Wohltaten und Freuden dieser weiten Reise zu verkümmern, uns samt und sonders *wohl* und merklich *besser* als im Lande *Döringen* befinden, uns unsrer Freunde in Weimar und vor allen des innigst von uns geliebten und verehrten Herderschen Hauses fleißig erinnern, und uns an dem Gedanken erlaben, daß auch wir in Ihrem Andenken leben, wiewohl wir in mehr als einer Betrachtung als eine Art von abgeschiedenen, und bereits an Lethes Ufern irrenden Seelen zu betrachten sind. Sollte aber auch durch das in den zwischen uns liegenden Provinzen sich immer mehr ausbreitende Kriegsfeuer endlich alle christliche Gemeinschaft zwischen uns abgeschnitten werden, so wollen wir im Geist und in der Wahrheit nur desto näher zusammenrücken, jede uns begegnende Freude als von Ihnen uns zugeschickt ansehen, und uns der Hoffnung getrösten, daß ein guter Genius auch Ihnen, beim stillen Genuß eines jeden frohen Abends den leise verhallenden Laut unserer herzlichen Wünsche für Ihr Wohlergehn und unsers Verlangens nach Ihnen zuflüstern werden.

Vergessen Sie nicht, meine teure Freundin, mir, falls Sie Muße haben uns mit einem Briefchen zu erfreuen, etwas davon zu sagen, wie Ihnen Freund Jean Paul gefallen hat. Und nun, lebet wohl, ihr Geliebte! Dorothea und Caroline Wieland, mit Heinrich und Charlotte Geßner, bitten mich, sie Ihrem gütigen Andenken und Wohlwollen specialiter und nominaliter zu empfehlen, so wie ich und Alles was zu mir gehört, Ihnen und den Ihrigen lebenslänglich, d.i. hoffentlich *ewig*, mit unwandelbarer Liebe zugeeignet bleiben werden.

VI. Eine kleine Republik
von guten und glücklichen Menschen

Im Frühjahr 1797 erwarb Wieland für 22000 Reichstaler in Oß-
mannstedt, zehn Kilometer nordöstlich von Weimar, ein Landgut,
das er nach dem »Sabinum« des römischen Dichters Horaz sein
»Osmantinum« nannte. Mit seiner Frau, zwei Söhnen, vier Töch-
tern und vier Enkelkindern bewohnte und bewirtschaftete er den für
ihn kostspieligen Besitz. Er verwirklichte sich damit den langgeheg-
ten Wunsch, im Licht und in der Wärme der Sonne, des »wahren
Gottes«, unabhängig vom Weimarer Hof in ländlicher Umgebung
leben und arbeiten zu können: »Ich muß aufs Land. Hier in
Weimar wird mein Geist durch den Hof, mein Körper durch das
fatale Klima gemordet. Wollt ihr also mein längeres Leben, so
mißgönnt mir diese ländliche Ruhe nicht« (25. 1. 1796).

Herzogin Anna Amalia, Goethe, Johann Gottfried und Caro-
line Herder, Jean Paul, Clemens Brentano, Heinrich von Kleist,
Sophie von La Roche und ihre Enkelin Sophie Brentano zählten zu
Wielands Gästen auf seiner »kleinen Insel Barataria«.

51. An Karl Leonhard Reinhold in Kiel

Weimar, den 27. März 1797.
Mein teuerster Sohn, Ich zweifle nicht, daß Sie die Anwei-
sung auf 300 rthl. dänisch Courant bereits in Händen haben
werden, welche mir H. Göschen Ihnen a drittura zu übersenden schon vor 14 Tagen versprochen hat, und welche
noch vor Ostern zahlbar sein soll. Dieser Wechsel wird, wie
ich glaube, zureichen, unsern Louis in den Stand zu setzen,
alles was er zu bezahlen hat, richtig zu machen und noch das
Nötige zu Bestreitung der Hieherreise übrig zu behalten;
welche er hoffentlich in Gesellschaft von Kaufleuten, oder

Buchhändlern oder andern die Leipziger Messe besuchenden Personen mit mehrerer Bequemlichkeit wird machen können, als mit der ordinären Post.

Sein Aufenthalt in Kiel hat, aller guten Wirtschaft und Bescheidenheit im Ausgeben ungeachtet, freilich ein beträchtliches mehr gekostet, als wenn er diese Zeit über in Jena gelebt hätte. Allein dafür rechne ich den Vorteil, daß er über anderhalb in Ihrem Hause und unter Ihren und seiner guten Schwester Augen gelebt, Ihres Umgangs u. Unterrichts genossen, durch Sie in gute Gesellschaft gekommen und dadurch, wie ich hoffe, im Äußerlichen und in der Art sich in Gesellschaft zu präsentieren u. zu betragen, soviel gewonnen hat, daß er hier und überall mit Anstand erscheinen u. ohne Verlegenheit mit Personen alles Standes sich gehörig zu benehmen wissen wird; und endlich, daß hoffentlich auch seine Gesundheit sich zu Kiel besser, als anderswo vielleicht hätte geschehen können, verbessert u. befestiget hat, – alle diese Vorteile, sage ich, rechne ich billig so hoch an, daß ich immer weit entfernt gewesen bin, die aufgewandten Kosten zu regrettieren, zumal da ich überzeugt bin, daß er wenig oder keine überflüssige Depensen gemacht, und das *dic cur hic* weit mehr, als man Jünglingen seines Alters gewöhnlich zutrauen darf, vor Augen gehabt haben wird. Also kein Wort weiter über diesen Artikel.

Ich habe seit einigen Wochen den Kopf so voll von einem Geschäfte gehabt, wovon die Zufriedenheit und Ruhe meines noch übrigen Lebens großenteils abhangen wird, daß ich mir nicht bewußt bin, ob ich in meinem letzten Briefe an Louis schon etwas davon vorläufig habe fallen lassen. Ein kleines *Horazisches Sabinum*,

> modus agri non ita magnus,
> Hortus ubi et tecto vicinus jugis aquae fons
> Et paullum silvae foret, –

Wielands Wohnhaus in Oßmannstedt.

Dorfplan von Oßmannstedt.

war schon lange der liebste meiner wachenden Träume. Bei meinem 3 monatlichen Aufenthalt auf der Villa der Me. *Frey* in Zürich, wo mir das Landleben, die gute freie Luft und die viele Bewegung so ausnehmend wohl bekam, wurde das Verlangen, diesen Traum zu realisieren, so lebendig, und die Weisheit selbst schien ihm so nachdrücklich das Wort zu reden, daß ich von dieser Zeit an beschloß, Ernst aus der Sache zu machen. Da mein Schicksal mich nun einmal an Weimar angekettet hat, so war nicht im Ernst daran zu denken, daß ich mich anderswo als im Weimarischen um ein Landgut umsehen könnte. Ich fing also damit an, mehrere in einem Kreise von 2 Stunden im Durchmesser um W. herumliegende Güter zu mustern; es fand sich aber immer etwas, das nicht passen wollte. Das eine war zu entlegen, das andere zu nah; an einem dritten gefiel mir nichts als die Aussicht; zu einem vierten mußte erst ein neues, meine Familie fassendes Haus gebaut werden: ein fünftes war zu groß, ein sechstes zu klein. Denn wiewohl ich anfangs mich nicht weit über 12000 rth. zu versteigen gesonnen war, so fand sich doch, als alles mit Peritis in arte wohl überlegt wurde, daß ein zu kleines Landgut nicht vorteilhaft genug sei, und daß ich wenigstens soviel Land acquirieren müsse, als erfordert werde um einen Verwalter zu beschäftigen und eine Familie subsistieren zu machen. Da nun einmal als wesentliche Bedingungen festgesetzt waren, daß das Gut, so ich acquirieren wollte, 1.) nicht sehr weit von Weimar entfernt, 2.) von hinlänglicher Größe und Güte des Bodens, 3.) in gutem Stande, 4.) mit einem solid gebauten, geräumigen, bequemen und keiner (wenigstens beträchtlichen) Reparatur oder Veränderung bedürftigen Wohnhaus u. 5.) mit einem ansehnlichen, unmittelbar am Hause gelegenen Garten versehen sein sollte, – so zeigte sich bald, daß das Rittergut zu *Oßmannstätt* das einzige sei, das sich in allen diesen Rücksichten für mich schickte; nur wäre das *ganze Gut* für mich zu weitläufig und zu teuer gewesen. Glücklicher Weise war aber mit demselben seit ungefähr 2 bis 3 Jahren eine sonderbare Veränderung vorgegangen. Die durch übermäßige Fronen u. ein für sie sehr beschwerliches Triftrecht des Rittergutsherrn äußerst gedrückten Bauern hatten näml. dem vormaligen Gutsherrn, dem Hrn. Grafen Marschall (den Sie vielleicht kennen) so viele unangenehme Händel gemacht, daß er sich von dem Gute degoutierte, und es an den Kammerherrn v. Hendrich verkaufte. Dieser (dem dieser Kauf, aus besondern, hieher nicht gehörigen Ursachen nie Ernst gewesen war) verkaufte es, unter geheimer Leitung des H. selbst, binnen wenigen Tagen, wieder mit 1000 rth. Profit an die Gemeinde von Oßmannstätt; welcher unendl. viel daran gelegen war, diesen günstigen, vielleicht nie wiederkommenden Augenblick zu ergreifen, sich von den Lasten, unter welchen sie erlagen, auf immer frei zu machen. Da dies letztere ihre einzige Absicht, und das Gut selbst, wofern sie es hätten behalten sollen, ihnen nicht nur nichts nütze, sondern vielmehr (weil sie es ganz mit fremdem Gelde gekauft hatten) äußerst lästig u. in wenig Jahren verderblich gewesen wäre: so erhielten sie von dem Herzog als Lehensherrn die Erlaubnis, das Gut zerschlagen und Stückweise verkaufen zu dürfen, jedoch so, daß aus den Teilen, welche sie weggäben, sich wieder ein hinlängliches Rittergut formieren ließe, (weil vermöge der Weimar. Lehentafel schlechterdings ein Rittergut, dem die *Landstandschaft* inhaeriert, zu Oßmannstätt sein muß). Es fanden sich auch seither verschiedene *Adeliche*, welche Lust dazu bezeugten, solche aber auch bald wieder verloren, da sie hörten, daß Fronen und ausschließliches Triftrecht künftig wegfallen sollten. In dieser Lage befand sich nun die Sache, als mir von dem zeitigen Consulenten der Gemeinde, dem Hofadvokat Kirchner, Namens derselben, ein ansehnlicher Teil des ihnen immer lästiger werdenden Rittergutes zum Kauf angetragen wurde. Ich ließ den mir vorgelegten Kaufanschlag von Sachverständigen und mit der Gegend von Oßm. bekannten Männern untersuchen und nachdem ich alle meine Calculs gezogen und etliche Wochen mit den Herren Rusticis hin u. her gehandelt hatte, kam der Kauf endlich am 15ten dieses um 22000 [Reichstaler] in Laubtaler zu 1 r[eichstaler]14 gg [gute Groschen] (unter vorausgesetzter Bestätigung des Herzogs) zu Stande. Eine mir eher angenehme als beschwerliche Bedingnis ist, daß ich vor der Hand bloß in den Besitz des Schlosses (wie man es zu nennen gewohnt ist) und des Gartens gesetzt werden kann; weil der zeitherige Pachter Starke (ein guter Bekannter von Louis) noch 2 Jahre auf dem Gute zu verbleiben hat, und mir meinen Anteil erst auf Jacobi 1799. cum omnibus fructibus abzutreten schuldig ist. In dieser Zwischenzeit gewohnen wir zu O. an, richten uns nach und nach ein, bauen eine Scheune, verbessern unsern großen Garten, und fangen eine kleine Landwirtschaft an, die sich dann im Jahre 1800 desto gemächlicher im Größern treiben lassen wird. *Karl*, der mein *Verwalter* wird, hat indessen Zeit, das Gut sich recht bekannt zu machen, und seine praktische Kenntnisse durch Umgang mit benachbarten Landwirten und auf andere Weise zu vermehren. Kurz, liebster Reinhold, ich glaube, durch diese Einrichtung meines noch übrigen Lebens, und durch diese Acquisition, auf die ich (wie leicht zu erachten) beinahe all *that I am Worth* (wie sich die merkantilischen Englishmen ausdrücken) verwende, für mich selbst sowohl als für meine zahlreiche Familie, besonders für den unversorgten Teil derselben, das Nützlichste und Beste getan zu haben was in meiner Gewalt war. Mama und die sämtlichen Töchter, welche, ohne Ausnahme, des Stadtaufenthalts herzlich überdrüssig sind, sind über diese Verpflanzung aufs Land höchlich vergnügt, und der gute weibliche Engel, *Amalia Liebeskind*, (welche eine Hauptrolle in unsrer künftigen Wirtschaft spielen wird) ist heute bereits mit *Karl* und *Julchen* (die, mit mehr körperlicher Stärke, eine zweite Amalia an Häuslichkeit, Fleiß, und allen andern häuslichen Tugenden zu werden verspricht, oder vielmehr seit ihrer Confirmation *zu sein* angefangen hat) nach O. abgegangen, um die ersten Einrichtungen in Haus und Garten zu treffen und alles zu unserm auf Ostern (wenn die Frühlings Genien günstig sind) angesetzten Einzug vorzubereiten. Auch *Wilhelmine* vulgo Minchen, welche auf Ostern confirmiert wird, (und die Sie schwerlich mehr kennen würden, so sehr hat sie sich von außen u. innen zu ihrem Vorteil entwickelt) ist, so wie ihre ältern Schwestern, sehr vergnügt mit der vorhabenden Veränderung, und wird vornehmlich der Mama zur Gehülfin dienen, deren immer ruhige und heitre Tätigkeit alles belebt, und die seit einiger Zeit, zu allen ihren andern Geschicklichkeiten, noch das Talent einer *Schneiderin* erworben hat, und bereits darin eben so excelliert als in der Nähterei und Strickerei. Luisgen und die 3 holden kleinen Enkelinnen, die gutartigsten Kinder, die man sehen kann, sind voller Jubel u. Erwartung, und lassen uns hoffen, daß sie frühzeitig in die Fußstapfen der ältern treten werden. Von dem kleinen Karl Liebeskind, einem Exemplar von einem Jungen, wie mir (außer *Ihrem* Karl) noch keiner vorgekommen ist, ein andermal; denn er verdient ein eignes Blatt; izt nur so viel, daß es ihm für die nächsten Jahre sehr zuträglich sein wird, ein kleiner Agricole zu werden, und daß ich sehr viele Freude an ihm habe. Kurz, liebster Reinhold, wir werden eine gute, schuldlose, einträchtige und *glückliche* Familie in unserm Oßmannstätt sein, und um das letztere im höchsten Grade sein zu können, fehlt uns nichts, als daß meine beiden vermählten Töchter mit den Söhnen meiner Wahl, ihren Männern, u. ihrer gegenwärtigen u. künftigen Nachkommenschaft, nicht auch bei uns leben und *eine einzige sichtbare Gemeinde* mit uns ausmachen können.

Aber so glücklich zu sein, wäre wohl für dieses Leben zu viel; und wir werden uns daran begnügen müssen, dem Geist u. Herzen nach, Raum u. Zeit zu Trotz, ewig nur Eine Familie auszumachen.

Ich habe Ihnen, Mein teurer Sohn, so ausführl. von dieser uns (wie natürlich u. billig) zeither über alles wichtigen Sache geschrieben, weil ich es auch zugleich für Sofien u. Ludewig schrieb, welche beide mit Oßmannstätt bekannt sind, u. Ihnen alles durch ihre Zusätze u. Erläuterungen noch anschaulicher werden machen können; bis Sie, so Gott will, im Jahr 1800 selbst zu uns kommen und wenigstens einen Teil der schönen Jahrszeit bei uns zubringen werden.

Ich hätte Ihnen noch allerlei zu schreiben, aber Raum u. Zeit fehlt dazu. Also nur ein Wort den guten, kränklichen, überreitzbaren, eigensinnigen u. unbiegsamen, u. doch mit allem dem liebenswürdigen *Voß* betreffend. Er ist sehr empfindlich darüber, daß ich ihm in meinem Urteil über die M. A. im Merkur den Text ein wenig gelesen habe, und findet sich dadurch beleidiget. Er sagt: ich hätte ihn dem Spott des profanen Vulgus Preis gegeben. Finden Sie, l. Reinhold, das auch? Meine Meinung war es wahrlich nicht! Mir war's sehr ernst, und ich kann mich um so weniger auch nur ein Wort, das ich geschrieben habe, reuen lassen, da ich wirklich noch viel zu lind mit ihm verfahren bin.

Ich muß abbrechen, um Ihnen auf der letzten Seite noch eine Specification dessen, was ich um meine 22000 rthl. an mich gebracht habe, beizufügen.

Leben Sie wohl. Tausend innige Grüße u. Umarmungen für Sie und Ihre u. Unsre Sofie von Uns allen allen! Ewig Ihr getreuer Freund u. Vater Wieland.

1.) Die sämtlichen Schloßgebäude, welche nebst dem großen Hof u. Garten mit einer Mauer eingefaßt sind.

2.) Der Schloßgarten, der über 25 Acker (den Acker zu

140 Quadrat-Ruthen) Land, näml. 19 Acker Garten-
land und 6½ Acker Gebüsche, i.e. eine Art von Lust-
wäldchen, die *Wildnis* genannt, enthält, nebst zwei un-
absehbaren Linden-Alleen zu beiden Seiten.

3.) 168⅛ Acker *steuerfreies* gutes Artland, wovon aber der
Pfarrer jährl. 112 rthl. als s. Geldbesoldung erhält.

4.) Eine *Hufe* Ritterland, triftfrei.

5.) 12 Acker Wiese, welche Gartenrecht hat, und daher
wenigstens 15 Acker gewöhnliche Wiesen wert ist, –
eines der besten Grundstücke in der ganzen Flur.

6.) 1 Acker Wiese an der Ilm, unter dem Schloßgarten,
samt Uferholz.

7.) Der sogenannte *Teichgarten*, ein ansehnlicher Obst u.
Grasgarten.

8.) 5¼ Acker Buschholz, nebst 2½ Ar. Wiese.

9.) 84 Acker wohlbestandenes Rotbuchen-Holz im
Hetschburger Revier, worin jährl. 15–20 Klafter
Brennholz und 30 Schock Wellen gemacht werden.

10.) Das Recht 150 bis 200 Schafe unter Gemeine Hut u.
Trift zu geben.

11.) Geleits- Accis- Tranksteuer- Mahl- u. Braufreiheit.

Ohne allen Zweifel werde ich von dem Herzog auch mit
der Gerichtsherrlichkeit u. dem Jure Patronatus begünstigt
werden.

Zu *bauen* habe ich nichts als noch einige Ställe in das
große Seitengebäude, und eine *Scheune*.

P. S. Ich bitte sehr mit dem Inhalt dieses Briefes, was den
Gutskauf betrifft, noch geheim zu tun. Ich gedachte noch
ein Briefchen an Louis beizulegen, aber die Zeit fehlt mir
dazu. Also einen herzlichen Gruß an ihn von uns allen.

Christian Gottlob Voigt (1743–1819) war leitender Minister im Geheimen Consilium des Herzogs Carl August von Sachsen-Weimar.

52. An Christian Gottlob Voigt in Weimar

Oßmannstedt, den 18. Juni 1797.

Ew. Hochwohlgeboren haben die Güte gehabt, mir zu erlauben, Ihnen eine Note über mein Bedürfnis an Bauholz an einer Scheune zu überreichen, und mir zugleich Hoffnung gemacht, durch Dero geneigte Verwendung entweder bei fürstl. Kammer oder auf andere Weise zu meinem vorhabenden unumgänglich nötigen Bau, so viel möglich beförderlich zu sein. Ich prävaliere mich also jener Erlaubnis, indem ich die Freiheit nehme, Ihnen beiliegenden von dem hiesigen Zimmermann Schlegel gemachten Überschlag gehorsamst mitzuteilen, und meine bereits mündlich angebrachte Bitte, mir in dieser meiner Angelegenheit Dero vielvermögende Unterstützung angedeihen zu lassen, aufs angelegenste zu wiederholen. Bei dieser Gelegenheit bin ich so frei Ew. Hochwohlgeb. auch die gütige Beförderung der anhoffenden Landes u. Lehensherrl. Bestätigung meines Gutskaufs gehorsamst zu empfehlen, und, da ich nun einmal im Bitten bin, auch noch eine Bitte beizufügen, wozu mich ein von einem oder mehreren hiesigen jungen Burschen in verwichner Pfingstnacht, oder vielmehr der Nacht vor dem Pfingsttage, in meinem Garten verübter mir sehr empfindlicher Frevel nötiget, indem mir nämlich eine beträchtliche Anzahl junger Birken zu Pfingstmaien abgeschnitten und entwendet worden. Wie uralt u. in den Augen unsres Landvolkes wohl hergebracht die Gewohnheit, an Pfingsten ihre Wohnhäuser, Stuben u. Kammern mit jungen Birken auszuschmücken, auch sein mag, so ist doch gewiß, daß sie, in mehr als einer Rücksicht, zumal bei immer merklicher werdendem Holzmangel, ein großer nicht zu duldender Mißbrauch ist. Sollte nicht eine Erneuerung des schon mehrmals deshalb ergangenen Landesfürstl. Verbots unter gemessen geschärften Strafen gegen die frevelhaften Übertreter, vor der Hand das beste Mittel gegen dieses Übel sein? und darf ich Ew. Hochwohlgeb. falls Sie hierin mir beistimmten, um Verfügung des zu diesem Endzweck nötigen bitten? Mir liegt an baldiger Abstellung dieses Gravamens um so mehr, da ich sonst, u. wofern nicht ernstliche Maßregeln gegen dergl. diebischen Frevel (der auch in den Landesherrschaftl. Waldungen u. Hölzern ziemlich ungeschont ausgeübt wird) genommen würden, Gefahr liefe, in wenig Jahren mein schönes junges Buschholz jämmerlich verdünnt und verwüstet zu sehen.

Verzeihen Sie, Verehrtester Herr Geheimer Rat, daß ich Sie diesmal mit so vielen Angelegenheiten und Repliken auf einmal bombardiere, und erhalten Sie mir Ihre mir unendlich schätzbare Gewogenheit und Freundschaft, so wie ich nie aufhören werde, mit der aufrichtigsten Verehrung und vollkommensten Ergebenheit zu sein Ew. Hochwohlgeboren ganz gehorsamster und verbundenster Diener Wieland.

*

Seit Beginn der neunziger Jahre korrespondierte Wieland häufig mit dem Philologen Friedrich David Gräter (1768–1830). Bei der Rückkehr von seiner Reise nach Zürich (1796) machte er beim »verehrten und geliebten Freund Gräter« in Schwäbisch Hall Station. 1797 besuchte ihn dieser in seinem Oßmannstedter Landgut.

53. An Friedrich David Gräter in Schwäbisch Hall

Oßmannstedt, den 17. Julii 1797.
Wenn ich es für recht und anständig hielte, gegen einen Freund, der sich zu beklagen große Ursache hat, noch gar

Recht haben zu wollen, so könnte ich mein langes Stillschweigen nach Horazens Beispiel damit entschuldigen, »daß ich Ihnen kein Geheimnis aus meiner Trägheit gemacht, sondern Ihnen unverhohlen vorausgesagt,

Daß ich, was Pflichten dieser Art betrifft,

Der Mann nicht sei, auf den man rechnen dürfe.«

Aber die Grazien sollen mich bewahren, daß ich mein in Rücksicht auf Sie ohnehin schon so schwer beladenes Gewissen noch mit der neuen Sünde belasten sollte, rechtfertigen zu wollen, was nicht zu rechtfertigen ist! Ich fühle es nur gar zu wohl, daß ein so langes Verstummen, auf so viele, so große, so interessante, auf so mancherlei Weise zum Antworten herausfordernde, und das *nicht antworten* beinahe unmöglich machende Briefe eines Freundes, den wir auf's vollständigste berechtigt zu haben glauben, daß er einen wichtigen Stein bei uns im Brette habe, daß, sage ich, ein solches Verstummen nur durch eine einzige voll- und allgemein gültige Ursache kann gerechtfertigt werden, und, mit Einem Worte, daß man *gestorben* sein muß, um sich auf eine leidliche Art aus einem so schlimmen Handel ziehen zu können. Und dies ist denn auch – erschrecken Sie nicht, liebster Gräter! – wirklich der Fall Ihres Freundes gewesen, und Sie erhalten dieses Blatt – wie unwahrscheinlich es auch Ihrem Unglauben vorkommen mag – aus einer andern Welt. Ich sehe Sie Ihre Stirne bei diesen Worten in bedenkliche Falten ziehen – Sie beriechen den Brief von allen Seiten und können keinen Schwefel riechen – Das Papier sollte schwarzgelblich aussehen und ist ziemlich weiß – Sie erinnern sich des berühmten Geistes *Gablidone*, und finden es sehr verdächtig, daß diese Zeilen anstatt mit den Fingern auf's Papier gebrannt zu sein, offenbar mit einem Gänsekiel, oder wenigstens doch mit einem schlecht zugeschnittenen Hühnerfuße beschrieben sind. Aber aller dieser Zweifel und verdächtigen Umstände ungeachtet, hat die Sache ihre Richtigkeit; und wiewohl ich nicht behaupten kann, daß ich physisch, oder geistlich, oder gar ewig tot, ja nicht einmal, daß ich civiliter mortuus sei, so ist darum nicht weniger wahr, daß ich der Fürstlich Sächsischen Residenzstadt Weimar und allen ihren Werken und Wesen effective und realiter *abgestorben* bin, und mich nun seit dem 19. April dieses laufenden Jahres mit Sack und Pack, Weib und Kind und Kindeskind, in einer Art von Elysium befinde, welches zwar leider! dem von *Lucian* in seiner wahren Geschichte geschilderten in den Hauptartikeln – der Brötchen und Würstchen und vollen Flaschen, die an den Bäumen hangen, und der gebratenen Hühner, die einem von selbst auf den Teller geflogen kommen – keineswegs ähnlich, aber doch in allem übrigen, ein so schönes, angenehmes und freundliches Elysium und Sorgenfrei ist, als ein alter deutscher Dichter, dessen höchster Wunsch von jeher modus agri non ita magnus, hortus ubi et paulum sylvae foret, war, sich diesseits des Mondes nur immer wünschen kann. Kurz und gut, lieber Gräter, ich habe, in dieser Zeit, während der Sie keine Zeile von mir gesehen haben, unendlich viel zu tun gehabt – Ein Landgut gekauft, mein Haus in der Stadt verkauft, bin mit aller meiner fahrenden Habe von Weimar *aus* und in meine neue Wohnung – welche ne vous déplaise! die Ehre hat ein Schloß genannt zu werden, *eingezogen*, habe mich da wieder eingerichtet, mich in meiner neuen Domaine umgesehen, Reparaturen und Veränderungen vorgenommen, geackert, gesäet, gepflanzt etc. etc. Denken Sie sich, mein Lieber, in das alles so recht lebendig hinein, und sagen Sie sich dann selbst – Aber das ist noch lange nicht alles. Wiewohl ich nicht leugnen will, daß mir, zumal bei schönem Wetter über dem Sacrosanto far niente schon mancher – nicht wiederkommende Tag entschlüpft ist, so ist doch die Zeit, wo mir mit meinem lieben Horaz erlaubt sein wird,

Nunc veterum libris nunc somne et inertibus horis
Ducere sollicitæ jucunda oblivia vitæ.

noch ziemlich weit entfernt. Denken Sie sich also noch hinzu, daß ich binnen eben dieser Zeit die zwei letzten Bände der sechsten Lieferung meiner sämtlichen Werke mit großem Fleiße revidiert, reformiert, emendiert, perpoliert, ballhornisiert, und für das erste Heft des zweiten Bandes vom Attischen Museum die *Ritter* des Aristophanes zugerichtet habe – Denken Sie sich, mein lieber Herr Professor! zu diesem allem dann noch hundert, tausend und zehentausend Abhaltungen, kleine Zufälle, Zerstreuungen, Überfälle von Fremden, Besuche von Freunden, etc. und daß am Ende ein Menschensohn, wenn er auch gleich schon 64 Jahre alt ist, dennoch alle 24 Stunden frühstücken, zu Mittag essen, Kaffee trinken, in seiner dreihundert Schritte langen doppelten Linden-Allee auf und abgehen, in seinem Hölzchen herumkriechen, nach seinen Spalierbäumen, Kohlpflanzen, Gurken etc. etc. sehen, zu Nacht essen und schlafen muß; – und wenn Sie nun nicht Gnade für Recht gehen lassen, und mir alle meine Fehler von ganzem Herzen verzeihen, mein lieber Herr und Freund, so haben Sie gar keinen christlichen Blutstropfen im Leibe, so hat Sie irgend ein Kaukasischer Fels geboren und ein hyrkanischer Tiger gesäugt – Kurz, Sie müßten ein zweiter Robespierre sein, wenn Sie, wie groß auch die wider mich zeugenden Anscheinungen und wie schwer Ihre griefs gegen mich sind, länger ungehalten sein könnten. Also, die Hand her, und alles vergangene, geschehene und nicht geschehene de part et d'autre, verziehen, *vergessen*! Um das letztere muß ich Sie, lieber Gräter, besonders bitten, vornehmlich weil all mein Bißchen Attisches Salz bei der Übersetzung des Aristophanes aufgegangen ist, so daß es mir wirklich unmöglich wäre, Ihnen meine Dankbarkeit für Ihre sales hallenses, i.e. sales salinos, condigne zu bewerktätigen. Fangen wir also, si placet, à conto nuovo an, und haben Sie die Großmut, mich bald möglichst, wiewohl Sie nichts empfangen haben, für alle Antworten, die ich Ihnen bon gré mal gré schuldig bleiben muß, ein für allemal zu quittieren, und dadurch wenigstens zu einiger Beruhigung oder Einschläferung meines Gewissens das Ihrige beizutragen.

Ich habe Ihnen nur eine demi confidence gemacht, lieber Gräter. Sie werden nun auch wissen wollen, was für eine eigentliche Bewandtnis es mit dem Gute hat, für welches ich, *nicht* wie *Horaz* und *Pope*, einem Mäcenas oder Buckingham, sondern lediglich den Musen und Grazien, quarum sacra fero, zu danken habe, es wäre denn, daß Sie einem ehrsamen Publico die unverdiente Ehre antun wollten, es in dieser Rücksicht zu meinem Mäcenas zu machen. Sie wollen wissen, in welchem *angulo* terræ diese *Erdscholle*, welcher ich nun bis an meinen Tod addictus sein werde, eigentlich liege? Wie ihr Name genannt werde? Wie groß oder klein, fruchtbar oder unfruchtbar sie sei? Ob sie auch Öl und Wein hervorbringe, oder ob auch von *ihr* gelte, was Horaz von seinem Sabino sagt: »daß in diesem Winkel Weihrauch und Pfeffer eher reifen werd' als eine Traube?«

Ist es Ihnen wirklich darum zu tun, auf diese und andere Fragen dieses Schlags eine genügliche Antwort zu erhalten? so weiß ich nur Ein Mittel – und das ist: sich je bälder je lieber von Ihren hochgebietenden Herrn und Obern auf drei oder vier Wochen Urlaub auszubitten und in eigner Person via rectissima über Bamberg, Coburg, Saalfeld, Judenbach und Jena nach *Oßmannstädt* zu kommen, wohin Sie von den sämtlichen Damen eines vor 40 Jahren von dem Grafen von Bünau erbauten Hauses hiemit, ea, qua par est reverentia, förmlich eingeladen werden, wo Ihnen bereits eine ganz leidliche Stätte bereitet ist, und wo Sie, in einem geräumlichen und pour la campagne ziemlich wohl garnierten Museo, Sie mit offnen Armen zu empfangen, bereit finden werden Ihren, seiner Epistolophobie zu Trotz, herzlich ergebenen Freund und großen Verehrer Ihres bonis avibus fortgesetzten Bragurs (an die neuen Namen kann ich mich nicht gewöhnen)

Wieland.

*

Wieland bemühte sich wiederholt vergeblich bei seinem ehemaligen Zögling, Herzog Carl August von Sachsen-Weimar, um patronatsrechtliche Hoheitsgewalten über das Dorf Oßmannstedt mit seinen damals neunzig Einwohnern. In seinem Antwortschreiben vom 13. Dezember 1797 lehnte der Herzog aus »sehr erheblichen Gründen« Wielands Wunsch nach Gerichtsbarkeit über Dorf und Flur Oßmannstedt, nach Patronatsrecht über Pfarr- und Schuldiener und nach dem Jagdrecht ab, bewilligte aber jährlich 12 Hasen und 24 Feldhühner für den Wielandschen Haushalt.

54. An Herzog Carl August in Weimar

Oßmannstedt, den 9. Dezember 1797.

Durchlauchtigster Herzog,

Gnädigster Herr,

Ew. Hochfürstliche Durchlaucht haben mir in den 25 Jahren, da ich das Glück habe, Ihnen anzugehören, und noch neuerlich, bei einer für mich sehr wichtigen Gelegenheit, so mancherlei tätige Beweise von Höchstdero gnädigen Gesinnungen gegen mich zu geben geruhet, daß ich, der so viele Ursache zur dankbarsten Zufriedenheit hat, beinah erröten sollte, noch mit einer Bitte vor Durchlaucht zu erscheinen.

Gleichwohl, da der Gegenstand dieser Bitte gewissermaßen das Einzige ist, was mir fehlt, um mich in meiner dermaligen Lage ganz ruhig und glücklich zu fühlen: so wage ich solche um so getroster, da die Gewährung derselben bloß von Ew. Durchlaucht Willkür und Gnade abhängt, und, soviel ich weiß, niemanden daraus der mindeste Nachteil zugehen könnte.

Wiewohl ich mich erst seit acht Monaten zu Oßmanstätt aufhalte, so hab' ich doch in dieser kurzen Zeit schon Gelegenheit genug gehabt, einzusehen und zum Teil zu erfahren, daß mir, nachdem ich, durch den von Ew. Durchlaucht bereits gnädigst genehmigten Kauf, Inhaber eines ansehnlichen Teils des Oßmanstättischen Erblehn-Gutes geworden, etwas sehr Wesentliches mangeln würde, wenn die Gerichtsherrlichkeit, womit die ehmaligen Besitzer dieses Guts von Ew. Durchlaucht Hochfürstlichen Hause von undenklichen Zeiten her belehnt waren, noch ferner, wie seit etlichen Jahren, von demselben abgetrennt bleiben sollte.

Ew. Durchlaucht kennen mich zu gut, als daß ich einiges Mißverständnis über den Beweggrund, warum ich sehr angelegentlich wünsche dieses honorabeln Axioms gewürdiget zu werden, zu besorgen haben könnte. Gewiß würde ich dieser und aller andern zeitlichen Ehren recht gern entbehren, wenn ich nicht versichert wäre, daß mir aus dem Besitz der Gerichte über Oßmanstätt verschiedene, an sich vielleicht geringe, aber für mich sehr erhebliche Vorteile zuwachsen würden, mit deren Aufzählung ich die Geduld Ew. Durchl. zu mißbrauchen billig Bedenken trage. Ich bitte also nur um Erlaubnis, des einzigen Umstands zu erwähnen, daß, vermög' einer Vorstellungsart, die dem Landvolk sehr natürlich ist, alles was ich tun könnte, mich in einige Achtung bei den Oßmanstättern zu setzen, diesen Zweck so lange verfehlen könnte, als sie den Abgang des besagten Axioms als einen, in ihrem Wahn, sehr redenden Beweis ansehen dürften, daß ich bei Meinem und ihrem Gnädigsten Fürsten sehr schlecht angeschrieben sein müsse. Gewiß ist, daß Ew. Durchlaucht mein Verhältnis gegen meine 90 *Nachbarn* zu Oßmanstätt, in vielerlei Rücksicht, durch Erteilung desselben sehr verbessern würden.

Ich erkühne mich also, Gnädigster Herr, mich Ew. Durchlaucht mit der untertänigen Bitte zu Füßen zu legen, daß Höchstdieselbe mir bei Erteilung der auf meinem neu acquierten Gute haftenden Erblehen, auch zugleich die Gerichtsbarkeit über das Dorf und die Flur Oßmanstätt, nebst dem Kirchen-Patronat und der Jagdgerechtigkeit, huldreichst zu verleihen geruhen möchten.

Je weniger es in meinem Vermögen steht, eine solche Gnade um Ew. Durchlaucht verdienen zu können, um so glücklicher würde ich durch den Gedanken sein, daß ich sie einzig und allein als einen freiwilligen Ausfluß der Güte eines Fürsten zu betrachten hätte, den das Schicksal zu meinem Herrn machte, ehe ich Ihn kannte, und den ich, seit ich so glücklich bin Ihn zu kennen, vor allen andern dazu auswählen würde, wenn ich noch zu wählen hätte.

In diesen Gesinnungen werde ich nur mit dem Leben aufhören in tiefster Ehrfurcht zu beharren,

Durchlauchtigster Herzog,

    Gnädigster Herr,

        Ew. Hochfürstlichen Durchlaucht

          untertänigster und treugehorsamster

            C.M. Wieland.

55. An den Schwiegersohn Heinrich Geßner in Zürich

           Oßmannstädt, den 25. Dec. 1797.
Ihre Briefe vom 21. Nov. und 6. Dec. sind mir richtig zugekommen. Das interessanteste für uns, ist immer die Versicherung, daß Sie sich alle von Großmama an bis auf den kleinen Bürger Möni, wohl befinden. Gebe Gott, daß dies auch in diesem Augenblick und noch lange lange immer der Fall sei und bleibe! Auch aus unserm Hause kann ich Ihnen

über diesen Punkt nichts als angenehmes sagen. Wir sind alle, groß und klein, jedes in seiner Art, so wohl, als wir in Weimar selten gewesen sind; und da der heilige Christ auch Herrn *Wilhelm* wieder zu uns geführt hat, so wird um so gewisser alle Tage wieder von unsern Geliebten in Zürich und von dem glücklichen Sommer 1796. den wir bei und mit ihnen verlebten, gesprochen, nicht ohne schmerzliche Empfindung, daß wir nicht auf der Stelle in ihrer aller Arme fliegen können, und daß wir auf die Freude, unsre lieben Kinder wieder und den kleinen Amor unsrer Lotte zum ersten Male zu sehen, noch so lange Verzicht tun müssen. Wie oft sage ich zu Mama: so zufrieden ich in meiner jetzigen Lage bin, so wollte ich doch beinahe wünschen, ich hätte die Mama Geßner nie gesehen; denn sie wird mir nun immer mangeln, so lang ich noch lebe, und nur dann, wann ich diese Einzige entweder bei mir, oder doch wenigstens nicht weiter als Weimar von Oßmannstädt von mir entfernt hätte, nur dann würd' ich mich vollkommen glücklich fühlen. Doch, wann hat des Menschen Herz genug? Wenn mir nun auch dieser, leider! fast unmögliche Wunsch gewährt würde, so würde ich dann auch meinen lieben Heinrich und seine Lotte bei mir haben wollen, und nicht lange, so käme die Reihe auch an Hottinger und Pestalozzi. Ach! warum kann nicht alles, was ich liebe, sich hier zu Oßmannstädt anbauen und eine kleine Republik von guten und glücklichen Menschen ausmachen, wie noch keine gewesen ist! – warum? – warum? – Aber nichts mehr davon. Es soll und muß nun einmal so sein, wie es ist und diese Erde soll kein Himmel sein.

A propos de Pestalozzi, – sagen Sie ihm recht viel freundschaftliches in meinem Namen und daß ihn Niemand höher achten und lieben kann als ich – ohngeachtet die Götter vielleicht selbst nicht wissen, wann ich ihm werde schreiben können. Sein Brief hätte mir noch zehnmal mehr Freude gemacht, wenn ich ein größerer Meister in der Deschiffrier-kunst wäre; denn ohne einen Wahrsagergeist ist es schwerlich möglich den Sinn der wundervollen Haken, die bei ihm die Stelle der Buchstaben vertreten, herauszubringen. Mir genügt indessen, daß ich erraten habe, daß ich ihm ein wenig lieb bin und daß ihm die treffliche Herdersche Rezension seines höchst vortrefflichen Buches Freude gemacht hat. Nur darin irrt er sich, daß er mir einen Teil des Verdienstes dabei, wenn die Wahrheit sagen ein Verdienst ist, zuschreibt; denn die Rezension ist ganz ohne mein geringstes Zutun aus Herders Seele geflossen und ich kenne auch Niemanden, der sie so schön hätte machen können, als Herder.

Ich bin *gestern Abend* nun auch mit den berüchtigten *Wolken* des Aristophanes fertig geworden, die einen namhaften Beitrag in's Museum abgeben. Vielleicht kommt indessen auch etwas von Gediken. *Garven* anzuwerben finde ich fast bedenklich. Lieber wollt' ich den ganz vortrefflichen *Jacobs* in Gotha anzuwerben suchen, der mir näher ist und mit dem ich nicht so viel Ceremonie zu machen brauche. Unser *Hottinger* verläßt uns auch nicht. O wie wäre ich glücklich, wenn ich ihm meine Wolken *vorlesen*, sein Urteil *hören*, seine Erinnerungen benutzen und ihn bei Stellen, wo guter Rat zuweilen teuer ist, um Rat fragen könnte! Sobald ich nur wieder recht zu Atem kommen kann, werde ich ihm auf sein letztes liebenswürdiges Briefchen antworten. Jetzt muß ich mich anschicken auf einige Tage nach Weimar zu gehen, wo ich seit einigen Monaten nicht gewesen bin. Göthen habe ich noch nicht gesehen, werde ihn aber bei dieser Gelegenheit zu sprechen bekommen, wenn er anders nicht just in Jena ist, wo er ganze Monate sich aufhält. Da er alles sein kann was er will, so wundert's mich nicht, daß er so artig bei Euch gewesen ist und Euch alle so bezaubert hat.

Nun noch ein Paar Worte über das, was in der großen

Welt um uns her vorgeht. Was sagen Eure Staatsklugen Köpfe zu dem plötzlichen Rückmarsch der Kaiserlichen in's Bayerische und Salzburgische, und zur Besitznehmung der Franzosen von Mainz? Wahrscheinlich kündigt uns dies eine große, doch hoffentlich unblutige Umwälzung der deutschen Reichsverfassung an. Göthe sang schon vor fünf und zwanzig Jahren.

> Das liebe heilg'e Röm'sche Reich
> Wie hängt's nur noch zusammen!

Diese Verwunderung war schon damals sehr natürlich; und desto weniger hat man sich also zu verwundern, daß es nun nicht länger zusammenhangen will, sondern wie ein aufgelöster Besen auseinanderfällt. Wie sich die Herren wohl darein teilen werden? Darüber sind wahrscheinlich die Herren über unser Schicksal schon einverstanden. Am begierigsten bin ich darauf, wie sich der neue König von Preußen bei der Sache benehmen wird. Hoffentlich friedlich und schiedlich. Man erzählt sich eine Menge Anekdoten von ihm, die zu den besten Erwartungen berechtigen. Ein kluger, verständiger, tugendhafter und ohne großes Geräusch nur zum Guten tätiger König wäre eine herrliche Erscheinung, und Friedrich Wilhelm III. scheint Lust zu haben, der Welt diesen Segen zu verschaffen. Weisheit ist jetzt mehr als jemals, jedermann besonders aber den Archonten, Nomophylaken, Ratsherren und Zunftmeistern anzuwünschen; wenn sie das Gute, was sie tun sollten nicht bald, mit guter Art, und gleichsam aus eigner Bewegung tun, so werden Sie es, vielleicht ehe das Jahr 97. zu Ende ist, tun *müssen*, und dann weder Ehre, noch Vergnügen, noch Vorteil davon haben.

Auf die *vertraulichen Briefe* über Frankreich, freue ich mich, in Hoffnung, daß sie einiges Licht über das unbegreifliche Dunkel des vierten Fruktidors verbreiten werden.

Böttiger hat Ihnen vermutlich schon geschrieben; er hat bereits in die Trompete gestimmt, so viel nur immer schicklich war; denn zu viel ist in allen Dingen noch schlimmer als zu wenig, außer im Geld nicht, dessen man nie zu viel haben kann.

Ich hätte so gerne auch einmal wieder an meine teure geliebte Herzens- und Geistesschwester, Eure gute nie genug zu ehrende Mutter, und an Lottchen, der ich schon so lange einen Brief schuldig bin, geschrieben; aber da ich den ganzen Tag mit der Feder arbeite, so wird man endlich des Schreibens müde und auch der Geist wird zuletzt schachmatt und fühlt sich nicht aufgelegt, noch Briefe zu schreiben, die der Person an welche sie gerichtet sind, einige Unterhaltung geben könnten. Nur müßige Leute können Briefe schreiben, die des Lesens wert sind. Auch Euern Geschwistern fehlt's nicht an Entschuldigungen; die reelste ist, daß sie nicht gerne schreiben, doch ist auch wahr, daß sie den ganzen Tag über viel zu tun und zu besorgen haben; überdies spinnen alle fünf Schwestern fleißiger als die Parzen, die Pastorin oft bis um Mitternacht, und zuweilen liest eine den übrigen etwas dabei vor. So vergeht uns denn die Zeit unvermerkt, und trotz der Einförmigkeit und Trivialität unsrer Lebensweise, hat doch Niemand lange Weile, und wir wundern uns alle, wo das Jahr 1797. hingekommen. Viel Glück, Heil und Segen zum Jahr 98. das wir nun bald antreten! Es scheint mit großen Ereignissen schwanger zu sein. Gebe der Himmel, daß wir sie nur aus den Zeitungen kennen lernen und daß ein allgemeiner Friede die Welt endlich einmal wieder zu Atem kommen lasse.

*

Friedrich Justin Bertuch (1747–1822) war einer der erfolgreichsten journalistischen Unternehmer, der in einem Landes-Industrie-Comptoir seine zahlreichen Gründungen zusammenfaßte und zeitweilig fast ein Zehntel der Weimarer Bevölkerung beschäftigte. Mit Wieland war er jahrzehntelang freundschaftlich verbunden, stand ihm bei der Herausgabe des »Teutschen Merkur« zur Seite und ließ 1813 den Leichnam des Dichters vor der Überführung nach Oß- mannstedt in der Eingangshalle seiner Weimarer Villa feierlich aufbahren.

56. An Friedrich Justin Bertuch in Weimar

Oßmannstedt, den 14. Februar 1799.

Liebster Bertuch,

Der heurige Winter ist so streng und die gemeine Holz- not so groß, daß kein Hausvater zu verdenken ist, wenn er, wiewohl gegen das Evangelische praeceptum nicht für den andern Morgen zu sorgen, schon für den Winteer von 1800 sorgt und dies um so mehr, da uns niemand Bürge davor sein kann, daß der nächstfolgende Winter milder sein werde als der gegenwärtige. Denn es ist nicht unmöglich, daß wir eben so leicht zwei oder drei sehr kalte Winter hinter einan- der bekommen, als wir deren etliche klaatrige u. pluviose gehabt haben. Seien Sie also versichert, daß mir Ihre künf- tige Holznot schon im Voraus zu Herzen geht, wiewohl Sie in Ihrer Schilderung den tragischen fond des Sujets mit komischen Farben möglichst égayiert haben.

Daß ich aber dato noch außer Stande bin, Ihnen positiv zu melden, wie viel ich Ihnen werde abgeben können, wer- den Sie, lieber Freund, aus folgenden Umständen Selbst ermessen. 1) Haben sich schon mehrere Freunde, die eben dasselbe Bedürfnis drückt, bei mir gemeldet, und da ich mich, wenigstens in allgemeinen terminis willfährig gegen sie erklärt, so werde ich wohl genötigt sein auch auf diese einige Rücksicht zu nehmen; 2) muß ich nolens volens auch einige meiner Nachbarn in Oßmannst. bedenken, die sich besonders auf meine *Wällen* Rechnung machen. 3) Werde ich selbst für meine eigne consumtion, die izt schon stark ist, u. künftig, bei vollständiger Wirtschaft, beträchtl. stärker wird, eine ansehnliche Quantität brauchen, und 4) weiß ich dermalen selbst noch nicht, wie viel Holz in meiner Wald-Portion diesmal wird geschlagen werden können, weil der ungewöhnlich angehäufte Schnee den Wald unzugangbar macht, und ich nicht nur noch keinen Augenschein von seinem dermaligen Bestand habe nehmen oder durch peritos in arte nehmen lassen können, sondern auch mit dem Forstbedienten Istleb, der die Aufsicht über mein Holz hat, noch kein Wort darüber gesprochen habe. Gewöhnlich werden in meinem Anteil nicht über 15 Klafter Scheite jährl. gemacht, wovon ich 1 Kl. an den Forstbedienten in partem Salarii und 1 dito an den hiesigen Herrn Pastor abzugeben habe. Soviel ich vorläufig höre, soll heuer ein größeres quantum geschlagen werden; ich weiß aber wie gesagt noch nicht, was es damit für eine Bewandtnis hat, und kann also auch noch keinen Überschlag machen.

Ich beklage sehr, daß ich Ihnen, dem ich mit so vielem Vergnügen bei dieser wie bei jeder andern Gelegenheit, unbedingt gefällig sein möchte, keine tröstlichere Antwort auf Ihre Anfrage und das Erbieten, mir alles, was ich nicht selbst brauche zusammen abzunehmen, geben kann. Was ich werde tun können, will ich Ihnen melden, sobald ich es selbst weiß. Indessen werden Sie immer wohl tun, wenn Sie Sich auch anderer Orten soviel möglich zu prospicieren suchen; was doch, da so viele Gutsbesitzer in hiesigen Gegenden Holzungen haben, nicht unmöglich sein kann. Glücklich ist freilich dermalen ein jeder zu preisen, der etwas eigne Waldung hat; bei meinem Gütchen ist indessen auf diesen Artikel so sehr gerechnet, daß ich, *ohne den Umstand*, daß das Brennholz immer stärker gesucht und dadurch auf einen hohen Preis getrieben wird, einen schlimmen Kauf getan hätte. Gleichwohl soll mir lieb sein, wenn der ansehnliche Steinkohlen Vorrat, den die h. Cammer den Branntweinbrennern verspricht, die gehoffte Wirkung tut und den übermäßigen Preis des Holzes (das man am Ende doch noch weniger entbehren kann als Zucker u. Kaffee) wieder herunter bringen wird. Denn zum Handelsmann bin ich nun schon, wie Sie wissen, verdorben; zumal mit meinen Freunden. Wie sehr ich der Ihrige bin, wissen Sie längst. Sein Sie also nochmals versichert, daß ich, in vorliegendem Fall, soviel zu Ihrer Befriedigung tun werde, als mir den Umständen nach möglich sein wird. Und hiemit, liebster Bertuch, umarmt Sie von ganzem Herzen Ihr alter treuergebenster Freund Wieland.

Verzeihung für diesen zufälligen Wachsflecken. Es fehlt mir an Zeit das Blatt umzuschreiben.

*

Sophie Brentano, Tochter der mit dem Frankfurter Kaufmann Peter Anton Brentano verheirateten Maximiliane La Roche und ältere Schwester von Clemens und Bettina Brentano, war im Sommer 1799 mit ihrer Großmutter Sophie von La Roche zu Besuch nach Oßmannstedt gekommen. Geduldig ertrug der 66jährige Wieland die langjährige Freundin und einstige Jugendgeliebte, die bisweilen wie eine Reporterin in Wielands Besitzungen recherchierte, um später ihre Eindrücke in einem ihrer zahlreichen Reiseberichte zu veröffentlichen. Von der Erscheinung der Dreiundzwanzigjährigen aber war der Dichter in höchstem Maße gefesselt. Sie wurde ihm zum Vorbild für die Lais in seinem Roman »Aristipp und einige seiner Zeitgenossen« (1800/02). Im Juli 1800 kam Sophie Brentano erneut zu einem längeren Aufenthalt nach Oßmannstedt. Sie starb an einer nicht schlüssig diagnostizierten Nervenkrankheit im September im Hause Wielands und ist neben ihm und seiner Frau Anna Dorothea im Oßmannstedter Park begraben: »Es war eine wahre vision béatifique für mich – und wie sie (als ob sie von einer weiten langen Reise wieder käme) auf mich zuflog, ich sie in meine Arme schloß und nun, indem ich sie zu wiederholten malen an mein Herz drückte, mit innigster Gewißheit zu mir selbst sagen konnte:

Sie lebt, die du tot geglaubt hattest, sie lebt...« *(an Sophie von La Roche, 18. 11. 1800).*

57. An Sophie Brentano in Frankfurt

Oßmanstätt, den 27sten Novemb. 1799.
Nein, liebste Tochter meines Herzens, nie wird *die kleine* Sofie von dem Manne, den das Ihrige zu ihrem Vater erwählt hat, der *Saumseligkeit* und des *Undanks* beschuldiget werden, und wenn sie es auch drei u. vier Mal länger anstehen ließe, ihn durch einen schriftlichen Besuch zu erfreuen. Es ist wahr, mit jedem Frankfurt. Posttage (deren zu Weimar wochentlich *vier* sind) sah ich einem Briefchen entgegen; aber jedes Mal, da ich meine Hoffnung getäuscht fand, hatte ich auch sogleich eine Menge von Entschuldigungen bei der Hand, und eher könnte ich glauben daß ein Stück vom Kristallhimmel oder ein apokalyptischer Stern auf die gute Stadt Frankfurt herabgefallen sei, als daß der Liebling meiner Seele ihren alten sie so wahrhaft väterlich liebenden Freund vergessen oder vernachlässigen könnte. Wollte mich in solchen Fällen auch eine kleine Ungeduld anwandeln, so tröste ich mich mit dem Gedanken, daß wenigstens in der Zeit, da Sie mir *nicht* geschrieben haben, Ihr schönes Auge, das mir mehr als meine eigenen, am Herzen liegt, vielleicht Ruhe gehabt, und doch um etwas weniger angestrengt worden – – denn Sie haben Sich, wie es scheint, an eine so kleine (wiewohl eben so deutliche als niedliche) Handschrift *gewöhnt*, daß ich mir beinah ein Gewissen daraus mache, Sie dadurch, daß ich Ihnen sage wie unbeschreiblich glücklich Sie mich durch Ihre Briefe machen, in Versuchung zu führen, mir recht oft und viel zu schreiben.

Sie sagen mir, liebe Sofie, mit der Ihnen eigenen Grazie des Ausdrucks soviel Schönes über Ihren leider! nur gar zu schnell vorüber geschlüpften Aufenthalt im Osmantinum, daß ich notwendig glauben muß, er habe Ihnen wohlgetan – – denn ich schmeichle mir, oder bin vielmehr gewiß, daß ich in den Grund Ihrer Seele gesehen habe und mich nicht irren kann, wenn ich glaube, daß Lauterkeit, Wahrheit und Unschuld *Teile Ihres Wesens* sind – – Sie *waren* also bei Ihrem guten Vater und Ihrer Sie inniglich liebenden und schätzenden Mutter Wieland glücklich, und *sind es in Ff. nicht* – – Denn, wiewohl alles, was Sie mir von ihrer, an sich sehr lobenswürdigen Geschicklichkeit sich selbst zu täuschen, und von der Gelassenheit und Ruhe, womit Ihre schöne Seele Widerwärtigkeiten, Gefahren und fernher drohende Stürme zu ertragen weiß, sagen, recht schön und gut ist, so kann ich mir doch selbst nicht verbergen, daß Sie alles das noch besser u. leichter ertragen, und, wo nicht *glücklich*, doch *viel weniger Nichtglücklich* sein würden, wenn Sie bei Ihrem Vater Wieland lebten. Freilich stünd' es nicht in seiner Macht, *die finstern Wolken vom Ufer der Donau* zu vertreiben – – aber – – Sie kennen doch den Wundertrank Nepenthes, wovon die schöne Helena in der Odyssee dem wehmütig trauernden Telemach eine Schale voll reicht? – – Ihr guter Vater besitzt ein ähnliches schmerzstillendes Arcanum, wie Sie wissen; und er ist ganz gewiß, daß Sie bei und mit ihm, ihres Leids öfter vergessen, und der unversiegbaren Quellen von Zufriedenheit und Lebensfreude, die in Ihrer eignen Seele fließen, ungestörter und reichlicher genießen würden, als da wo Sie sind. Ziehen Sie nun das Resultat aus diesem allen Selbst, liebe Sofie. Alles ist möglich, wenn wir ernstlich wollen. Sollten Sie die Erfüllung meines sehnlichsten Wunsches nicht möglich, und wenn sie möglich ist, nicht wirklich machen können? – – Im Osmantino sind seit kurzem allerlei Veränderungen und Transpositionen vorgenommen worden. Was ehmals *mein* Zimmer war, ist nun der Frau des Hauses eingeräumt; die ehmalige Bibliothek ist in ein schönes Gesellschaftszimmer verwandelt, die Bücher hingegen in die – – – Eckstube (wo Sie, armes Kind! so unbequem u. unlieblich schlafen mußten) und in das kleine boudoir, wo die gute Großmutter – *nicht* schlief, transportiert worden. Nun liegt zwischen dem dermaligen in den Garten sehenden Gesellschaftszimmer und der Frauen Stube ein recht artiges hinlänglich geräumiges Zimmerchen in der Mitte. Das sollte das Ihrige sein, liebstes Kind! – wenigstens so lange bis ein paar Zimmer für Sie in dem andern pavillon fertig gemacht wären. Sie würden uns, bei diesem arrangement, nicht im geringsten beschwerlich sein, und Sie selbst befänden sich wenigstens sehr leidlich, und ohne alle Vergleichung besser als da Sie diesen Sommer bei uns waren. Ihre Mutter Wieland spricht öfters mit mir davon, und fühlt es eben so stark und innig, welch ein Zuwachs von Glückseligkeit mir und ihr dadurch zugehen würde. Meine ganze Familie teilt diese Gesinnungen mit uns. Sie würden unter lauter gutartigen, kunst- und Anspruchlosen, unverbildeten, größtenteils frohsinnigen Kindern der Natur leben, im Schoß einer zahlreichen Familie die vielleicht die einzige dieser Art in der Welt ist; sie würden wie ein guter Engel, wie eine Nymphe des Himmels unter uns sein, von Allen mehr als ein Kind, mehr als eine Schwester geliebt – – und Ihres Vater Wielands letzte Jahre u. Tage würden durch Sie, durch Sie, liebe liebe Sofie, die frohesten seines ganzen Lebens und ein wahres Vor-Elysium werden!! Überdenken Sie das alles, Liebe, und das, was Ihnen Ihr Herz *zuerst* eingeben wird, ist sicherlich die Stimme Ihres guten Genius. Es sei ihr Orakel!! Ich kann mir keine Schwierigkeiten denken, die nicht, sogar ohne große Anstrengung, zu besiegen sein sollten. Man kann Alles was man will, so bald man's ernstlich will! Dabei bleibts!

Ich wag' es kaum, meine liebe Tochter, Sie um nähere Nachrichten von Ihrem *Freund* in W. und um deutlichern Bericht über das an den Ufern der Donau sich aufziehende

Gewitter zu bitten. Ich möchte viel lieber Alles schmerzliche von Ihrer zarten Seele entfernen – – – Und doch – – –

Ist irgend etwas Drückendes, das durch trauliche Niederlegung in den Schoß eines Väterlichen Freundes, leichter zu tragen würde, so erleichtern Sie Sich dessen, in den meinigen. Herzlicher kann weder Engel noch Mensch Anteil an Ihnen nehmen als ich und das andre Ich an meiner Seite. Möchten wir nur etwas zum Beweise dessen, was wir für Sie empfinden, für Sie *tun* können! *Warum* sind die, die den besten Willen haben, immer die unvermögendsten? – – würde Ihre Großmutter fragen, die gute Frau, die sich in ihrem 69 Jahre noch *über Alles verwundert* wie ein Mädchen von 15 – – *Mir* ist alles menschliche sehr klar, und ich weiß recht gut *warum*! Nur hilft mirs wenig mehr als wenn ichs nicht wüßte.

A propos der lieben Großmama will ich Ihnen nicht verhalten, daß ich gleich nach ihrer Abreise von Weimar einen Brief von einer ganzen *Oktavseite*, weitläufig geschrieben, von ihr erhielt, worin sie sehr darüber *wehklagt*, daß ich weiß nicht welch ein feindseliges Geschick oder mißgünstiger Dämon ihr während ihres Aufenthalts zu Oßmanst. sie nicht zu der so sehnlich gewünschten Satisfaktion habe gelangen lassen, mir den Schlüssel zur ganzen Geschichte ihres Lebens zu geben, ihre ganze Seele vor mir aufzudekken, und dadurch die *Vorurteile*, die ich gegen sie gefaßt hätte, zu zerstreuen, welches doch die Hauptabsicht ihres Besuchs gewesen sei. Ich antwortete ihr hierauf mit meiner gewohnten Aufrichtigkeit umständlich und ernst, doch freundlich, schonend und sogar ein wenig liebkosend, um der etwas bittern Arznei soviel möglich den widrigen Geschmack zu benehmen. Sie hatte reichlichen Stoff zum Antworten und beinahe jede andere hätte sich zu einer Antwort auf einen Brief, wie der meinige war, *gedrungen* gefunden; aber *sie* tat, was sie in ihrem ganzen Leben bei solchen

Anläßen, vermöge eines besondern, ihr sehr bequemen Grundsatzes, immer getan hat, – sie schwieg und verstummte wie ein Lamm vor seinem Scherer. Inzwischen hat sie sich mit dem guten Lütkemüller in Korrespondenz gesetzt, der, so viel ich weiß, schon ein Paar *wehklagende* Briefe von ihr erhalten hat, worin sie mit der Vorsehung (an welche sie doch so stark glaubt) ein wenig zu hadern scheint, daß *Schlosser* nicht unsterblich war, daß das Haus *Dorville* zu Frankfurt, weil es nicht länger stehen konnte, gefallen ist, und daß eine von ihr (vermutlich mehr mit dem Herzen als mit dem Kopf) gestiftete Ehe nicht besser als ein Paar andere, wobei sie ebenfalls die Juno pronuba war, zu geraten das Ansehen habe. Ich weiß alles, l. Sofie, was Sie mir hierüber, als eine Pflichtvolle Enkelin zu Rechtfertigung und Entschuldigung der guten alten Dame sagen können; ich kann mich leicht an den Platz der letztern setzen, und ihr dreifacher sehr gerechter Schmerz würde mir zu Herzen gehen, wenn sie, anstatt die Vorsehung mit ihren ewigen *Warums* zu behelligen, das ihr auferlegte Päckchen Leiden geduldig, und wie einer gesetzten verständigen Matrone geziemt, ertrüge. Aber seit dem letzten Briefchen, worin sie mir die Freude, sie einige Wochen bei mir gehabt zu haben, so häßlich verpfeffert hat, bin ich, ich gesteh es offenherzig, noch mehr als sonst geneigt, es ein wenig scharf mit ihr zu nehmen, und michs sehr verdrießen zu lassen, daß ich sie, nach einer so langen Trennung, in einem so nah an 70 vorgerückten Alter, nicht um einen Atom *weiser* gefunden habe, als sie im 20sten war. Wozu alles dies *Ihnen* meine liebe Tochter? Erstens, weil ich gewiß bin, daß alles was ich Ihnen von u. über Ihre GM. sagen u. schreiben kann, ihr nicht das Allergeringste von den Gesinnungen, so Sie für selbige hegen und so Sie ihr zum Teil schuldig sind, entziehen kann, so daß ich also keinen Beweggrund sehe, warum ich meine Seele nicht ein wenig gegen einen so guten Engel, wie meine kleine Sofie ist, erleichtern sollte; u. zweitens, weil ich wünsche, sie möchten ein wenig *Mitleiden mit mir haben* daß ich die alte Freundin und erste Liebe meiner Jugend nicht so von ganzem Herzen und von ganzer Seele liebhaben *kann*, wie ich wünschte. Es ist klar, daß sie das merken *mußte*, und gemerkt *hat*: warum also, zumal ihr (wie sie sagt) so gar viel an meinen Gedanken von ihr gelegen ist, warum ließ sie 5 Wochen die wir unter Einem Dache zubrachten, vorbeigehen, *ohne mir* (nach ihrem Ausdruck) *ihre Seele zu zeigen*? Waren wir einander etwa nicht nahe genug? Hatten wir nicht überflüssig Zeit dazu? Legte ich selbst es ihr nicht mehrmals nahe genug? Wozu also hinter drein die ungereimte Wehklage über ein selbstgemachtes Übel? Solche Verkehr[t]heiten an Personen, die ich so gern lieben und also *hochachten* möchte, sind mir penibel, und *Sie*, Sofie! sollen Mitleiden mit mir haben; denn ich leide wahrscheinlich mehr dabei als die alte Dame, der es zu ihrer Existenz nötig zu sein scheint, daß sie immer etwas mit dem lieben Gott zu hadern und zu protzen habe.

Jedermann findet, M^c L. R. habe ein ungemein glückliches Mittel gefunden, die Hälfte des zweiten Teils ihres Schreibtisches unendlich interessant zu machen; nur sind $^9/_{10}$ von ihren Leserinnen in Deutschland sehr unzufrieden, daß sie, aus Mangel an genugsamer *Kenntnis* der französ. Sprache, leer dabei ausgehen. Niemand will einer so geübten und berühmten Schriftstellerin die kahle Entschuldigung, warum sie diese Briefe nicht übersetzt habe, gelten lassen. Denn in der Tat gibt es nur Einen gültigen Grund, sie deswegen zu entschuldigen; aber vermöge dessen hätte sie auch den Schreibtisch ungeschrieben lassen und überhaupt gar keine Schriftstellerin werden sollen. Wie wär' es, l. Sofie, wenn Sie Sich das Verdienst um Ihre ächtdeutschen Landsmänninnen machten, und alle diese deliziösen Briefe der Julie Bondely diesen Winter durch in aller Stille übersetzten? Es ist unsäglich welche Freude Sie mir dadurch machen würden. Sie schickten sie mir dann zu, ich revidierte sie allenfalls, wo es etwa nötig sein möchte, und ließe sie dann recht zierlich drucken, und es sollte ein Geheimnis zwischen uns bleiben ewiglich, oder wenigstens so lange bis Sie es selbst verrieten. Qu'en dites-vous, mon petit Ange?

Der *gefährliche* Mensch u. seine reizende *Freundin*, nach denen Sie sich zu erkundigen die Güte haben, befindet sich on ne peut pas mieux, et leur amitié ne fait que croître et embellir. Sie haben seitdem Oßmanstätt wieder zu einem gemeinen Dorf herabgesunken ist, ziemlich viele Briefe mit einander gewechselt, worunter mehr als einer ist, der vermutlich Interesse für meine Sofie haben würde. Aber um der schönen Laiska über ihr portefeuille zu kommen, ist kein ander Mittel, meine Liebe, als – das kleine Zimmer zwischen No 1 u. 3 im Osmantino zu beziehen – und so hätten Sie denn einen Beweggrund mehr, den ersten meiner Wünsche zu beschleunigen.

Aber habe ich denn gar kein Mitleiden mit dem schönsten und liebenswürdigsten aller Augen? – Weg mit der heillosen gritzelnden Feder! Wiewohl ich eben sehe, daß ich Ihnen, mit allem meinem Gekritzel, dennoch auf eine Frage nicht geantwortet habe. Es gehört aber auch eigentlich keine Antwort darauf, denn sie beantwortet sich selbst, und nur der aller ausgemachteste Egoist kann eine Seele wie meine Tochter Sofie ist, des Egoism beschuldigen, weil alle ihre Bewegungen sanft u. harmonisch sind, weil sie nie flammt u. flacht und braust und schäumt, und zu weise ist, sich *immer* zum Opfer des Egoism der wirklichen *Ichler* zu machen. Und nun danken Sie dem Himmel daß ich aufhöre, da ich mich doch schämen müßte, das dritte Blatt zu nehmen, und auf diesem kaum noch so viel Raum übrig ist um einen väterlichen segnenden Kuß auf Ihre Stirne zu drücken und Ihnen Lebewohl zu sagen.   V[ater] Wieland.

Zunehmende Schuldenlast, wirtschaftliche Mißerfolge und vor allem
der Tod seiner Frau (8. 11. 1801) veranlaßten Wieland, schon
nach sechs Jahren (1803) seinen Traum von einem Leben als »poeti-
scher Landwirt« wieder aufzugeben, das Landgut zu verkaufen und
nach Weimar zurückzukehren.

58. An Karl Leonhard Reinhold in Kiel

Oßmannstedt, den 4./5. September 1802.
Mein lieber Sohn Reinhold,

Ich erhasche mit großem Vergnügen die meine epistolari-
sche Trägheit aufstörende Gelegenheit, die mir durch die
Rückreise der Jgfr. Lisette angeboten wird, Ihnen, nach
einem allzulangen Stillschweigen, wieder einen schriftlichen
Besuch zu machen. Es ist eine wunderliche, aber doch aus
einem Zusammenfluß von mancherlei Ursachen sehr erklär-
bare Idiosynkrasie bei mir, daß ich überhaupt eine fast un-
widerstehliche Abneigung gegen jede andre Epistologra-
phie als die zum Druck bestimmt ist, habe, aber ganz besonders hart daran gehe, an diejenigen zu schreiben, mit denen
ich immer zu leben und täglich umzugehen wünsche.

Die binnen 8 Jahren ziemlich abgeblühte Lisette wird
Ihnen und meiner lieben Sophie von meinem äußern Menschen, von meinem dermaligen Hauswesen, und überhaupt
von allem, was an und bei mir in die fünf gröbern Sinne fällt
und binnen einem Paar Tagen aufgefaßt werden kann, ziemlich ausführlichen Bericht erstatten können. Als Supplement
dazu füge ich folgendes bei.

Mein Osmantinum hat durch den Verlust meiner unwie-
derbringlichen Alceste, wie ein Zauberschloß durch die
Zerbrechung eines Tailsmans, allen seinen ehmaligen Zau-
ber für mich verloren; ich lebe nur noch durch schmerzlich
süße Erinnerungen darin, und das Grab meiner bessern
Hälfte ist das Einzige, was mich noch an diesem Boden fest

hält. Und doch kann ich es nicht mehr lange hier ausdauern, und habe mich daher von Anfang des Junii bis Ende Augusts größten Teils zu Tiefurt bei der verwittibten Herzogin aufgehalten, wo die Fürstin sowohl als ihre Umgebungen alles ihnen mögliche tun mich aufzuheitern, und mir ihr Wohlwollen durch Attentionen und égards zu bezeugen, die ein alter Vater von seinen leiblichen Kindern kaum erwarten dürfte. In dieser gefälligen und auf mancherlei Art interessanten Gesellschaft schlürfe ich dann unvermerkt einige Tropfen von jenem Homerischen Nepenthes ein, der wenigstens auf einige Stunden des Tages seine Wirkung tut. Die Herzogin hat mir in der Wohnung ihres Gärtners ein Paar ganz bequeme stille Zimmerchen zurichten lassen, worin ich Herr u. Meister bin. Die Vormittage und ein paar Nachmittagsstunden sind gänzlich zu meinem beliebigen Gebrauch, und ich bin also so wenig als nur möglich dadurch geniert, daß ich der Commensal einer Fürstin bin. Denn eine bessere in ihrer Art und von ihrem Stande gibt es wohl schwerlich auf diesem Erdenrund. Indessen, da ich zu alt und welterfahren bin, um mich selbst zu täuschen, und nicht sehr stark zu fühlen, daß es nicht natürlich zugehen müßte, wenn ein Mann, der morgen sein 70stes Jahr antreten wird und seit 10 Monaten einen Stoß erlitten hat, durch den er vollends zu einer bloßen Ruine seines ehmaligen Selbsts zusammengefallen ist, Personen, die eine Art von Privilegium haben, sich von *andern* unterhalten und amüsieren zu lassen, nicht endlich, trotz aller ihrer Gefälligkeit und Geduld, lange Weile machen sollte, – habe ich vor nötig oder wenigstens schicklich gefunden, mich seit verwichnem Sonntag wieder in meine Einsamkeit zurückzuziehen, und wiewohl ich versprechen mußte, daß es nicht auf lange sein sollte, so gedenke ich doch den größten Teil des Herbsts in Oßmanst. zuzubringen, wo Ceres und Pomona sich in diesem Jahr in die Wette beeifern, mir das Landleben, welches in den ersten Jahren soviel Reiz für mich hatte, wenigstens noch so angenehm zu machen, als in meiner jetzigen Lage möglich ist.

Diese Lage wird indessen auch von außen, mancherlei Ursachen wegen, über welche mich zu explizieren zu weitläufig wäre, immer drückender; zumal da mir diejenige nicht mehr zur Seite ist, die mir alle Lasten des Lebens so willig und so erleichternd tragen half, daß ich manche kaum fühlte. Die schwerste, die izt auf mir liegt, ist mein Landgut zu O. das nicht klein genug ist um mein *eigen* zu sein, und nicht groß genug, daß mich die Interessen, die ich davon zu zahlen habe, nicht in die Länge aufzehren sollten. Der wesentlichste Punkt bei der Sache ist, daß die beträchtlichen Zuflüsse, die ich ehmals aus literarischen Quellen zog, beinahe gänzlich zu versiegen anfangen. Mit dem Merkur ist es dahin gekommen, daß er mir im nächsten Jahr nur noch 100 rth. abwerfen wird, welche zwar, da ich nichts mehr als meinen Namen zu diesem Journal hergebe, insofern reiner Gewinn sind, aber dem ungeachtet, gegen ehmals, eine große Lücke in meiner Kasse lassen. Auch das Attische Museum wird, wahrscheinlich, nächstens geschlossen werden. Der Buchhandel in Deutschland ist in einen Verfall geraten, der allen Autoren, die vom bloßen Buchmachen *leben müssen* oder leben *wollen*, der Hungertod droht. Der größte Teil unsrer Buchhändler steht auf dem Bankrott, und die bessern erhalten sich nur noch durch Lavieren und Einziehen der Segel, mit denen sie, vor wenigen Jahren, noch so stolz und fröhlich einher fuhren. An literarische Spekulationen ist izt kaum zu denken, und *Schiller* und *Kotzebue* (ein ungleiches Paar beim Jupiter!) sind beinahe noch die einzigen, deren Werke mit Gold aufgewogen werden. Gegen mich hat indessen Göschen sich noch immer sehr edel, und (ich bin ihm dies Zeugnis schuldig) als ein wahrer *Freund* benommen. Er hat sein Möglichstes getan; auch habe ich das Wenige, was ich mein nennen kann, bloß durch *seine* Vermittlung erworben. Allein ein Teil davon ist durch den großen Bau, wozu mich der übel berechnete Gutskauf nötigte, verschlungen worden; und wenn ich nicht nach und nach um den Rest kommen will, so ist kein ander Mittel, als das eigentliche Landgut (das, nach einem sehr billigen Anschlag, auf 21000 Thlr. taxiert ist) zu verkaufen, und nur das Haus, so ich bewohne und den daran liegenden, 26 Acker haltenden Garten zu behalten. Dies ist denn auch, wozu ich mich, nach vielen mit meinem Cammerconsulenten u. Finanzminister Stichling gepflogenen Beratschlagungen, entschlossen habe. Kann ich einen Käufer finden, der mir für den andern großen Pavillion nebst den neugebauten Wirtschaftsgebäuden, den sämtlichen Äckern Wiesen und beträchtlichen Holzungen etc. 20 m Taler bar bezahlt, so ist mir geholfen, und die Möglichkeit ist da, den Rest meines Lebens weder kümmern noch darben zu müssen.

Ich mache Ihnen, mein liebster Reinhold, diese Confidenz nicht um wehzuklagen, sondern weil es nötig ist, daß Sie in meinen Umständen ein wenig klar sehen, um sich selbst manches, was sonst unbegreiflich wäre, erklären zu können. Ich fürchte das Ganze werde Ihnen dem ungeachtet noch ein Rätsel bleiben; aber damit Ihnen nicht nur meine Lage, sondern auch die antecedentia und concomitantia, wie, warum und wodurch ich in diese Lage gekommen bin, ganz deutlich würden, sind *mündliche* Expectorationen nötig; und dies gehört unter die Ursachen, warum ich so sehr wünsche, einen Besuch von Ihnen erhalten zu können. Allein auf der andern Seite sehe ich mich durch die Erwägung der großen Kosten, die mit einer solchen Reise verbunden wären, gezwungen, Sie ernstlich zu bitten und darauf zu bestehen, daß Sie diese Reise (wie sehr sie auch der Wunsch Ihres und meines Herzens ist) nicht eher unternehmen, bis ich im

Stande bin, Ihnen wenigstens die Hälfte der Reisekosten zu vergüten. Wie bald dies möglich sein wird, kann ich izt nicht sagen; aber *dabei*, mein Bester, bleibt es, daß dies die einzige Bedingung ist, unter welcher mir Ihr Besuch willkommen sein wird.

Die Übersetzung des *Ion* von Euripides, die mich während eines Teils des letzten traurigen Winters beschäftigte und gewissermaßen *rettete*, hat mir Lust gemacht, noch mehrere Stücke dieses ungemein anziehenden alten Dichters zu übersetzen und zu kommentieren. Dermalen arbeite ich an seiner *Helena*, und, wenn ich mit dieser fertig bin, werde ich die Medea und die Bacchanten unternehmen. L'appetit vient en mangeant, heißt es bei mir unter solchen Arbeiten; wenn ich noch Stunden habe, wo ich mich glücklich fühle, so sind es diejenigen, da ich mich auf diese Art beschäftige. Andrer Gewinn ist davon kaum zu hoffen. Indessen bin ich, aus Veranlassung der knauserischen Manier wie ich von dem jetzigen Verleger des Att. Museums behandelt werde, auf den Gedanken gekommen, ein *Theater der Griechen*, nach dem Plan der neuen Ausgabe (von Prévost) des Theatre Grec du P. Brumois zu unternehmen – näml. eine Übersetzung aller auf uns gekommenen Werke des Äschylus, Sophokles, Euripides u. Aristophanes, nebst den dazu gehörigen Abhandlungen, Einleitungen, Anmerkungen, Analysierungen, etc. eine Unternehmung, welcher ein Mann von meinen Jahren natürlicher Weise allein nicht gewachsen ist, u. wozu ich also mit dem sehr geschickten Prof. *Jacobs* in Gotha für die Übersetzungen, und mit *Böttigern* für die antiquarischen und artistischen Abhandlungen in Gesellschaft treten würde. Das Projekt ist so weit reif, daß es nur noch auf einer Conferenz mit Göschen beruht, um zu wissen, ob er den Verlag selbst übernehmen will, oder ob wir uns, unter den wenigen Buchhändlern die noch fest stehen, um einen andern Verleger umsehen sollen.

Und nun, Lieber, lassen Sie mich auch fragen, womit *Sie* Sich beschäftigen, und ob meine Hoffnung nicht zu sanguinisch ist, daß Sie Sich noch entschließen werden, aus den übersinnlichen Höhen der Transcendental-Philosophie herabzutauchen, und sich, wie Sokrates, oder wenigstens wie Plato zuweilen tut, gefallen lassen werden, die Philosophie wieder zu humanisieren, und die Menschen, wie sie sind, in menschlicher Sprache und in einer ihren Fähigkeiten und Bedürfnissen angemeßnen Manier zu belehren quid Verum atque Decens – Baggesen wenigstens, der mich im verwichnen Julii zu Tiefurt, wie eine Erscheinung, überraschte, versicherte mich dessen ziemlich positiv.

Dieser Baggesen hat sich (wenn anders alle Augen, die ihn zu Weimar u. Tiefurt sahen, nicht fasziniert waren) seit einigen Jahren sehr zu seinem Vorteil geändert. Wir fanden ihn, ohne daß er etwas von seiner Genialität verloren hätte, um ein großes Teil ruhiger, gesetzter und vernünftiger als ehedem; und er gefiel allgemein. Schade, daß wir ihn nur im Flug genießen konnten.

Ich hätte Ihnen noch so viel und mancherlei zu schreiben; aber einiges ist von einer zu unangenehmen Art, als daß ich Sie und mich selbst plagen mag, daran zu denken; und zum übrigen läßt mir die wieder forteilende Lisette keine Zeit. Ich begreife nicht recht, warum dieses leichtfüßige oder vielmehr leicht*sinnige* Mädchen einen so gewaltigen Wips von Kiel nach Weimar gemacht hat, bloß um sofort wieder von Weimar nach Kiel zurück zu wipsen. Indessen habe ich den Vorteil davon gezogen, viele angenehme Nachrichten von Ihnen, Mein lieber Sohn, und von allen Ihrigen durch sie zu erhalten. Vorzüglich erfreut es mich, daß Sie so viele Ursache haben, mit der Ausbildung meiner lieben ältesten Enkeltochter Caroline, welche Sie nunmehr aus den Händen der vortrefflichen Rudolphi wieder bekommen haben, so wohl zufrieden zu sein, und daß Karl, Ihr ältester Sohn so gute Hoffnungen von sich gibt, seines Vaters würdig zu werden. Mögen diese Hoffnungen in bessere Erfüllung gehen, als diejenigen, die wir uns vor 5 Jahren von *meinem* ältesten Sohne machten!

Gern möchte ich Sie noch bitten, der verehrenswürdigen Gräfin v. Münster etwas recht schönes in meinem Namen zu sagen, wenn diese Dame durch meine fatale Un-Schreibseligkeit nicht in den Fall gesetzt wäre, alles nur für leere Worte zu halten. Ich bin mir selbst gram deswegen; aber da ich nun einmal dadurch in ein schiefes Verhältnis gegen sie gekommen bin, so sehe ich keine Möglichkeit es eher wieder in seine wahre Richtung zu setzen, bis wir, sei es nun in dieser oder in jener Welt, wieder persönlich zusammen kommen. Indessen würden Sie mich sehr verbinden, l. R. wenn Sie mir melden wollten, wie es dieser Frau von seltner Liebenswürdigkeit ergeht, an welcher ich lebenslänglich den wärmsten Anteil nehmen werde, da sie unter die Wenigen gehört, mit welchen ich ewig zu leben wünschte.

Ihre Schwestern Amalie u. Caroline umarmen Sie u. Sophien mit herzlicher Liebe, und bitten gar sehr um Entschuldigung, daß sie Lisetten keinen Brief mitgeben können. Amalie ist noch eine Wöchnerin und hat mit ihrem kleinen Fritz, einem sehr lieben Kinde, so wie Caroline mit der Wirtschaft, die itzt fast ganz auf ihr allein liegt, so viel zu schaffen, daß sie um so mehr Nachsicht verdienen, da sie nach u. nach gar sehr aus der Übung im Briefeschreiben gekommen sind.

Ich verspreche mir selbst, Ihnen bald wieder zu schreiben, und hoffe von Ihnen, liebster Sohn, durch eine nicht zu lange verziehende Antwort dazu aufgemuntert zu werden. Leben Sie indessen mit Sophie und Ihren Kindern so wohl und vergnügt als Ihnen von ganzer Seele wünscht, Ihr liebender Vater u. treuer Freund Wieland.

*Die Schriftstellerin Anne Germaine de Staël-Holstein
(1766−1817), Tochter des Schweizer Bankiers und ersten bürgerlichen Finanzministers unter Ludwig XVI., Jacques Necker,
lernte Wieland bei ihren beiden Besuchen in Weimar (1803/04 und
1808) kennen. In ihrer Kulturgeschichte »De l'Allemagne«
(1810) begeisterte sie sich besonders für Wielands »Oberon«:
»Von allen Deutschen, die in dem Geiste der französischen Schriftsteller geschrieben, ist Wieland der einzige, in dessen Werken man
Genie findet, und wenn er gleich immer als Nachahmer fremder
Literaturen aufgetreten, so lassen sich die großen Dienste doch nicht
verkennen, die er der eigenen geleistet, indem er die deutsche Sprache
vervollkommnet und ihrem Versbau größere Leichtigkeit und Harmonie gegeben.«*

*Friedrich Schlegel (1772−1829) hatte zusammen mit seinem
älteren Bruder August Wilhelm (1767−1845) im 2. Band der
Zeitschrift »Athenäum« 1799 die von da an sich verschärfende
Kritik der Romantiker an der Person und am Werk Wielands
eingeleitet. Luise Ernestine Juliane von Göchhausen (1752−1807)
war die langjährige erste Hofdame der Herzoginmutter Anna
Amalia von Sachsen-Weimar.*

59. An Anne Germaine de Staël in Berlin

Weimar, den 8. April 1804.
Madame, Seit Sie sich von Weimar entfernt haben, sind wir
zu dem Naturzustand zurückgekehrt, den Sie von uns kennen: dem Zustand friedlicher, eintöniger und manchmal ein
wenig fader Unschuld, ungefähr so, wie sich die römischen
Katholiken den Zustand gestorbener, ungetaufter Kinder
vorstellen. Wir langweilen uns gemeinsam mit einer Bieder-
keit und einer Gutgläubigkeit, die die Mutter Natur, sagt
man, nur den Deutschen zugebilligt hat, und unter ihnen
vor allem den Bewohnern kleiner Städte, Residenzen kleiner Fürstenhöfe. Trotzdem glaube ich zu verstehen, wie es

möglich ist, daß es Augenblicke gibt, in denen Sie in der schönen Umgebung der schönen und großen Hauptstadt des preußischen Staates sich zwar nicht nach dem langweiligen Nest von Weimar sehnten, aber nach einer kleinen Gesellschaft von Menschen, die mit dem Nachteil der Anspruchslosigkeit das Verdienst verbinden, wahr, vernünftig, fähig Sie zu verstehen und empfänglich für Ihre außerordentlichen Fähigkeiten zu sein. Ich zweifle indessen nicht, daß Berlin Ihnen von Tag zu Tag mehr gefallen wird; ich halte es für möglich, daß Sie dort eine Gesellschaft finden, die Ihnen in jeder Hinsicht zusagen wird, was hier nicht der Fall sein konnte, wo gerade diejenigen, die sich vielleicht am besten mit Ihnen verstanden hätten, den Nachteil haben, sich nur stotternd mit Ihnen unterhalten zu können.

Darf ich es wagen, Sie zu fragen, Madame, ob Fichte gut genug französisch spricht, um sich mit Ihnen über philosophische Gegenstände unterhalten zu können? Ich kenne den jüngeren der Brüder Schlegel nur sehr wenig, aber es genügt, daß Sie eine Schwäche für ihn haben, um ihn für sehr liebenswürdig zu halten, und in diesem Punkt würden alle hiesigen Damen, die ihn kennen, angefangen mit der Herzoginmutter, Sie gegen mich mit starker Hand unterstützen, wenn ich ungehörig genug wäre, daran zu zweifeln. Übrigens verheimliche ich Ihnen nicht, daß ich gewünscht hätte, daß die Freundschaft, mit der Sie mich ehren, Sie nicht dazu veranlaßt hätte, sich zu meinen Gunsten bei ihm zu verwenden. Alles, was Sie ihm dazu sagen können, kommt zu spät; das Übel, wenn es denn eines gibt, ist nicht zu heilen. Übrigens gibt ihm das eine Bedeutung, die er weder in meinen, noch in den Augen der Öffentlichkeit hat. Eitel und anmaßend wie er ist, wird er sich einbilden, daß ich Ihre Unterstützung und Ihre Fürsprache bei ihm gesucht habe. Trotz all meiner Gutmütigkeit, und obwohl ich mir so wenig aus meinem literarischen Verdienst mache, behalte ich doch so viel Selbstachtung wie jeder andere auch, und ich mag es nicht, daß Herr Schlegel sich einbildet, mich so weit erniedrigt zu haben. Verzeihen Sie, Madame, daß ich auf eine solche Lappalie wie diese so viel Gewicht lege, und ich bitte Sie inständig, daß wir sie zwischen uns nie wieder erwähnen.

Mademoiselle von Göchhausen ist zu Recht sehr stolz auf die Auszeichnung, mit Ihnen zu korrespondieren, und da sie zu meinen besten Freundinnen gehört, versäumte sie es nicht, mich dadurch glücklich zu machen, daß sie mich Ihres liebenswerten Gedenkens versicherte. Ich schmeichle mir, daß Sie sehr genau in meiner Seele gelesen haben, um zu ahnen, wie sehr ich es bin dank der Aussicht, einen Teil des kommenden Juni in Ihrer Nähe im angenehmen Schatten von Weimar und Tiefurt zu verbringen. Ich gestehe Ihnen, daß ich nicht zu hoffen gewagt hatte, daß Sie so ernsthaft entschlossen waren, Ihren Freunden in Weimar ein so kostbares Zeichen Ihrer Zuneigung zu geben. Einen Monat der schönsten Jahreszeit mit Madame de Staël auf dem Land verbracht zu haben, wird für mich eine reichliche Entschädigung für alles sein, was ich durch den Umstand verloren habe, 30 oder 40 Jahre zu früh für Sie auf die Welt gekommen zu sein. Um mit meinem Schicksal zufrieden sein zu können, genügt es, daß es mich lang genug hat leben lassen, um noch in einem Alter, das nur von Erinnerungen lebt, das Glück genießen zu können, eine Dame zu sehen, zu hören und von ihr ein wenig geliebt zu werden, die inmitten einer Geßnerschen Schäferszene den erhabensten und bezauberndsten Geist in sich vereinigt und in meinen Augen immer die Erste ihres Geschlechtes ist und sein wird, weil sie Vorzüge besitzt, die selten miteinander verbunden sind. Das ist, Madame, ein für allemal mein Bekenntnis, denn seit langem rede ich nicht mehr gern von meinen

Gefühlen mit denjenigen, die mir die größten Gefühle eingeben.

Man wird Ihnen schon über die große Neuigkeit in Weimar berichtet haben, das Schauspiel »Wilhelm Tell« von Schiller. Diese Art von Drama, in Deutschland unter dem Namen Schauspiel bekannt, ist Euch Franzosen ebenso wie den Alten unbekannt gewesen. Es hat große Vorzüge. Man macht ein Schauspiel, und man ist oder glaubt sich dadurch von allen Gesetzen der Tragödie befreit. Wilhelm Tell scheint fast die gleiche Reaktion bei allen Zuschauern ausgelöst zu haben. Man hat darin einige Szenen von größter Schönheit gefunden. Aber alle sind sich darin einig, daß es nicht der Mühe wert war, sich die ganze geschichtliche Darstellung von Tschudi dienstbar zu machen und die Haupthandlung unter dem Gewicht von drei bis vier Episoden zu ersticken, um daraus ein Stück von fünf tödlichen Aufführungsstunden zu machen. Wenn der Dichter mit 3 statt 5 Stunden sich hätte zufrieden geben wollen, hätte er aus seinem Tell vielleicht das interessanteste von allen Stücken machen können, die auf dem deutschen Theater erschienen sind. Hier könnte man Hesiods Rätsel anwenden, daß die Hälfte mehr als das Ganze ist.

Aber ich merke allmählich, daß ich mich zu dem Laster aller Greise hinreißen lasse, und daß es gut ist, Sie von meinem Geschwätz zu befreien. Ich schließe also, indem ich Sie meiner aufrichtigen Verehrung und herzlichen Zuneigung versichere. Wieland.

P. S. Ich weiß nicht, ob ich Ihnen danken soll, Madame, für die Mühe, die Sie liebenswürdigerweise darauf verwendet haben, meinen leidlich wohlklingenden Familiennamen zu verschönern oder vielmehr wohlklingender zu machen, indem Sie ihn in »Vielande« verwandeln. Aber weil es für meine Selbstachtung wichtig ist, daß man weiß, daß Sie an mich und nicht an einen Herrn Vielande (der nicht die Ehre

hat, in Deutschland bekannt zu sein) schreiben, werden Sie
sehr verdienstvoll handeln, wenn Sie mir meinen Namen so
wiederherstellen, wie ich ihn von meinen Vätern vor mehreren Jahrhunderten erhalten habe.

[Im Original französisch]

*

*Wielands Sohn Ludwig hatte Heinrich von Kleist (1777–1811) in
Bern 1801 kennengelernt und war mit ihm zusammen nach Weimar
gereist. Auf Einladung Wielands war Kleist für etwa zehn Wochen
einer der letzten Gäste in Oßmannstedt. Über seinen dortigen Aufenthalt berichtete Wieland ein Jahr später dem Mainzer Arzt
Georg Christian Wedekind (1761–1831), der Kleist behandelt
hatte, als dieser ihn besuchte. Nach Kleists Freitod am 21. November 1811 schrieb Wieland über »diese gar zu traurige Geistesverir-
rung eines der genievollsten und edelsten Sterblichen« an den Freiherrn von Wedekind: »Es ist leider nur allzu gewiß, daß der
Heinrich von Kleist, der Ihnen und mir vor mehreren Jahren durch
seine Liebenswürdigkeit das Herz abgewann, zugleich aber von seiner übermäßigen Exaltation, mich wenigstens, alles für ihn fürchten
ließ, und der Heinrich von Kleist, dessen tragisch-romantischer
Ausgang aus der Welt mehrere öffentliche Blätter angekündigt
haben, ein und ebendasselbe* Individuum *ist« (27. 12. 1811).*

60. *An Georg Christian Wedekind in Mainz*

Weimar, den 10. April 1804.
Der Inhalt der Zuschrift vom 3. d. M. womit ich mich von
Ihnen beehrt finde, hat mich nicht wenig gerührt und betrübt. Es ist nun beinahe ein Jahr, seit ich von Herrn von
Kleist keine Nachricht habe, und ob ich gleich nicht sonder-
liche Ursache hatte, viel Besseres zu hoffen, so hätte ich mir
doch auch nicht einbilden können, daß ich, nachdem ich
diese Zeit her immer auf Antwort auf meinen vor ungefähr

dreiviertel Jahr nach Leipzig an ihn geschriebenen Brief gewartet hatte, durch die dritte Hand so traurige Nachrichten von seinen Umständen erhalten würde.

Meine Bekanntschaft mit diesem Herrn von Kleist ist die Frucht eines freundschaftlichen Verhältnisses, welches sich im Jahre 1801, ni fallor, zwischen ihm und meinem ältesten Sohne Ludwig, der jetzt in Wien ist, in der Schweiz, wo Beide sich damals aufhielten, entsponnen hatte. Schon damals schrieb mir mein Sohn von ihm als einem außerordentlichen Genie, der sich mit aller seiner Kraft auf die dramatische Kunst geworfen habe, und von welchem etwas viel Größeres, als bisher in Deutschland gesehen worden, in diesem Fache zu erwarten sei. Im Herbst des Jahres 1802 verließen beide die Schweiz und Kleist fand Gelegenheit, meinem Sohne einen sehr wesentlichen Dienst zu leisten. Sie reisten eine Zeitlang miteinander, trennten sich sodann und Kleist ging sodann nach Jena, mein Sohn aber zu mir nach Osmanstädt, zwei Stunden von Weimar, wo ich damals noch auf einem Gute wohnte, welches ich aber wieder zu verkaufen entschlossen war, und auch wenige Monate darauf einen Käufer dazu fand, dem ich es acht Tage nach Ostern 1803 einräumte.

Kleist zog nach einem kurzen Aufenthalte in Jena nach Weimar, mietete sich ein Quartier, so gut es in der Eile zu haben war, und besuchte mich ein oder zweimal auf meinem Gut. Es ging mir mit ihm wie Ihnen. Wiewohl mir nichts mehr zuwider und peinlich ist als ein überspannter Kopf, so konnte ich doch seiner Liebenswürdigkeit nicht widerstehen. So oft dies, in meinem ganzen Leben, bei einer neuen Bekanntschaft, die ich machte, der Fall war, entrainierte mich meine natürliche Offenheit und Bonhomie weiter als die Klugheit einem kaltblütigen Menschen erlauben würde. Desto zurückhaltender hingegen war Herr von Kleist und etwas Rätselhaftes, Geheimnisvolles, das tiefer in ihm zu liegen schien, als daß ich es für Affektation halten konnte, hielt mich in den zwei ersten Monaten unserer Bekanntschaft in einer Entfernung, die mir penibel war, und vermutlich alles nähere Verhältnis zwischen uns abgeschnitten hätte, wenn ich nicht durch meinen Sohn erfahren hätte, daß Kleist sich in seinem Quartier zu Weimar so schlecht befinde, daß er eine Einladung, die übrige Zeit, die er sich noch in unserer Gegend aufzuhalten gedächte, bei mir in Osmanstädt zu wohnen, mit Dank annehmen würde. Sogleich erging diese Einladung an ihn er nahm sie an, bezog an einem der ersten Tage des Januars ein Zimmer in meinem Hause und war von dieser Zeit an neun oder zehn Wochen, mein Commensal auf eben dem Fuß, als ob er zu meiner Familie gehörte. Alles was Sie mir von seinem Benehmen in Ihrem Hause erzählen, ist auch die Geschichte der Rolle, die er bei mir spielte.

Er schien mich wie ein Sohn zu lieben und zu ehren, aber zu einem offenen und vertraulichen Benehmen war er nicht zu bringen. Unter mehreren Sonderlichkeiten, die an ihm auffallen mußten, war eine seltsame Art der Zerstreuung, wenn man mit ihm sprach, so daß z. B. ein einziges Wort eine ganze Reihe von Ideen in seinem Gehirn, wie ein Glokkenspiel anzuziehen schien, und verursachte, daß er nichts weiter von dem, was man ihm sagte, hörte und also auch mit der Antwort zurück blieb. Eine andere Eigenheit und eine noch fatalere, weil sie zuweilen an Verrücktheit zu grenzen schien, war diese, daß er bei Tische sehr häufig etwas zwischen den Zähnen mit sich selbst murmelte, und dabei das Air eines Menschen hatte, der sich allein glaubt, oder mit seinen Gedanken an einem andern Orte und mit ganz anderm Gegenstande beschäftigt ist. Er mußte mir endlich gestehen, daß er in solchen Augenblicken von Abwesenheit mit seinem Drama zu schaffen hatte, und dies nötigte ihn, mir gern oder ungern zu entdecken, daß er an einem Trauerspiel arbeite, aber ein so hohes und vollkommenes Ideal davon seinem Geiste vorschweben habe, daß es ihm noch immer unmöglich gewesen sei, es zu Papier zu bringen. Er habe zwar schon viele Szenen nach und nach aufgeschrieben, vernichte sie aber immer wieder, weil er sich selbst nichts zu Dank machen könne. Ich gab mir nun alle ersinnliche Mühe ihn zu bewegen, sein Stück nach dem Plan, den er sich entworfen hatte, auszuarbeiten und fertig zu machen, so gut es geraten wollte und es mir sodann mitzuteilen, damit ich ihm meine Meinung davon sagen könnte; oder wenn er das nicht wollte, es nur wenigstens für sich selbst zu vollenden, um es dann desto besser zu übersehen, das Nötige zu ändern, kurz alles gehörig auszuteilen um es zur Vollkommenheit bringen zu können. Sed surdo narrabam fabulam. Endlich nach vielen vergeblichen Versuchen und Bitten, nur eine einzige Szene von diesem fatalen Werk seines Verhängnisses zu sehen zu bekommen, erschien eines Tags zufälliger Weise an einem Nachmittage die glückliche Stunde, wo ich ihn so treuherzig zu machen wußte, mir einige der wesentlichsten Szenen und mehrere Morceaux aus andern aus dem Gedächtnisse vorzudeklamieren. Ich gestehe Ihnen, daß ich erstaunt war, und ich glaube nicht zu viel zu sagen, wenn ich Sie versichere: Wenn die Geister des Aeschylus, Sophokles und Shakespeares sich vereinigten, eine Tragödie zu schaffen, sie würde das sein, was Kleists Tod Guiskard's des Normannen, sofern das Ganze demjenigen entspräche, was er mich damals hören ließ. Von diesem Augenblick an war es bei mir entschieden, Kleist sei dazu geboren, die große Lücke in unserer dramatischen Literatur auszufüllen, die, nach meiner Meinung wenigstens, selbst von Schiller und Göthe noch nicht ausgefüllt worden ist; und Sie stellen sich leicht vor, wie eifrig ich nunmehr an ihm war, um ihn zur Vollendung des Werks zu bewegen. Er schien zwar damals über die Wirkung, die er auf mich getan hatte, ungemein erfreut, und versprach alles Gute; aber dabei blieb es auch, und, um ihn nicht zu quälen, fand ich nötig, ihm während der Zeit, daß er mein Hausgenosse war, so wenig wie möglich von seinem Werk zu sprechen. Gegen die Mitte des Märzes trennten wir uns endlich wieder, er verweilte noch mehrere Tage in Weimar, ging dann nach Leipzig und Dresden, und schrieb mir nach Verlauf einiger Monate ein kleines Briefchen, worin er mir einen über Weimar reisenden Freund empfahl; ließ aber seit dieser Zeit nichts weiter von sich hören. Auch klagt mein Sohn zu Wien, daß er seit ihrer letzten Trennung nichts mehr von ihm wisse. Da mir so eben zufälligerweise das Concept meines dem Herrn von Kleist nach Dresden oder Leipzig in Antwort auf sein besagtes Briefchen geschriebenen Briefes unter meinen Papieren in die Hände fällt, so sei mir erlaubt, die sein Drama betreffende Stelle abzuschreiben.

»Sie schreiben mir, lieber Kleist, der Druck mannigfaltiger Familienverhältnisse habe die Vollendung Ihres Werkes unmöglich gemacht. Schwerlich hätten Sie mir einen Unfall ankündigen können, der mich schmerzlicher betrübt hätte. Zum Glück läßt mich die positive Versicherung des Herrn von W., daß Sie seither mit Eifer daran gearbeitet, hoffen und glauben, daß nur ein mißmütiger Augenblick Sie in die Verstimmung habe setzen können, für möglich zu halten, daß irgend ein Hindernis von außen Ihnen die Vollendung eines Meisterwerks, wozu Sie einen so allmächtigen innern Beruf fühlen, unmöglich machen könne. Nichts ist dem Genius der heiligen Muse, die Sie begeistert, unmöglich. Sie müssen Ihren Guiskard vollenden, und wenn der ganze Kaukasus und Atlas auf Sie drückte, u.s.w.« Ich glaubte ihm durch diesen Eifer, womit ich ihn zur Vollendung seines Werkes bestürmte, den größten Dienst zu tun, wie traurig wäre es für mich, wenn es nur dazu gedient hätte, ihn in das Schicksal, das ihn zu verschlingen droht, vollends hineinzustoßen! [...] Wenn ich nun alle diese Umstände, seinen auf Selbstgefühl gegründeten, aber von seinem Schicksal gewaltsam niedergedrückten Stolz, die Exzentrität der ganzen Laufbahn, worin er sich, seitdem er aus der militärischen Carriere ausgetreten, hin und her bewegt hat, seine fürchterliche Überspannung, sein fruchtloses Streben nach einem unerreichbaren Zauberbild von Vollkommenheit in seinem bereits zur fixen Idee gewordenen Guiskard, mit seiner zerrütteten geschwächten Gesundheit und mit den Mißverhältnissen, worin er mit seiner Familie zu stehen scheint, zusammen combiniere, so erschrecke ich vor den Gedanken, die sich mir aufdrängen und fühle mich beinahe genötigt zu glauben, es sei sein guter Genius, der ihm den Einfall, sich in Coblenz zu einem Tischler zu verdingen, eingegeben. Gewiß ist, in meinen Augen wenigstens, daß das Projekt, welches Ihnen Ihre so edelmütig teilnehmende Zuneigung zu diesem liebenswürdigen Unglücklichen eingegeben, ihn in einem Büreau, bei Ihrem Freunde M. unterzubringen, allein schon aus der Ursache von unbeliebigem Erfolg sein würde, weil diese Art von Beschäftigung und Abhängigkeit ihm in kurzer Zeit ganz unerträglich fallen würde. [...]

VII. In Gesellschaft von Cicero, Horaz, Lukian oder Shaftesbury

Nach seiner Rückkehr nach Weimar genoß Wieland die Verehrung, die ihm als Dichter und Philosophen der Weimarer Gesellschaft sogar im Ausland zuteil wurde. Madame de Staël begeisterte sich bei ihren Besuchen in Weimar für seinen »in ganz Europa bekanntesten Namen der deutschen Literatur«. Er selbst schrieb in einem Brief an die Gräfin Elisabeth von Solms-Laubach: »Eine große Celebrität ist in mehr als einer Rücksicht und vieler unangenehmen Folgen wegen, ... nichts Beneidenswürdiges. Gewünscht hab' ich wenigstens sie nie, und weiß selbst nicht recht, wie ich zu der meinigen gekommen bin. Noch im Jahre 1769 wußt' ich kein Wort davon, daß meine Comischen Erzählungen, mein Agathon, meine Musarion in ganz Deutschland bis zum Baltischen Meere gelesen würden, so gleichgültig war ich immer über diesen Punkt gewesen – was freilich auch viel von der besonderen Lage, worin ich zu Biberach lebte, abgehangen haben mag. Wie oft wünschte ich mir ehemals unbekannt und namenlos, die Welt vergessend und von ihr vergessen, durch's Leben zu schleichen! Und doch habe ich meiner Celebrität so viele, zum Teil unschätzbare Freunde, und dem lächerlichen Wahne der Franzosen, daß ich der Voltaire de l'Allemagne sei, das Glück zu danken, daß ich am 18. und 19. Oktober 1806 nicht geplündert worden bin!« (26. 7. 1808).

Von 1806 bis zu seinem Tod wohnte Wieland im Haus des Hofadvokaten und Stadtsyndikus Johann Adam Stötzer am Erfurter Tor (heute: Wielandstraße 1). Von seinen Fenstern konnte er in die Anlagen des Wittumspalais' sehen, dem Witwensitz der Herzogin Anna Amalia. Während der vierzig Jahre seines Lebens in Weimar ist Wieland achtmal umgezogen. Fast immer mietete oder kaufte er sich zu seiner Wohnung einen Garten.

Wielands Verhältnis zu Goethe war, von einigen Mißverständ-

nissen abgesehen, fast immer von einer gegenseitigen kontinuierlichen
Freundschaft bestimmt. Wegen einer längeren Erkrankung Goethes
hatten sich die beiden Dichter seit dem 18. Januar 1806, als sie sich
bei einer Abendgesellschaft an der Tafelrunde der Herzoginmutter
Anna Amalia trafen, nicht mehr gesehen.

61. An Johann Wolfgang von Goethe in Weimar

Weimar, den 2. April 1806.

Eccellenza,

Mille grazie e mille für die Mitteilung der Augusteischen
Epistel und das durch eine so werte Hand mir zugeschickte
Denkzeichen des unverdienten Andenkens dieses gemein-
schaftlich von uns geliebten und verehrten Fürstensohns.
Die in dem Briefe waltende gute Laune läßt mich hoffen,
daß Er sich wenigstens leidlich wohl befindet. Meinen
Dank werde ich Sr. Durchl. nächstens selbst zu Füßen
legen. Was die Klage betrifft, daß ich Ihn in Seinen Briefen
nicht verstehen wolle, und alle Seine Worte mißdeute, so
vermute ich, lieber Bruder, Du werdest, ohne einen Kom-
mentar von mir, erraten wie es damit ist. Der Prinz schrieb
mir im Sommer und Herbst des verwichnen Jahrs etliche
Briefe in einem halb scherz- halb ernsthaften Ton, die ich in
einem ähnlichen, nach meiner Manier, beantwortete, oder
zu beantworten glaubte. Es muß mir nicht gelungen sein,
denn schon in der ersten Replik schien mir der ernsthafte
Ton des Prinzen eine Beimischung von Empfindlichkeit,
und der scherzhafte etwas Ironisches anzunehmen, das ich
mir nicht recht erklären konnte. Da dies mit jedem Briefe
zunahm, und des Prinzen Antworten fast ganz allein auf
Klagen, daß ich Ihn nicht verstehen wolle, hinausliefen, so
fing mir, ich gestehe es, diese Art von Korrespondenz an zu
schwierig zu werden, und ich nahm es als einen Wink auf,
abzubrechen. Nun, da der Prinz seine Klage über mich bei

einem gemeinschaftlichen Freund anhängig macht, will es das Ansehen gewinnen als ob wir einander *wirklich* nicht verstanden hätten; an welchem von beiden aber eigentlich die Schuld lag, mögen die Götter wissen. Vermutlich an beiden zugleich; wiewohl ich mir ganz klar bewußt bin, daß ich in der Überzeugung stand, der Ton worin ich ihn antwortete, sei der einzig schickliche. Möglich, daß ich mich geirrt habe. Genug, ich hörte auf

parceque, ayant tout dit,
n'avois plus rien dire

und weil mir, vielleicht zur Unzeit, das alte dictum einfiel: Mit großen Herren ist nicht gut Kirschen essen. Soviel de hac materia!

Ich vernehme mit herzlichster Freude, teure brüderliche Excellenz, daß es mit Deinem körperlichen Befinden immer besser geht. Dieser leidige Winter hat, zu meinem Bedauern und Nachteil, beinah alle Communication zwischen uns abgeschnitten. Überhaupt bin ich, außer zu Meiner benachbarten Fürstin, selten aus meinen vier Wänden gekommen; indessen, oder vielleicht eben deswegen, bin ich ziemlich leidlich durch die drei letzten heillosen Monate gekommen, und wenn ich ein Paarmal krank zu werden schien, so geschah es wirklich bloß aus Furcht krank zu werden, wie der edle König im Alarcos

aus Furcht zu sterben gar gestorben ist.

Adieu, lieber Einziger! und verzeih dieses

treuherzige radotage

Deinem

alten

Wieland.

Christoph Martin Wieland, Brief an die Weinhandlung
der Gebrüder Ramann in Erfurt vom 4. Dezember 1812 aus Weimar.

Am 4. Februar 1752 hatte der neunzehnjährige Wieland aus Tü-
bingen wohlweislich an Johann Jacob Bodmer in Zürich geschrieben,
der mit Klopstock, Wielands Vorgänger im Hause Bodmers, einige
einschlägige Erfahrungen mit dessen »Faiblessen« gemacht hatte:
»Ich bin ein großer Wassertrinker und ein geborner Feind des Bac-
chus ... Ich glaube in der Tat, ... daß ein mäßiger Gebrauch des
Weins bei gewissen Personen diese Wirkung hat, indem er die Säfte
etwas hurtiger laufen macht, ohne heftige Aufbrausungen zu verursa-
chen ... Mich betäubt schon ein einiges Gläschen des gelindesten
Weins.«

Der 73jährige Hofrat Wieland gab regelmäßig seine Weinbestel-
lungen auf. Kurioserweise ist vielleicht einer der letzten von ihm
erhaltenen Briefe an die Weinhandlung der Gebrüder Ramann in
Erfurt gerichtet!

62. *An die Gebrüder Ramann in Erfurt*

Weimar, den 22. Oktober 1806.

Hochgeehrteste Herren,

Ich ersuche Sie baldmöglichst einen Eimer guten roten
Erlauer und 12 Bouteillen Ihres besten Burgunders an mich
abzusenden.

Weimar hat seit dem 15ten Oktober viel gelitten; mir ist
in diesen Umständen der Schutz des großen Napoleon sehr
zu statten gekommen. Leben Sie wohl. Ihr ergebenster Wieland.

Bedienen Sie Sich folgender Adresse an mich: à Monsieur Wieland, associé de l'Academie Imperiale de Paris à
Weimar.

Weimar, den 3. November 1806.

Meine teure Freundin,

In dem Briefchen vom 31. Oktober, so mir in diesem Augenblick zu Händen kommt, ist nichts Reelles, als Ihre liebevolle Teilnahme an mir und den Meinigen. Alles übrige gründet sich auf falsche Gerüchte oder Voraussetzungen, denen es freilich nicht an Wahrscheinlichkeit fehlte. Aber wie leid tut es mir, daß Sie Sich so vielen Kummer um mein Schicksal vergebens gemacht haben! Wollte Gott, es wäre allen Menschen in Stadt und Land Weimar so gut gegangen, als mir!

Es ist leider wahr: Weimar wurde 3 Tage und Nächte lang rein ausgeplündert; mir aber und dem Hause worin ich wohne, ist nicht das mindeste Böse widerfahren. In der Nacht vom 14. Oktober welche die schrecklichste war) führte mir mein guter Genius ein halb Dutzend Husaren und Chasseurs zu, die, so bald sie mich nur erblickten, so zahm wie die Lämmer wurden, sich in ihrer Art sehr bescheiden aufführten, mit dem was ich ihnen aufzutischen hatte (wiewohl es wenig war) und mit ungefähr anderthalb Dutzend Flaschen Wein vorlieb nahmen, meine Wohnung schützten, und übrigens nicht eines Hellers wert *nahmen* noch *begehrten*.

Sie schreiben mir: »wie segne, wie danke ich [***] der Ihnen Dienste tat!« – [***] ist ganz gewiß mein Freund, aber ich weiß nichts von Diensten, die er mir getan, und gewiß fällt es ihm nicht ein, sich aus der ausgezeichneten Achtung, welche die französischen Generals und Offiziers nicht sowohl *mir*, als meinem *Namen* bezeigten, das mindeste Verdienst machen zu wollen.

Schon am Mittwoch Morgen, zwischen 7 und 8 Uhr, stellte sich, auf Befehl des Prinzen Murat, ein sehr braver

Gensd'arme als Sauve Garde bei mir ein, und wenige Augenblicke darauf kam der Reichs-Marschall Ney in eigner Person, mir im Namen des besagten Prinzen anzukündigen, daß ich unter unmittelbarem Kaiserlichen Schutz stehe, und mir die verbindlichsten und schmeichelhaftesten Dinge zu sagen, die mir in meinem ganzen Leben gesagt worden sind. Es würde prahlhaft klingen, wenn ich über all dieses en détail gehen wollte. Genug ich wäre der undankbarste der Menschen, wenn ich nicht gestehen wollte, daß mir alle französischen Offiziers von höherm und niedrem Rang mit weit mehr Achtung begegnet sind, als ich mir jemals hätte träumen lassen etc.

»Wie groß war [***] auf ihren Knien!« – schreiben Sie. Liebe, liebe Sophie! auch das ist ein Märchen, dergleichen man hier Schockweise zu hören bekam, und woran kein wahres Wort ist. Es ist [***] nicht eingefallen, vor N. zu knien – sie hat sich edel und schicklich benommen – dies ist alles, was sich von der Sache sagen läßt.

Übrigens steht Weimar noch auf dem alten Fleck; die Einwohner sind etwas ärmer geworden, und werden vielleicht darum nun desto besser werden. Freilich hat auch mancher wackre Mann, z.B. unser Freund Kraus, Professor Mayer und viele Andre, im ersten Sturm viel gelitten – und dies ist das einzige wirkliche Übel, das durch ein sehr lebendiges Mitgefühl von allen diesen Schreckensszenen auf meinen Anteil gekommen ist. Beruhigen Sie sich also, liebste Freundin, meines Schicksals halber; bis jetzt habe ich für mich selbst und die Meinigen (den guten St. ausgenommen, dessen Verlust jedoch sehr erträglich ist) nichts Mitleidwürdiges erfahren. Was uns aber noch bevorsteht, weiß der Himmel! Unser künftiges Schicksal ist ungewiß – wie es aber auch entschieden werden mag, ich werde es zu ertragen wissen, und mich selbst in *keinem Fall verlassen*.

So viel, teure Sophie, für diesmal und in größter Eile.

Haben Sie indessen tausendfachen Dank für alles, was Ihre Seele durch falsche und halb wahre Gerüchte, und eine allzureizbare Einbildungskraft für mich gelitten hat. Ich bitte Sie, auch den verehrungswürdigen Fürstinnen, die so gütigen Teil an mir nehmen, meinen innigsten Dank zu Füßen zu legen.

Adieu, meine Freundin, Gott erhalte und bewahre Sie vor allem, was die siebente Bitte des Vaterunsers in sich schließt!! Wie gern möchte ich über alles, was ich seit 3 Wochen erfahren habe, mich recht satt mit Ihnen ausschwatzen können! Zum Schreiben sind solche Ereignisse nicht qualifiziert.

Herzogin Amalie und die liebenswürdige Prinzessin Caroline sind seit 3 Tagen wieder wohl behalten in unsrer Mitte. Der Erbprinz soll in Hamburg sein – die Erbprinzessinnen, – ich weiß nicht wo, und von dem Herzog wissen wir auch nichts zuverlässiges – wie wird das alles sich enden? Whatever is, is right – nicht wahr?

Ganz der Ihrige.

*

Wegen seiner Bemühungen um die deutsche Sprache war Wieland im Sommer 1807 von der Sprachgesellschaft des »Löblichen Hirten- und Blumen-Ordens an der Pegnitz«, gegründet 1644 in Nürnberg, die Ehrenmitgliedschaft angetragen worden. Mit dem folgenden Brief bedankte er sich für die Übersendung des Diploms.

64. An den Vorstand des Pegnesischen Blumenordens in Nürnberg

Belvedere bei Weimar, den 11. September 1807.
Hoch und Wohlgeborne, Hochverehrte Herren,
Indem ich das Vergnügen habe, Ew. Hoch und Wohlgeb. den richtigen Empfang des verehrlichen Schreibens vom

15ten August d. J. anzuzeigen, womit Sie das Diplom meiner Aufnahme unter die Ehrenmitglieder des Preiswürd. Pegnesischen Blumenordens, und dessen Beilagen, zu begleiten die Güte gehabt haben, erneuere ich den gefühlvollen Dank, welchen ich Ihnen in meiner vorigen Zuschrift für die mir damals *zugedachte* Ehre bezeugte, nunmehr für die *wirklich erhaltne*, mit allen Gesinnungen, welche die natürliche Folge der hohen Verehrung sind, die ich für die Stadt *Nürnberg* hege, für diese ehrwürdige Mutter und Pflegerin so vieler großer und vortrefflicher Männer, die im 15ten, 16, 17ten Jahrhundert dem deutschen Namen in allen Fächern der Wissenschaften und Künste Ehre gemacht, – die Stadt, deren uralte glänzende Verdienste und Vorzüge sie auf ewig zu dem, was sie vor 300 Jahren wirklich war, zu Deutschlands Hauptstadt hätten machen, und auf eine ganz andere Art als geschehen ist, hätten anerkannt und belohnt werden sollen. In dieser Rücksicht vornehmlich lege ich, dem sonst dergleichen Auszeichnungen sehr gleichgültig sind, keinen geringen Wert darauf, meinen Namen einem Gelehrten-Orden einverleibt zu sehen, *dessen Wiege die Stadt Nürnberg* war; um so mehr, da er nicht bloß mit den Blumen- und Eichenkränzen der Vorfahren prunkt, sondern noch izt so manche würdige Männer in seiner Mitte hat, mit welchen, durch die Aufnahme in denselben in näherm Verhältnis zu stehen, mir besonders angenehm und ehrenvoll ist. Nur möchte ich, wenn das Unmögliche zu wünschen nicht Torheit wäre, mich um 30 oder 40 Jahre verjüngen können, um diese meine Gesinnungen, durch wirkliche Bemühungen zur Aufnahme, zum Glanz und zum Nutzen des Ordens mitzuwirken, auf eine reelle Art betätigen zu können. Indessen werde ich mirs zur Pflicht machen, sobald ich von meinem dermaligen Landaufenthalt in die Stadt zurückgekommen sein werde, durch ein und andere Beiträge zur Bibliothek des

Ordens, demselben wenigstens meinen guten Willen darzutun.

Übrigens, Meine Hochverehrten Herren, bitte ich Sie, mir Dero schätzbarstes Wohlwollen noch ferner zu erhalten, und der ausgezeichneten Hochachtung versichert zu bleiben, womit ich lebenslänglich die Ehre haben werde zu beharren,

Dero
gehorsamster und ergebenster Diener
Wieland.

*

Zwischen 1806 und 1813 übersetzte und erläuterte Wieland die »Sämmtlichen Briefe« des römischen Philosophen und Schriftstellers Cicero, der schon in der Biberacher Jugendzeit zu den »am meisten« von ihm geliebten Autoren gehört hatte. Auf seinen Spaziergängen durch die Parkanlagen des Schlosses Belvedere bei Weimar wurde ihm der Römer zum ständigen Begleiter und Gesprächspartner (»Cicero's Geist, dessen Nähe ich von Zeit zu Zeit spüre«). In seinen Briefen fand Wieland zahlreiche Parallelen zwischen damals und seiner eigenen Zeit: »In der Tat ist die Ähnlichkeit zwischen der Geschichte des auf einen einzigen derben Stoß zusammengefallenen deutsch-römischen Reichs... *mit dem zu Cicero's Zeit erfolgten Umsturze der weltbeherrschenden* römischen *Republik sehr auffallend...« (4.–6. 3. 1811).*

Viele seiner Briefe schrieb er in diesen letzten Jahren seines Lebens an die Gräfin Elisabeth von Solms-Laubach (1753–1829), einer Prinzessin zu Isenburg-Birstein, zu der für ihn Sophie von La Roche noch kurz vor ihrem Tod (18. 2. 1807) briefliche Verbindungen hergestellt hatte. Sie wurde anstelle von Sophie die vertraute Korrespondentin des greisen Wieland.

Weimar, den 12. Februar 1808.

Gnädigste Fürstin!

Es läßt sich nur ein Umstand denken, der mein langes Schweigen auf Ihro Durchlaucht gütigstes Schreiben vom 27. Dezember vorigen Jahres verzeihlich machen kann, und gerade dieser einzige mußte sich, sehr wider meinen Willen, am 8ten Tage des jetzigen, ereignen. Ich wurde nämlich an demselben unversehens von einer Krankheit überrascht, deren erster Anfall so heftig war und meine Lebenskräfte so weit herunter brachte, daß ich beinahe drei Wochen nötig hatte, um mit Hülfe eines vortrefflichen Arztes und meiner guten Natur nach und nach wieder hergestellt zu werden. Als ich wieder lesen, denken und die Feder führen konnte, war die Fortsetzung meiner so lange unterbrochenen Arbeit an den *Briefen Cicero's* (von welchen zwei ziemlich starke Bände auf die Leipziger Ostermesse kommen sollen), so dringend geworden, daß sie sich aller meiner Zeit und Aufmerksamkeit gebieterisch bemächtigte, und mir ein Paar Wochen nicht gestattete, an etwas anders zu denken. Möchte dies hinreichend sein, gnädigste Frau, mir von Ihro Durchlaucht Verzeihung für eine anscheinende Vernachlässigung zu erbitten, die ich, wenn sie eine freiwillige gewesen wäre, nie mir selbst verzeihen könnte.

Für die gütigst mitgeteilten Nachrichten, die Töchter und die beiden Söhne unserer verewigten Sophie La Roche betreffend, lege ich Euer Durchlaucht meinen Dank zu Füßen und sehe der Wirkung des geneigten Versprechens der Frau geheimen Rätin Kugler nicht gleichgültig entgegen. Woran mir am meisten gelegen ist, sind die sämtlichen Briefe der beiden Berner Damen, Julie Bondely und Mariane Fels. Möglich ist's, daß sich unter den Papieren der Verewigten auch Briefe *von mir* finden, und ich gestehe, daß ich diese

Elisabeth Charlotte Gräfin von Solms-Laubach
geb. Prinzessin zu Isenburg-Birstein
mit Tochter Sophie.

nicht gern in unheiligen Händen wissen möchte, und wenn es auch die Hände des Mars und der Venus selbst wären.

Den unverdienten Wert, den Sie, gnädigste Fürstin, auf meine Briefe legen, erkläre ich mir, ohne affektierte Bescheidenheit, wie ich soll – freue mich aber nicht wenig, daß ich Ihro Durchlaucht in drei bis vier Monaten, und wo möglich noch bälder, eine Sammlung von ganz anders interessanten Briefen werde überreichen können, von denen ich gewiß bin, daß ein Geist wie der Ihrige eine so anziehende Unterhaltung, so viel Stoff zum Denken und Vergleichen unserer Zeiten mit den letzten 20 Jahren vor Auflösung der römischen Republik und überhaupt eine so angenehme Zerstreuung oder Avokation des Gemüts von schmerzlichen oder widerlichen Gefühlen des Gegenwärtigen oder Bevorstehenden darin finden wird, als vielleicht in wenig andern Büchern.

Wie sehr freue ich mich, daß mich die Vermutung nicht getäuscht hat, daß der vortreffliche Schwiegersohn, in welchem Euer Durchlaucht Sich so glücklich fühlen, eben derselbe ist, den ich vor vielen Jahren (wie viele? sagt mir mein treuloses Gedächtnis nicht mehr) als jungen, sehr liebenswürdigen und alles, was Er nun hält, versprechenden Erbgrafen von [**] kennen lernte. Sie haben mich, gnädigste Frau, durch die Mitteilung der hier zurückkommenden geist- und herzvollen Verse so gütig und verbindlich entschädigt, daß ich nicht das Herz habe, mich darüber zu beklagen, oder, wie ich wohl Lust hätte, ein wenig mit Ihnen *zu hadern*, daß Sie Ihrem Herrn Schwiegersohn aus Ihrem Schreiben an mich ein Geheimnis gemacht haben. Denn wer weiß, was geschehen wäre? – Doch so leicht entsage ich, wiewohl alle Ansprüche heut zu Tage wenig gelten, meinen kleinen, vielleicht auch nur eingebildeten, Ansprüchen nicht – oder wenn mein germanisierter Cicero einst in Ihro Durchlaucht Händen sein wird, so schmeichle ich mir, er werde eben keine große Gewalt brauchen müssen, um den Herrn Grafen zu vermögen, den alten Freund Seiner Jugend durch etliche eigenhändige Zeilen eines Andenkens gewiß zu machen, welches ihm in doppelter Rücksicht unschätzbar sein wird.

Möchte irgend ein guter Genius es so fügen, daß wir uns noch in *diesem* Leben (Euer Durchlaucht wissen, wie wenig ich mich auf das Künftige, was das Wiedersehen betrifft, verlasse) von Angesicht zu Angesicht sähen. Lägen nicht 75 Jahre auf meinem Rücken, oder könnte ich nur – was ich mir schon so oft vergebens gewünscht habe – ein wenig hexen – wie bald sollten Sie, teuerste Fürstin, in dem Fall sein, mir ein Fenster Ihres Zimmers öffnen zu lassen!

Ihro Durchlaucht fragen mich: was *mir* Frau von Staël für *ein Weib sei*? Wie die Frage gestellt ist, wäre sie mit drei Worten beantwortet. Aber ich will sie in einem zweifachen Sinne nehmen und mich in dem einen und dem andern so offen erklären, als Ihre eigene Offenherzigkeit mir's zur Pflicht macht. Ich habe diese Dame in den 13 Wochen, welche sie sich vor einigen Jahren hier aufhielt, beinahe täglich gesehen, und sie also, wenigstens von mehreren Seiten, ziemlich kennen gelernt. Sie ist, meines Wissens, das (Verzeihung für die Altersschwachheit!) außerordentlichste Wesen, das jemals in weiblicher Gestalt auf diesem Erdenrund gesehen worden ist. Daß eine Frau Genie haben kann, beweist sie gegen Rousseau und alle Kontradiktoren, mit ihrer Person und mit ihren beiden Romanen. Wo ist in ganz Europa der Mann, der ihre Delphine hätte schreiben können? Wie sie schreibt, so spricht sie; und wenn sie nicht so unsäglich schnell spräche, daß ein armer Allemand der angestrengtesten Aufmerksamkeit ungeachtet, im Ganzen wenigstens ein Viertel von ihrer Konversation verlöre, so möchte man sie Tage lang reden hören. Alle ihre Geisteskräfte wirken fast immer zugleich mit einer unbegreiflichen

Lebhaftigkeit und sind alle in einem hohen Grade gebildet. Sie ist nichts weniger als schön, und, ihre *Augen* ausgenommen (mit denen sie, wie leicht zu erachten, Wunder tun kann) könnte eine Weibsperson mit ihrer Gesichtsbildung und Figur sehr füglich eine schweizerische – Stallmagd vorstellen. Und dennoch ist über diese plumpe Person eine gewisse französische Grazie ausgegossen, die ihre Wirkung nicht leicht verfehlt; und da Sie eben so viel Feuer und leidenschaftliche Energie als Witz und Geist, und zu allem dem noch ein sehr angenehmes Sprachorgan besitzt, so hat sie, in der Konversation, Momente, wo sie zum *bezaubern liebenswürdig* ist. Was muß sie erst im Tête à Tête sein können? Aus Erfahrung kann ich über diesen Punkt nichts sagen: denn so oft ich mich mit ihr allein befand, war ich (wie es meinen Jahren geziemte) so kalt wie ein Gletscher. Aber daß sie mehrere große und sogar Jahre lang dauernde Passionen gegründet hat, ist gewiß. Wenn ich nicht, um die Post zu versäumen, zu Ende eilen müßte, könnte ich zu dieser Esquisse des Bildes dieser zauberischen Circe noch Manches hinzu tun – aber ich fasse für Euer Durchlaucht alles zusammen, wenn ich sage: ich halte mich versichert, daß sie in der Korinna *sich selbst* schildern wollte, und dieser ihrer Heldin bloß die Schönheit und das musikalische Talent *geliehen* hat, an welchen beiden Artikeln es ihr unleugbar sehr gebricht. Und so viel für diesmal von *einem Sinn* der Frage. Aber Ihro Durchlaucht wollen wissen, was für ein Weib sie *mir* sei? – Weil ich mich kurz fassen muß: durchaus die *Antipode meines Ideals eines Weibes*, mit dem man *ewig zu leben* wünschen möchte. Gott bewahre mich vor einer Tochter, Schwester, Enkelin und Urenkelin wie diese Frau, mit allem ihrem Geist, allem ihrem ungeheuern Talent und vornehmlich mit ihrer beispiellos übertriebenen und mir wenigstens ganz unerträglichen Leidenschaft für ihren alten Vater! – Ihre beiden Romane, so viel Herrliches und Lesenswürdiges sie auch enthalten, soll und kann keine Frau vor ihrem 40sten und keine Jungfrau vor ihrem 80sten Jahre lesen; – Ich bin im Zug, wie Ihro Durchlaucht sehen, noch mehr zu schreiben, aber man fordert mir meinen Brief ab, ich muß schließen, und habe nur noch so viel Zeit, um Sie, verehrteste Fürstin, um Nachsicht für dieses Geschreibsel zu bitten, und mich Ihnen, mit innigst gefühlter Verehrung und mit tausend Wünschen für Ihre Zufriedenheit und das Wohl aller der Ihrigen zu Füßen zu legen.

66. *An Gräfin Elisabeth von Solms-Laubach in Utphe*

Belvedere, bei Weimar den 9., 10. und 11. Juli 1808. Gnädigste Fürstin!

Seit dem 2ten des vorigen Monats bin ich mit den zwei Töchtern und zwei Enkelinnen, welche meine kleine Haushaltung ausmachen, aufs Land gezogen, und bewohne den einzigen (von vieren) seit dem 18. Oktober noch bewohnbaren Pavillon des von dem Großvater meines Herzogs erbauten und im damaligen Geschmack prächtig angelegten Sommerschlößchen und Lustgartens Belvedere. Unser Herr Erbprinz faßte von seinen ersten Knabenjahren an, eine ganz besondere Zuneigung zu diesem fürstlichen Sommeraufenthalte und den Dryaden und Hamadryaden des daranstoßenden Lustwaldes, und beschloß in seinem Herzen, sich ihrer dereinst anzunehmen, die schönen weißen und schwarzen Damhirsche (denen die besagten Dryaden viele Jahre lang preis gegeben worden waren) vor der Hand daraus zu vertreiben und in der Folge das ganze Wesen (mit Ausschluß des im ältern italienischen Geschmack sehr zierlich und bequem gebauten Schlosses) nach einem neuen Plan und in einem größern und schönern Stil umzuschaffen. Die Zeit zur Ausführung dieser seiner Lieblingsidee scheint nun gekommen zu sein, da der Herzog seinem Sohn und Erben, nach dessen Vermählung mit der russischen Großfürstin Maria Paulowna, ein Geschenk von Belvedere gemacht und ihm überlassen hat, das vorhabende Werk, nach Zeit und Umständen zu Stande zu bringen. Der Anfang ist seit dem letztverwichenen Jahre mit Umhauen, Einreißen, Ausstecken, Aufhacken und Graben, Transportieren der Erde, Ebnung der ehemals terrassierten avenue zum Schlosse etc., so weit gemacht, daß unmittelbar das Schloß und in einem großen Teil der dasselbe umgebenden Gärten alles ziemlich rauh, wüst und leer aussieht, was die unvermeidliche Folge davon ist, daß alles anders als zuvor, und, wie billig, schöner, edler und dem modernen bessern Geschmack gemäßer hergestellt werden soll. Was aber geblieben ist und wahrscheinlich bis zur gänzlichen Zerstörung unsers Planeten bleiben wird, ist die mittägliche oder südöstliche Seite des abhängigen *Schloßberges*, der mit allen Arten einheimischer schöner Bäume, Laubholz und Buschwerk bedeckt, mit einer Menge mehr oder weniger breiten, mäandrisch ab- und aufsteigenden Sandwege von oben bis unten umwunden, und schon seit mehreren Jahren hier und da mit anmutigen Ruheplätzen, Lauben, Blumenstücken, kleinen Bassins, springenden Wassern u. dergl. verschönert ist. Der Fuß dieses waldigten Berges verliert sich endlich in einem langen, aber sehr schmalen Tale, dessen größter Teil vor 40 Jahren ein mit Buschwerk eingefaßter Teich (comme qui disoit un lac en mignature) einnahm, welcher dermalen im Sommer meistens einen ausgetrockneten Sumpf vorstellt, und dem Vernehmen nach, seiner Zeit wieder den Najaden zur Bewohnung eingeräumt werden soll. Gegenüber erhebt sich, anfangs in etlichen kunstlosen Terrassen, hernach aber weniger zugangbar, ein abermaliger ganz mit Fichten bewachsener Berg von mäßiger Höhe, der die südöstliche Grenze von Belvedere ausmacht, nach Nordost

aber aus einigen Partien des unmittelbar an das Schloß sto-
ßenden Lustwaldes anmutige Aussichten in einige benach-
barte Dörfer und Landschaften gestattet.

Dies ist also der Ort, den ich mir für diesmal, einer
vieljährigen Gewohnheit zu Folge, zu meinem Sommer-
aufenthalt, aus dreien, worunter der Herzog mir die Wahl
zu lassen die Gnade hatte, auserwählt habe. Ich bestimmte
mich für Belvedere: erstens, weil es nur eine ¼ Stunde von
W. entfernt ist, und durch eine herrlich schattengebende
Allee von Linden- und Kastanienbäumen, zu großer
Bequemlichkeit der Freunde und Freundinnen, die mich
und meine Kinder besuchen wollen, mit Weimar zu-
sammenhängt; zweitens, weil die Luft in dieser Höhe eine
meiner Gesundheit besonders zuträgliche Temperatur hat;
drittens, weil ich hier sehr bequem *wohne*; und viertens, weil
ich, wie alle meines Gelichters, die *halbwilde* Natur, von
welcher ich hier auf allen Seiten umgeben bin, über Alles
liebe. Sollten Euer Durchlaucht etwan auf den freundlichen
Gedanken kommen, mich an einem schönen, warmen Som-
merabende zwischen 5 und 7 Uhr im Geist (as Soul ap-
proaches Soul) zu besuchen, so werden Sie mich auf der
Lisiere des obengenannten Fichtenwaldes, entweder die le-
bennährende balsamische Luft unter diesen Bäumen vorzüglich einatmend, hin und widergehend, oder in der Gesellschaft eines Cicero, Horaz, Lucians oder Shaftesburys,
auf einer Bank, die ich mir dahin habe tragen lassen, sitzen
finden. Geistergesellschaft ist die einzige, die hier vorgelas-
sen wird.

Rechne ich nicht beinahe zu viel, gnädigste Fürstin, auf
den Anteil, den Sie an meinem waldmännischen und verborgenen innern Leben nehmen, da ich nicht besorge, Sie
mit dieser umständlichen Beschreibung desselben zu be-
langweiligen? Doch nein! denn mein Herz sagt mir, daß ich
mich durch eine solche Furcht an dem Ihrigen versündigen

würde. Die unbeschreibliche Freude, so Sie mir durch die skizzierte Beschreibung Ihres schönen Wittwensitzes zu [**] (sie ist mehr als die beste Handzeichnung davon) geschenkt haben, bürgt mir dafür, daß die Sympathie und Harmonie der Sinnes- und Vorstellungsart, die sich immer mehr und mehr zwischen uns offenbart, sich auch bis über diesen Punkt erstreckt, und daß es Ihnen ebenfalls angenehm seyn wird, sich Ihren alten Freund und herzlichen Verehrer in seinen dermaligen Umgebungen zu denken. Ich, an meinem Teil, kann Ihnen nicht ausdrücken, wie glücklich mich meine nunmehrige *Gewißheit* macht, daß meine Fürstin (lassen Sie mir dieses stolze, mir unendlich viel werte *Mein*) auf einem anmutsvollen Landsitze, von einer so schönen Natur und so liebenswürdigen und viel versprechenden Enkelinnen und Enkeln umgeben und mit ihrer Erziehung und Bildung mütterlich beschäftigt, und (was so wenigen Ihres Standes zu Teil wird) von einem *solchen Sohne* und *Schwiegersohne* geliebt, gekannt und verehrt, – daß, sage ich, eine Frau von dem Geist, Herzen und Charakter einer Fürstin, in einer solchen Lage und Tätigkeit, und mit dem süßen Bewußtsein, die edelsten und schönsten aller Pflichten und Bestimmungen so vollständig zu erfüllen, nicht anders, als *sich glücklich fühlen kann*: denn glücklich fühlt sich eine Seele, wie die Ihrige, doch nur, wenn sie nach dem Maßstabe ihrer Verhältnisse und dem Umfange ihres Wirkungskreises, *Andere glücklich machen kann*.

Gut, werden Sie sagen, aber wie reimen sich diese vorgeblichen Gesinnungen mit dem beinahe zweimonatlichen Stillschweigen, womit meine so gefälligen, so herzlichen, allen Euern Wünschen so freundlich entgegenkommenden Briefe vom 30. Mai und 5. Juni belohnt wurden? Was läßt sich zur Entschuldigung sagen, oder nur erdenken? –

O meine Fürstin! meine Freundin! wenn das, was ich hierüber zu sagen habe, nicht hinreicht, Verzeihung von

Ihrem gütigen Herzen zu erhalten – so ist mir wirklich nicht zu helfen!

Ich entschuldigte vor Kurzem ein *noch längeres* Stillschweigen gegen einen meiner besten Freunde, mit der entsetzlichen Geschwindigkeit, womit die Zeit in meinem 75sten Jahre mit mir davon rennt, so daß mir, ohne Übertreibung, Monate zu Wochen, und Wochen beinahe zu einzelnen Tagen werden. Aber diese Entschuldigung, gnädigste Fürstin, kann ich in dem Fall, worin ich mit Ihnen (und leider! auch mit dem Herrn Grafen zu [**] mich befinde) *nicht* geltend machen: das Einzige, was ich mit gutem Gewissen sagen kann, ist, daß ich *solche* Briefe, wie Ihre beiden letztern, in einer andern, als *heitern* und *reinen* Stimmung zu beantworten, für Sünde gehalten hätte, und daß es mir, bei der totalen Abspannung meines Geistes und seines Organes in dem größten Teil der letzten sechs Wochen, schlechterdings unmöglich war, eine solche Stimmung zu erhalten, oder mich darein zu versetzen. Die Sache ist: als ich am 2. Juni von Weimar hieher zog, stand ich in der sanguinischen Erwartung, der Junius werde eben so schön sein, wie der März gewesen war. Aber die Madre natura fand nicht für gut zu halten, was ich mir von ihr versprochen hatte; oder vielmehr, der verwünschte Komet, der sich im verwichenen Winter in unser Sonnensystem verirrte, machte ihr selbst mit seinem leidigen Schweif einen häßlichen Strich durch ihre Rechnung. Wenige Tage der ersten Woche (und auch diese nur stückweise) ausgenommen, war der ganze Monat, und sogar die erste Woche des Julius, trüb und unfreundlich, voller Gewitter, Stürme und Regengüsse, und so kalt, daß ich, um in meiner sehr leicht gebauten Sommerwohnung nur ausdauern zu können, mein Zimmer alle Tage heizen lassen mußte. Unter dem tyrannischen Einfluß einer so trübseligen Witterung kann von mir nicht gesagt werden, daß ich *eigentlich lebe*: Sonnenschein und Sonnenwärme sind für mich das wahre pabulum vitae, werden mir diese entzogen, so sinkt mein Dasein zu einer bloßen Art von mühsamer Vegetation herab, und ich befinde mich ungefähr wie ein ostindisches Gewächs unter einem nördlichen Himmel. Untüchtig, verdrossen und kraftlos zu allen Geschäften des Geistes bin ich nicht im Stande einen nur leidentlich genießbaren Brief *an Personen, die ich liebe*, zu schreiben. Schlafen, träumen, essen und trinken, höchstens in einem durch Witz oder Phantasien und Narrheit kurzweiligen Buche oder Journale stückweise lesen und in wenigen Minuten darüber einschlummern, mich von einem Stuhl auf den andern setzen, nach Stadtneuigkeiten fragen, Abends von 7 bis halb 9 Uhr mit meinen Mädchen Boston spielen und sie, wie billig, gewinnen lassen, sodann mit echt animalischem schwäbischen Appetit zu Nacht speisen, und (um den Tag wenigstens nach der pythagorischen Lebensregel zu beschließen) mir von meiner Enkelin Amalie ein Paar Sonaten von Mozart, Klementi, oder Pleyel vorspielen lassen, dies ist, in diesem Zustande, die ganze Geschichte meines Tags, und bleibt es so lange, bis die Sonne (der älteste Gott der Erdenkinder und der meinige) den Sieg über die bösen Geister, die in der Luft herrschen, davon trägt, die ganze Natur wieder belebt und erfreut, und auch *meinen* innern Menschen wieder mit Licht und Wärme erfüllt und in seine vorige Tätigkeit setzt. Ich hoffe mit Zuversicht, meine gütige Fürstin werde diese unverfälschte Darstellung meiner geistigen Misere in den verflossenen letzten sechs Wochen zu Herzen nehmen, und eine anscheinende Vernachlässigung, die unter andern Umständen gar nicht möglich gewesen wäre, mehr mitleidens- als strafwürdig finden.

Indessen darf ich Euer Durchlaucht doch nicht verbergen, daß ich in der Mitte des vorigen Monats, just um die Zeit, da die bösen Luftgeister uns am übelsten mitspielten, durch die Erscheinung der Frau von Staël, wider alles Verhoffen, einige intervalla Lucida erhalten habe. Ich hatte mich vor ihr gefürchtet, seitdem ich gewiß wußte, daß sie von Dresden hieher kommen und sich zehn Tage in W. aufhalten werde. Aber alle jene Gespenster verschwanden bei Ihrer Erscheinung auf einmal. Man kann nicht anspruchloser, unbefangener, genügsamer, mit einem Worte liebenswürdiger sein, als sie war, und von Allen ohne Ausnahme, befunden wurde. Besonders benahm sie sich auch gegen mich vortrefflich und beinahe wie eine gute Tochter gegen einen geliebten und geehrten Vater: was ihr von mir um so viel höher angerechnet wurde, da ich ihr absichtlich nicht ein Sterbenswörtchen über ihre Korrinne sagte. Als Beleg hievon teile ich Ihnen das kleine Abschiedsbillet mit, das ich am Tage ihrer Abreise von ihr erhielt: auf diesen Ton war ihr ganzes Betragen während ihres zehntägigen Aufenthalts in W. gestimmt. Diese Frau kann alles sein, was sie will, und war sich ohne Zweifel recht gut bewußt, daß die vollkommene Anspruchslosigkeit bei so außerordentlich glänzenden Eigenschaften und Talenten, und der leichte Grazienschleier, womit sie das Feuer ihres Geistes so lieblich zu dämpfen wußte, gerade das wahre Mittel war, diejenigen unter uns zu bezaubern, die sonst mit einem sichern Talisman gegen alle andere Zauberreize wohl versehen sind.

Was denken Sie in diesem Augenblicke von mir, gnädigste Fürstin? Muß der Mann, der zu der Dame seines Herzens, mit solcher Wärme von der Amabilité einer andern spricht, nicht ein überschwengliches Vertrauen in die Weisheit und Gutherzigkeit derselben setzen? Und im Grund ein noch größeres in das ruhige Selbstbewußtsein ihres eigenen Wertes, der durch fremden Schimmer, wie blendend er auch sei, nur gewinnen, nichts verlieren kann?

Aber nun nach allen diesen langen Vorreden und Vorberichten, zur Beantwortung Ihrer mir unschätzbaren, geist- und anmutsvollen Briefe vom letzten Mai und 5. Junius.

Vor allem lassen sie mich Ihnen, beste Fürstin, für die liebenswürdige Gefälligkeit und Offenherzigkeit, womit Sie alle die zudringlichen Wünsche meines letztern, über meine bescheidene Hoffnung erfüllt haben, meinen wärmsten gerührtesten Dank – wie! nicht zu Füßen, sondern vor Ihre Augen, und durch diese in Ihre Seele legen. Wenn mich die Schilderung der schönen und genußreichen Natur, in deren Schoße Sie leben, schon so innig anmutet, wie unendlich interessant müssen mir erst die – zwar mit wenigen, aber desto kräftigeren Zügen und Strichen einer wahren Meister- und Mutterhand zugleich, aufs Papier geworfene Skizzen Ihrer holden Kindeskinder, der Lieblinge Ihres Herzens sein? Mein Herz ist voll von allem, was ich Ihnen über Alle und Jedes besonders sagen möchte. Ich habe dazu etliche vor mir liegende Blätter bestimmt, und als Zugabe wenigstens Eins über die edeln glücklichen Väter dieser Kinder: aber ich kann nicht mehr mit fliegender Feder schreiben, und brauche dazu wenigstens drei Tage. Allein so lange kann ich's nicht anstehen lassen, wenigstens das, was bereits fertig ist, abzuschicken. Nehmen Ihro Durchlaucht also diese drei Doppelblätter einstweilen als Unterpfand, daß die übrigen künftigen Sonnabend unfehlbar nachfolgen sollen.

Dem Herrn Grafen bin ich die Antwort auf einen sehr gütigen und freundschaftlichen Brief schuldig, womit er mich vor fünf Wochen begünstigt hat: aber bevor ich mich dieser angenehmen Pflicht entledigen kann, muß der Rest dieser bloß angefangenen fertig sein. Wenn Ihro Durchlaucht die Gnade haben, Ihm diese Blätter mitzuteilen, so kann ich desto gewisser auf seine Nachsicht rechnen und erspare mir eine Entschuldigungs-Vorrede.

A sus piedes etc.

*Der folgende Brief ist der einzige authentische Bericht Wielands
über seine beiden Begegnungen mit Napoleon in Weimar (6. 10.
1808) und in Erfurt (10. 10. 1808). Wieland hatte den französischen Kaiser bereits 1798 im zweiten seiner »Gespräche unter vier
Augen« als »Buonaparte Diktator der großen Nazion« angekündigt und setzte auf ihn 1807 einige Hoffnungen: »Wenn es dem
großen arbitre de l'Europe gefallen und gelingen wird, dem ehmaligen
Germanischen Reich eine Verfassung und Verbindung zu geben, die
eine lange innere und äußere Ruhe möglich macht, so kann das
südliche Deutschland einer vorzüglich schönen und glücklichen Zeit
entgegen sehen« (Brief an Johannes von Müller in Berlin, 24. 8.
1807).*

67. An Gräfin Elisabeth von Solms-Laubach in Utphe

Weimar, den 8.–14. Oktober 1808.
Weimar, den 8. Oktober 1808.

Wie die Zeiten sich ändern können! und wie leidig, daß wir
so sehr von Ort und Zeit und zehntausend kleinen Zufällig-
keiten abhangen, deren jede für sich kaum soviel als ein
Sandkorn bedeutet, die aber zusammen genommen zu Ber-
gen werden! Wie munter und allegro ging im Juli und
August der Briefwechsel zwischen [**] und Belvedere! und
seit vier bis fünf Wochen, da ich wieder in Weimar bin, kein
Blättchen, keine Zeile von hier aus – unbeantwortet liegt
der schöne, liebe, so viel Güte und Freundschaft atmende
Brief meiner gnädigsten Fürstin vom 18. September noch
auf meinem Schreibtisch!! Unbegreiflich! wie war's möglich, daß ich in so vielen Tagen und Wochen nicht so viel
Zeit sollte gefunden haben, nur ein kleines Briefchen an die
Dame meiner Gedanken zu erlassen? – Ach ja! zu einem
Briefchen hätte sich wohl in fünf Wochen ein *Stündchen* gefunden! Aber ich war während der goldenen Zeit des seligen far niente zu Belvedere in eine so habituelle Gewohn-

heit gekommen, klafterlange Briefe an meine Fürstin zu schreiben, daß ich mir gar nicht einbilden konnte, daß ich auch kleine Briefe schreiben könnte, und daß der kleinste doch immer besser, als gar keiner gewesen wäre. Kleine Briefe waren in meiner Vorstellungsart so viel, als *leere* Briefe – und wie sollt' ich mit einem leeren Brief zu [**] erscheinen? – Ja, wenn ich die Gabe hätte, mich so zu konzentrieren, daß jedes Wort ein Gedanke, jede Zeile so viel, als eine ciceronische Periode wären – wie ich mir einbilde, daß etwa die Briefe des Tacitus an seine Freunde gewesen sein mögen. – Aber das Talent des *Laconisme* und die Kunst, mit wenigem viel zu sagen, sind (wenigstens so viel ich mich erinnern kann) nie die meinigen gewesen. – Und so kam es denn – wie es gekommen ist. Erst etliche Tage, die drauf gingen, um aus Belvedere abzuziehen, dann mehrere Tage, um mich in Weimar wieder einzurichten; dann die Nachwehen des sommerlichen ländlichen Müßiggehens, eine Menge Arbeit, die zwischen dem 16. September und 8. Oktober schlechterdings getan sein mußte: fast täglich, oft stündlich durch willkommene und unwillkommene, interessante und langweilige Besuche unterbrochen von *Fremden* aus allerlei Volk, Parther, Meder und Elamiter etc. oder von andern Leuten, deren erste Frage war: »*kennen Sie mich nicht mehr? Ich habe vor* 3 – 5 – 7 – 10 Jahren die Ehre gehabt, Ihnen aufzuwarten usw.«, oder von wirklichen, lange nicht gesehenen Freunden, deren Wiedersehen mich innig freute und in ehemalige bessere Zeiten versetzte u. s. w. Zu dem allen tausend kleine zufällige Zerstreuungen, teils unvermeidlich, teils solche, die man aus Gefälligkeit, oder momentaner Laune, oder allerlei Rücksichten nicht vermeiden will. –

Goethe und Wieland im Gespräch mit Napoleon.

Den 13. Nachmittags um 5 Uhr.
So weit war ich am 8. d. gekommen, meine gnädigste
Fürstin, als ich durch zwei auf einander folgende Besuche
zum erstenmal unterbrochen wurde. Zum Glück warens
zwei alte, liebe und sehr interessante Freunde, sonst steh'
ich nicht dafür, daß sie nicht mit dem altgriechischen Kom-
pliment – geh vor die Raben! empfangen worden wären.
Aber nun ging der Tanz erst recht an.

Natürlicherweise wissen Sie, was alle Welt weiß, und
wovon alle öffentlichen Tageblätter voll sind, daß die Stadt
Erfurt seit dem Ende des vorigen Monats die Szene einer
der außerordentlichsten Begebenheiten unsrer wundervollen Zeit ist – einer Zusammenkunft von zwei Kaisern, vier
Königen, acht regierenden und nicht regierenden Herzogen
und einer unzählbaren Menge deutscher, französischer und
russischer Matadors und Magnaten, um, wo möglich, aller
Fehde ein Ende zu machen, und Asträa mit ihrem ganzen
wohltätigen Gefolge vom Himmel auf die Erde zu kompli-
mentieren. So etwas wenigstens *mußte* es sein, (wiewohl
freilich, außer den beiden Hauptpersonen und ihren traute-
sten Ministern, kein Mensch – selbst die *Könige* nicht ausgenommen – wußten, was eigentlich der Gegenstand und
Zweck einer so *brüyanten* und *brillianten*, nie erhörten Zusammenkunft war.

Am 6. d. M. kamen alle diese Majestäten, Hoheiten,
Durchlauchten und Excellenzen nach *Weimar*, wo zu ihrem
Empfang, wie leicht zu erachten, alles unter und über sich
ging. Der französische Kaiser hatte, um die Fête vollständiger und außerordentlicher zu machen, auch seine Come-
diens ordinaires von Erfurt herüber kommen lassen, und
auf ein großes Treibjagen und ein großes Diner an *drei*
Tafeln, folgte la mort de Cesar, von Voltaire, und auf diesen
ein glänzender Ball. Ich, der sich von jeher, so viel ich nur
immer vermochte, von den Erdengöttern fern hielt, hatte

mir (Trotz meiner Begierde den außerordentlichsten Mann unsrer und, meines Wissens, aller Zeiten in der Nähe zu sehen) – vorgenommen, nicht bei Hofe zu erscheinen, weil ich mir's zum Gesetz gemacht habe, von meinem seit mehreren Jahren unvermerkt erhaltenen Vorrecht vor andern meines Standes und Rangs, niemals einen eigenmächtigen Gebrauch zu machen. Diesmal ging ich sogar so weit, daß ich eine Einladung beim Ball zu erscheinen, die ich schon früh morgens von der Herzogin erhalten hatte, unter Vorschützung meiner Gesundheit, welche solche Abweichungen von meiner gewöhnlichen Lebensart nicht mehr ertragen könne, abgelehnt hatte. Aber N. fragte zweimal nach mir und schien verwundert, da er mich im Schauspiel in einer seinem Sitze ziemlich nahen Loge gesehen hatte, mich nicht beim Ball zu sehen. – Dies ließ mir die Herzogin wissen etc. und nun war kein anderer Rat, als mich in den Hofwagen, der mir geschickt wurde, zu setzen und – in meinem gewöhnlichen accoutrement, [...] eine Calotte auf dem Kopfe, ungepudert, ohne Degen und in Tuchstiefeln (übrigens anständig kostümiert) im Tanzsaal zu erscheinen. Es war gegen halb 11 Uhr. Kaum war ich etliche Minuten da gewesen, so kam N. von einer andern Seite des Saales auf mich zu; die Herzogin präsentierte mich ihm selbst, und er sagte mir sehr leutselig – das Gewöhnliche, indem er mich zugleich scharf ins Auge faßte. Schwerlich hat wohl jemals ein Sterblicher die Gabe, einen Menschen gleich auf den ersten Blick zu durchschauen und (wie man zu sagen pflegt) wegzuhaben, in einem höhern Grad besessen, als N. Er sah, daß ich, meiner leidigen Celebrität zu trotz, ein schlichter, anspruchloser, alter Mann war, und da er (wie es schien) auf immer einen guten Eindruck auf mich machen wollte, so verwandelte er sich augenblicklich in die Form, in welcher er sicher sein konnte, seine Absicht zu erhalten. In meinem Leben habe ich keinen einfachern, ruhigern, sanftern und anspruchlosern Menschensohn gesehen. Keine Spur, daß der Mann, der mit mir sprach, ein großer Monarch zu sein sich bewußt war. Er unterhielt sich mit mir wie ein alter Bekannter mit *seines* gleichen, und (was noch keinem andern *meines* gleichen widerfahren war) an anderthalb Stunden lang in Einem fort und ganz allein, zu großem Erstaunen aller Anwesenden, unter welchen es zwar an Neugierigen nicht fehlte, die sich aber doch aus Respekt zu weit entfernt halten mußten, um von allem dem, was er mit mir redete, mehr als *einzelne* Worte aufschnappen zu können; daher denn auch von dem, was er mich gefragt und ich geantwortet haben soll, und wovon allerlei Sagen im Publiko herumgehen, kein wahres Wort ist. Da ich ein sehr ungeübter, schwerzungiger französischer Orateur bin, so war es glücklich für mich, daß er gerade in der Laune *viel zu sprechen* war, und die frais de la conversation fast allein auf sich nahm. – Es war nahe an 12 Uhr, da ich endlich zu fühlen anfing, daß ich das *Stehen* nicht länger ertragen könne. Ich nahm mir also eine Freiheit heraus, deren sich schwerlich irgend ein anderer Deutscher oder Franzose unterstanden hätte. Ich bat Seine Majestät mich zu entlassen, weil ich mich nicht stark genug fühle, das Stehen länger auszuhalten. Er nahm es sehr gut auf. Allez donc, sagte er mit freundlichem Ton und Miene, allez, bon soir.

Meine Fürstin errät ohne Zweifel, daß ich sehr vergnügt nach Hause kam, diesen seltenen Erdensohn so nahe, so lang und in einem so milden Lichte gesehen zu haben. Dem ungeachtet tat ich *nicht*, was zehn Tausend andere an meiner Stelle für ihre Schuldigkeit gehalten, oder auch aus vermeinter Klugheit getan hätten. Ich erschien am folgenden Tage nicht in seinem Vorzimmer und tat wohl daran.

Der folgende Freitag und Sonnabend verstrich unter Geschäften und Zerstreuungen, die mich an kein Briefschreiben denken ließen. Dafür hatte ich den ganzen Sonntag dazu bestimmt, meiner Fürstin von allen diesen Ereignissen Rapport abzustatten. Allein die Götter haben's anders beschlossen.

Kontinuiert den 14ten.

Sonntag Morgens erhielt ich eine Einladung von dem Fürsten Primas und meinem Herzog, unverzüglich nach Erfurt zu kommen und bei dem erstern zu Mittag zu speisen. Hier machte ich, entre autres, eine sehr oberflächliche Bekanntschaft avec S. A. S. le prince de Benevent, autrement le ministre Talleyrand. Die Götter wollten aber nicht, daß wir einander näher kommen sollten; denn er war nicht zu Hause, als ich ihm am folgenden Tage aufwarten wollte. Abends sah und hörte ich meinen Greuel an Voltaires Mahomed und an der unnatürlichen monotonischen Deklamation und der mehr als tragischen Wut, womit die Akteurs die leidenschaftlichen Szenen spielten und wodurch sie ihre französischen Zuhörer (mit wenigen Ausnahmen) in Ekstase setzen. Moi je croyois voir et entendre des possedés, des vrais Demoniaques, et je souffrais mort et martire. Nach dem Schauspiel brachte ich den Rest des Abends bis Mitternacht bei der Präsidentin von Reck in großer, sehr vermischter, aber sehr interessanter Gesellschaft zu. Hier machte ich die persönliche Bekanntschaft des einzigen in meinen Augen wirklich großen Schauspielers unter den Comédiens ordinaires de sa Majesté, den ich zu Weimar im Tod Cäsars als Brutus sah, und er mich dort hatte besuchen wollen, aber nicht angenommen werden konnte. Je parle du célèbre Talma que V. A. connait peut-être par Elle-même. C'est un des français les plus aimables et les plus modestes, que j'ai vu en toute ma vie, tres instruit, rempli d'esprit, et de bon sens et du goût.

Montag Morgens erhielt ich eine Invitation, mich um halb 10 Uhr nach Hof zu verfügen, um Sr. Majestät frühstücken zu sehen. Ich stellte mich zur rechten Zeit ein, und das Vorzimmer füllte sich in kurzem mit deutschen und französischen Altessen, Excellenzen und cordons de toute couleur; welche alle eingeladen waren, diesem kaiserlichen Monodrama (dem Dejeuné nämlich) entweder als Zuschauer beizuwohnen, oder unmittelbar vor demselben eine Audienz zu erhalten. Wir wurden aber avertiert, beide Kaiser befänden sich im Kabinett des französischen in Konferenz. Der Punkt, worüber sie einig werden sollten, schien Schwierigkeiten zu finden, die man nicht erwartet hatte. Kurz, wir antischambrierten samt und sonders, ein paar schöne Herzoginnen von Würtemberg so gut, wie wir andere, bis 12 Uhr, ohne daß die Tore des Paradieses aufgehen wollten. Die gemeinsame Not der langen Weile nötigte die Anwesenden Hülfe bei einander zu suchen, und so gebrach es mir denn nicht an mannigfaltiger Unterhaltung, wenn man die in einer kaiserlichen Antischamber vorfallenden *Versuche* dieser Art so nennen kann. Mir ging es dabei vielleicht am leidlichsten. Die immer höflichen und artigen Franzosen empressierten sich, sehr artig gegen mich zu sein und ihre Altesse und Excellenz mit meiner Celebrität au Niveau zu setzen, – und nach und nach folgten auch die *deutschen* Altessen und Excellenzen diesem rühmlichen Beispiele etc. Um meiner verehrten Fürstin nicht, wider meine Absicht, eine zu große Portion der vorzimmerlichen Langeweile, die ich seit 30 und mehr Jahren in so reichlichem Maße nicht genossen hatte, mitzuteilen, überhüpfe ich, vermittelst der übrigen Etcetera alles, was ich noch aus diesen drei merkwürdigen Stunden meines Erdenlebens erzählen könnte. Genug, um halb 1 Uhr ward ich endlich mit ein paar andern, mir Unbekannten, in das Kabinett hereingewinkt. Seine Majestät saßen in der Mitte des Zimmers, an einer kleinen, mit fünf oder sechs Schüsseln besetzten tableronde, *allein* versteht sich, und ließen sich ein dejeuné à la fourchette, welches für ein Mittagsmahl gelten konnte, mit einem ihrem vermutlichen Hunger proportionierten Appetit belieben. Hastiger kann wohl kein getulischer Löwe, der seit drei Tagen gefastet hat, sein dejeuné verzehren. Dazwischen wurden eben so hastig ein halb Dutzend Gläser Wein, halb mit Wasser vermischt, ausgeleert. Wir andern homunciones, etwa sechs an der Zahl, standen im Kreise um die Tafel herum und der Kaiser, der (entre nous) ganz andere Dinge im Kopfe zu haben, und nicht bei ganz sonderlicher Laune zu sein schien, addressierte von Zeit zu Zeit bald an diesen, bald an jenen, an mich vier- oder fünfmal eine unbedeutende kurze Frage. Sein Bruder, der König von Westphalen, war einer von den Umstehenden und blieb zurück, nachdem wir übrigen entlassen waren. Il avoit l'air de ne pas s'amuser infiniment du rôle qu'il jouoit. – Ich hatte nötig die anderthalbstündige Konversation unter vier Augen, womit N. mich am letzten Donnerstag begünstigt hatte, in mein Gedächtnis zu rufen, um mich in der gehörigen Stimmung und Unbefangenheit zu erhalten – zumal, da der gesegnete Appetit des Kaisers auch den meinigen nicht wenig stimuliert hatte. Ich würde indessen nicht die Wahrheit sagen, wenn ich sagte, daß er nicht so freundlich und graziös gegen mich gewesen wäre, als ich es in diesem Augenblick nur wünschen konnte. Gewiß ist übrigens, daß er schon seit Sonntag (dem 9.) nicht mehr in der heitern und erfreulichen Stimmung war, worin er sich Donnerstag und Freitag zu Weimar befunden hatte – was auch die Ursache davon sein mochte.

Am 11. kehrte ich von Erfurt zurück, kam aber, weil ich bis gegen Mittag auf die Postpferde hatte harren müssen, erst um halb drei an. An diesem und dem folgenden Tage war, allerlei Abhaltungen wegen, wieder nicht an's Briefschreiben zu denken. Ich vertröstete mich selbst auf den Donnerstag: aber da ich mich eben an den Schreibtisch setzen wollte, siehe da wurde ich, sehr unerwartete Weise, von einem, mit dem kaiserlichen Wappen besiegelten Brief in großmächtigem Format von dem Minister Secretaire d'État Maret, überrascht, welchen ich meiner Fürstin hier (zur beliebigen Vergleichung des heutigen französischen diplomatischen Stils mit dem an deutschen Höfen in ähnlichen Fällen üblichen Kanzleistil) in Abschrift mitteile, mit flehentlicher Bitte, ihn ja nicht aus Ihrer Hand kommen, oder Abschrift davon nehmen zu lassen. Denn ich möchte ihn um Alles nicht in irgend einem deutschen oder französischen Blatt durch meine Schuld abgedruckt lesen. Hier, teuerste Fürstin, haben Sie nun in beliebter Kürze die Veranlassungen meines langen Stillschweigens auf Ihre letzte Zuschrift. Wie vieles hätte ich Ihnen noch zu schreiben und zu antworten! Aber dieser Brief muß heute noch auf die Post, und es bleibt mir nur noch so viel Raum und Zeit übrig, Ihnen meine innige Freude über das gerettete Leben Ihres lieben Enkelsohns zu B. zu bezeugen. Sie ist meiner Teilnahme an den Sorgen gleich, die Ihnen die ersten Nachrichten machen mußten. – Leben Sie wohl, Verehrteste! und bleiben huldreich gewogen

Ihrem ganz eigenen etc.

*

Karl August Böttiger (1760–1835), ehemals Rektor des Weimarer Gymnasiums, war Oberinspektor der königlichen Altertumsmuseen in Dresden. Ab 1792 führte er den »Teutschen Merkur« (seit 1790: »Der Neue Teutsche Merkur«) unter Wielands nomineller Herausgeberschaft bis 1810 weiter. Nach seinem Tod veröffentlichte sein Sohn, der Erlanger Historiker Karl Wilhelm Böttiger (1790–1862), »Literarische Zustände und Zeitgenossen. In Schilderungen aus Karl August Böttigers handschriftlichem Nachlasse« (1838) und »C. M. Wieland nach seiner Freunde und seinen eigenen Äußerungen« (1839).

68. An Karl August Böttiger in Dresden

Weimar, den 14. September 1809.
Mein teurer Freund, der erste Punkt Ihres Briefes vom
27. August ist dadurch erlediget, daß der dritte Band meiner Briefe Ciceros seit kurzem wirklich an die Abnehmer
der zwei ersten Bände versendet worden ist, wiewohl ich
selbst noch nichts erhalten habe. *Proben* kämen also im Merkur zu spät. Wichtiger für mich ist, was sie mir von den
wohlwollenden Gesinnungen des dortigen französischen
Ministers von Bourgoing, und von der Wärme, womit er
sich darüber gegen Sie ausgedrückt, haben melden wollen.
Da ich so glücklich bin, den Herrn von Bourgoing von
Person zu kennen, und einen der hochachtungswürdigsten,
aufgeklärtesten und edelgesinntesten Männer seiner Nation
in ihm verehre, so kann die Nachricht von der gütigen
Meinung, womit er mich beehrt, mir nicht anders als äußerst schmeichelhaft und erfreulich sein. Hätte ich wirklich
das Unglück, die ganze französische Nation – *nicht zu lieben*,
so würde Herr von Bourgoing die *erste Ausnahme* sein.
Aber, wenn die *Liebe* auch nicht immer in meiner Gewalt
ist, so kann ich doch mit gutem Gewissen sagen, daß ich
keinen Menschen hasse, und daß das Schlimmste, was ich *den
Bösen* wünsche, ist, daß sie *gut* werden möchten. Eine nähere
Erklärung und Herzenserleichterung wäre überflüssig. Ich
bin gewiß, daß Herr von Bourgoing über alles, was die
Menschheit interessiert, eben so denkt wie ich. Schmerzlich
aber ist es mir, daß er, bei der guten Meinung, die er von
mir hat, die verleumderischen Ohrenbläsereien der Aufpas-
ser, von denen wir umringt sind, seiner mindesten Aufmerksamkeit würdigen mag. Es gibt (wie es scheint) hier
und in der Nachbarschaft Leute, die sich höhern und höchsten Orts ein Verdienst dadurch zu machen glauben, daß sie
den Hof und die Einwohner von Weimar in ein verdächti-

ges und gehässiges Licht zu stellen suchen. Ich weiß nicht, was die *Klatscher*, die so feine Augen und Ohren haben, daß sie die geheimen Gedanken der Leute in ihrer Seele *sehen* und die leisesten Bewegungen ihres Herzens schlagen *hören*, die, wie meine Schwaben sagen, daß sie *Gras wachsen und Flöhe husten* hören, was diese Ardeliones mit der unbestimmten und vieldeutigen Phrase »einer in Weimar herrschenden Unzufriedenheit mit des großen Kaisers sauern Maßregeln« sagen wollen. Aber das weiß ich und kann es bei meiner Ehre bezeugen, daß unser Herzog sich die größte Angelegenheit daraus macht, alle Pflichten eines Mitglieds des Rheinischen Fürstenbundes in ihrem ganzen Umfang aufs genaueste zu erfüllen, daß an unserm Hofe und von allen rechtlichen Menschen überhaupt von dem großen Kaiser nie anders als mit der Ehrerbietung gesprochen wird, die jedem gekrönten Haupt überhaupt, und ihm noch besonders und persönlich als einem der größten Männer aller Jahrhunderte gebührt etc. Was mich betrifft, so erinnere ich mich sehr gut, meine *Gedanken* und *Gefühle* von diesem außerordentlichen Genius sowohl in meinen Briefen an den Minister Staatssekretär Maret und den Kanzler der Ehrenlegion als in Briefen an Sie, lieber Böttiger, und an andre, so ausgesprochen zu haben, wie Napoleon selbst, wenn er Gott wäre, sie in meinem Innern lesen würde und dürfte. Übrigens bin ich ein *Deutscher*, ein *Weltbürger* und ein *Mensch*; und der verehrungswerte *Bourgoing*, der die beiden letzten Qualitäten *mit mir gemein hat* und in die erste sich leicht hineindenken kann, wird, ohne ein Gott zu sein, erraten, wie ich über die Ereignisse unserer Zeit denke und wie ich von dem unsäglichen Elend, welches durch selbige über einige Millionen Menschen aufgehäuft worden ist, afficiert werde. – Von dem großen Manne, der die auszeichnenden Züge der größten Römer des 7. Jahrhunderts der Stadt Rom, der Scipionen und Paul-Emile, der Sylla, Marius, Sertorius und Cäsar in sich vereinigt und jeden von ihnen, allein genommen, übertrifft, glaube ich mir die richtigste Vorstellung zu machen, wenn ich ihn als ein auserwähltes Rüstzeug in der Hand des allmächtigen Weltregierers, oder in der biblisch-Klopstockischen Sprache zu reden, als einen von Gott herabgesendeten *Todesengel* betrachte, bevollmächtigt, eine sündige Welt zu züchtigen, alles Unhaltbare vollends einzureißen, auf den Trümmern eine neue Schöpfung hervorzurufen, einen neuen Lebensgeist in die erschlaffte verderbte Menschheit zu hauchen, und wenn er den furchtbaren Teil seines Berufes vollendet haben wird, in einer lieblichen Gestalt als *Engel des Friedens*, als *wohltätiger Genius der Menschheit* zu erscheinen und als solcher sich eben so allgemein lieben zu machen, als er jetzt allgemein gefürchtet wird. Ich kann mir keine erhabenere Bestimmung denken als diese, und daher kann ich mir auch nicht einbilden, daß Er sich durch diese Vorstellung, die ich mir von ihm mache, beleidigt finden sollte, wenn er Kenntnis davon hätte. Denn bloß dadurch, daß ich ihn auf einem so erhabenen Standpunkt erblicke, glaube ich ihn in seinen wahren Verhältnissen und in richtigem Ebenmaße zu sehen, und bloß der Gedanke, daß er selbst der ganzen Glorie seiner wohltätigen Bestimmung sich bewußt ist, kann die Hoffnungen in mir nähren, ohne welche es kaum möglich wäre, den gegenwärtigen Moment zu ertragen. Möge ihm bald das Glück zu Teil werden, den Janustempel für ganz Europa zu schließen und er dann, wie ehemals Cäsar Augustus, eben so lange wie Jener, leben und regieren, um alle Segnungen des Friedens über die Welt zu verbreiten und alle die glänzenden Titel, die Er sich durch eine beispiellose Reihe großer Taten und begünstigt von einem eben so beispiellosen Glücke, erworben, noch mit einem, der alle andere überglänzt, mit dem schönen Beinamen *der Wonne des Menschengeschlechtes* (deliciae generis humani) zu vermehren!!! – Dies, l.B., ist mein politisches Credo, worauf ich lebe und sterbe und welches Sie, per me, Sr. Excellenz dem Herrn Minister von B. mitzuteilen volle Macht und Freiheit haben. Wer mir andere Gesinnungen, oder Reden, die mit diesen nicht übereinstimmen, Schuld gibt, verleumdet mich, oder hat mich vorsetzlich oder aus Dummheit mißverstanden. Und soviel über diesen Hauptartikel unsers Glaubens! Sobald als möglich dies und jenes auch über andere Gegenstände. Ohne Zweifel hat Ihnen der Buchhändler *Degen* in Wien auch ein Exemplar seiner über alles prächtigen und schönen Prachtausgabe meiner *Musarion* zugeschickt. Was sagen Sie zu diesem typographischen Wunder in einer Zeit wie die unsrige?

Mein Reinhold geht, nach einem beinahe 6monatlichen Aufenthalt in Weimar, morgen nach Kiel zurück. Wollte Gott er könnte bei uns bleiben, oder vielmehr er wäre nie veranlaßt worden Jena zu verlassen! Er ist mit Achtungsbezeugungen von unserm Hof überhäuft worden. Allgemeiner kann wohl niemand geliebt und geschätzt werden. Er empfiehlt sich Ihrem Andenken bestens. Seine Schuld ist es nicht, sondern iniuria temporum, daß er seinen Wunsch, einen Abstecher nach Dresden zu machen, nicht befriedigen konnte. Leben Sie wohl, mein Bester. Ewig der Ihrige Wieland.

69. *An die Tochter Charlotte Geßner in Zürich*

Weimar, den 26. Februar 1810.

Meine liebste Charlotte,

Seit der Mitte Januars hing hier der Himmel voller Geigen, eine Hof und Stadt-Lustbarkeit drängte sich an die andere: große und kleine Feste, Schlittenfahrten nach Belvedere und Ettersburg, Déjeuners und Thés Dansans, Hofbälle, Masqueraden, prächtige Aufzüge, Konzerte, Schauspiele aller Art etc. etc. füllten Tage und Nächte in der

Christoph Martin Wieland.

buntesten Abwechslung aus – kurz, vor lauter Festivitäten und Erlustigungen wurde jedermann endlich aller dieser Herrlichkeiten so überdrüssig, daß man den glücklichen Tag, wo sie ein Ende nehmen sollten, zuletzt kaum erwarten konnte – Aber nein! mit *diesen* Federn gehts nicht länger, ich probiere eine nach der andern, und die letzte ist immer die schlechteste. Ich pflege mir schon lange darauf zu gut zu tun, daß ich (wie Cicero von sich rühmt) mit allen Federn, wie stumpf und unbrauchbar sie auch sein mögen, schreiben kann; aber mit *diesen* ist schlechterdings nicht fortzukommen. Ich muß mich also schon entschließen zu tun was ich gleich anfangs hätte tun sollen, und zu versuchen, ob es mit einer neuen Feder besser gehen werde. Die Ursache dieses 40tägigen, in Weimar bei Menschengedenken unerhörten Festes, nämlich das Verlöbnis unserer allgeliebten Prinzessin Caroline mit dem Erbprinzen von Mecklenburg-Schwerin, wird Dir, liebe Lotte, aus den Zeitungen (wenn Du anders welche liesest) schon bekannt sein. In der Tat haben wir Weimaraner – insofern man in dieser heil-, grund- und bodenlosen Zeit auf irgend etwas mit Sicherheit rechnen kann, alle Ursache uns zu erfreuen, daß unsrer liebenswürdigen Prinzessin ein so schönes Los zugefallen ist. Denn, abstrahiert von allen andern äußern Umständen, welche diese Heirat zu einer sehr edeln und vorteilhaften Versorgung für eine Prinzessin von Sachsen machen, ist ihr künftiger Gemahl ein ebenso achtungs- als liebenswürdiger junger Mann, der den hohen Wert seiner Braut fühlt und erkennt, sie hauptsächlich ihres vortrefflichen Charakters wegen gewählt, und sie, soviel an ihm ist, glücklich zu machen, ebenso gewiß sich beeifern wird, als Er gewiß sein kann, daß sie ein guter Engel für ihn selbst und sein Volk, und besonders für seine beiden Kinder (von seiner vor 5 Jahren verstorbenen ersten Gemahlin, der Russischen Großfürstin Helena) sein wird.

Nun, liebe Lotte, nach dieser langen Digression – zu

unsern eigenen Angelegenheiten. Daß die Hochlöblichen Curatoren sich den Bedingungen, unter welchen ich Euch die Fortsetzung meiner Briefe Ciceros überlassen will und kann, mit sehr guter Art gefügt haben, wird Dir bekannt sein. Nur in einem einzigen Punkt bin ich genötigt etwas von meiner Seite Zugesagtes zurück zu nehmen. Ich habe mich nämlich stark verrechnet, da ich es für eine mir mögliche Sache hielt, den 4ten Band auf die künftige Michaelis Messe dieses Jahres liefern zu können. Über die Ursache *warum?* erkäre ich mich in dem angeschloßnen Brief an die Hochlöblichen Curatoren. Du begreifst leicht, daß *Anstrengungen* der hiezu erforderlichen geistigen und körperlichen Kräfte – deren *völlige Wiederherstellung* ich erst von der wiederkehrenden schönen Jahreszeit erwarte und hoffe – zeither *gar nicht* tunlich waren, und auch in den nächsten 6 Monaten nicht stattfinden können, indem ich den Frühling und Sommer, teils in Jena auf dem Griesbachischen Garten, größtenteils aber wieder zu Belvedern im Genuß der schönen Natur, der Ruhe und Enthaltung von allen ernstlichen Beschäftigungen, und kurz im vergnüglichen Leben mit mir selbst, den Meinigen und mit guten Freunden (worunter ich besonders Homer, Virgil und Horaz rechne) zuzubringen gedenke. Dafür hoffe ich zur Ostermesse 1811 desto gewisser mit zwei Bänden erscheinen zu können, und das ganze Werk für Ostern 1812 zu Stande zu bringen, wenn ich so lange noch zu leben habe.

Es hat mir großes Vergnügen gemacht, von den Hochlöblichen Curatoren bestätiget zu lesen, was Du mir 8 Tage zuvor geschrieben hattest, nämlich daß meine letzte Entschließung wegen der Briefe Ciceros nicht nur dem Gemüt, sondern sogar dem körperlichen Übel unsers guten Geßners wohlgetan zu haben scheine – Stünde es in meinem Vermögen, wie bald sollte Euch allen geholfen sein! Schon seit geraumer Zeit höre ich nichts davon, in welchen terminis sich die Geßnersche Debitsache dermalen befindet; ob die Mehrheit der Creditoren den angebotenen Accord angenommen haben? Was für Sicherheit Du für Dein auf circa 2100 fl. (freilich zum Nachteil Deiner Geschwister) berechnetes Eingebrachtes hast? Kurz, wie es um die ganze Sache steht? Es würde mir sehr lieb sein, wenn Du mich, mit Hülfe des Herrn Direktors Hirzels hierüber ins Klare setzen könntest.

Schreibe mir auch, wenn Du Zeit dazu erübrigen kannst, wieder etwas von Deinen Kindern, besonders [...]

*

Maria Paulowna (1786–1859), Großfürstin von Rußland, heiratete im August 1804 auf Schloß Peterhof bei Petersburg den Erbprinzen Carl Friedrich von Sachsen-Weimar und Eisenach und traf im November in Weimar ein. Wieland übertrug nach dem Tod seiner Gönnerin, Herzogin Anna Amalia (1807), alle seine Verehrung auf die jugendliche Nachfolgerin und blieb bis zu seinem Tod ihr vertrauter Ratgeber in kulturellen und bildungspolitischen Angelegenheiten. Ihr und ihrem Gemahl ist die Anlage des weitläufigen Parks am Lustschloß Belvedere zu verdanken. Im Jahre 1835 ließ sie im Weimarer Schloß außer für Goethe, Schiller und Herder auch für Wieland ein sogenanntes Dichterzimmer einrichten, das mit Bildern aus »Oberon« und anderen Dichtungen Wielands ausstaffiert wurde.

Johann Jakob Griesbach (1745–1812) war evangelischer Theologe und Professor an der Universität Jena.

*70. An die Großfürstin und Erbprinzessin Maria Paulowna
in Weimar*

Weimar, den 26. März 1812.

Durchlauchtigste Frau Großfürstin und Erbprinzessin, Gnädigste Frau!

Ihro Kaiserliche Hoheit geruhen zu erlauben, daß ich mich auf Ersuchen und im Namen meiner Freundin, der leider nun verwittibten Kirchenrätin Griesbach in Jena einer Pflicht entledige, zu deren Erfüllung sie sich selbst noch unvermögend fühlt, indem ich Ihro Kaiserliche Hoheit das vorgestern abends erfolgte, nur zu lange vorhergesehene, aber immer gleichschmerzliche Ableben unsers teuren, im Leben allgemein geliebten und verehrten, im Tode allgemein betrauerten Griesbach schuldigst und untertänigst anzeige. Der lebhafte Anteil, den Ihre Kaiserliche Hoheit an den Schicksalen der guten Stadt Jena und ihrer einst, besonders auch durch Griesbachs seltne Verdienste, so berühmten und blühenden Universität nehmen, ist allein schon hinlänglich mich gewiß zu machen, daß dieser für Jena so wie für die ganze christliche und gelehrte Welt unersetzliche Verlust Ihro Kaiserlichen Hoheit keineswegs gleichgültig sein werde.

Wieviel auch ich an meinem spätesten und geliebtesten Freunde verloren habe, und wie tief ich diese Beraubung fühle, davon schweige ich izt um so mehr, da ich es für eine wesentliche Pflicht halte, Ihre Kaiserliche Hoheit mit jedem Zuwachs schmerzlicher Gefühle in diesen Zeiten zu verschonen. Mit einer Verehrung und Anhänglichkeit, für welche keine Sprache Worte hat, legt sich Ihro Kaiserlichen Hoheit zu Füßen, Höchst Ihro untertänigster, getreuester und ganz zugeeigneter Wieland.

Die beiden folgenden Briefe an Goethe gehören zu den letzten Brie-
fen, die Wieland in seinem Leben geschrieben hat.

Das Totenbuch der Stadtkirche Weimar vermerkte (20.–25. 1.
1813): »Mittwochs den 20. Januar 1813, Nachts 12 Uhr, starb
Se. Wohlgeboren Herr Christoph Martin Wieland ... in einem
Alter von 79 Jahren, 4 Monaten, 16 Tagen, an Entkräftung und
Schlagfluß und wurde, Montags den 25. Januar e.a., nachdem er
Tags vorher in der Wohnung des Herrn Legations-Rats Bertuch
ausgestellt worden, früh 3 Uhr, nach dem ihm ehemals ... zugehöri-
gen Rittergutsdorfe Oßmannstedt abgeführt und selbigen Tages,
Nachmittags 3 Uhr, in dem dasigen Rittergutsgarten neben seiner
früh verstorbenen Frau Gemahlin, beerdigt ...«

71. An Johann Wolfgang von Goethe in Weimar

Weimar, den 24. September 1812.

Teurer Freund und Bruder,

Nimm meinen herzlichen Dank für den gestern erhaltenen zweifachen Beweis deines freundlichen Andenkens
gütig auf, und verzeih, daß ich erst itzt nachhole, was gestern
schon hätte geschehen sollen, wenn ein kleiner Aufsatz, den
ich heute in der [Loge] vorlesen lasse, mir einen Augenblick
Zeit dazu gelassen hätte. Auch diesen Abend muß ich das
Vergnügen, von deinem Passa-porta Gebrauch zu machen,
einer mir selbst auferlegten Pflicht aufopfern. Dein Buch
hab' ich, um es mit Bequemlichkeit lesen zu können, dem
Buchbinder zum Heften gegeben, und hoffe mich Morgen
daran zu erlaben. L[ebe] W[ohl].

So lang' ich noch atme

der Deine.

W.

Wielands Grabmal in Oßmannstedt.

Weimar, den 19. Dezember 1812.
Da ich durch zufällige Umstände verhindert worden bin,
von diesen Passa-porta's Gebrauch zu machen, so stelle ich
sie, Ω Βελτιστε, hiemit dankbarlichst in die freundlichen
Hände zurück, aus denen ich sie erhalten habe: und wenn
Danksagung gleich nicht immer ad plus dandum invitatio
sein soll, so soll doch auch dem Guten Willen meines teuren
Herrn und Bruders durch diese Klausel kein Riegel vorge-
stoßen sein.

Ich wünsche Ifland zu hören (wiewohl's heute noch nicht
sein kann), aber auch [zu] *sehen*, was in der fürstlichen Loge
nicht möglich ist. Könntest [du] mir einen hiezu tauglichen
Platz auf dem Balkon ausmitteln, so würdest du höchlich
verbinden Deinen

alten Freund, Bruder und Liebhaber

Wieland.

Nachwort

Vielschreiber mit fliegender Feder

>»Den größten Teil meines Lebens verbringe ich
>mit Schreiben...«
>(An Sophie von La Roche, Erfurt, 29. 7. 1770.)

Briefschreiben gehört zum Alltagsgeschäft Christoph Martin Wielands. Wielandforscher schätzen, daß der Dichter im Laufe seines fast achtzigjährigen Lebens zwischen zwölf- und vierzehntausend Briefe geschrieben hat (Thomas C. Starnes). Ungefähr sechstausend gedruckte und ungedruckte Briefe von und an Wieland sind heute bekannt: Liebesbriefe, Briefe an Freunde und Verwandte, an Fürsten und Gräfinnen, an Verleger und Mitarbeiter, – und an seinen Weinhändler; Briefe zur zeitgenössischen Philosophie und Literatur, zum politischen und gesellschaftlichen Leben des 18. Jahrhunderts; Briefe, die seine Umwelt in Biberach, Zürich, Erfurt, Weimar oder Oßmannstedt reflektieren, sein häusliches Milieu, seine Beziehungen zur höfischen Gesellschaft in Warthausen oder Weimar. Und nicht zuletzt das umfangreiche Briefkonvolut, das ihm die Redaktion und Herausgabe seiner beiden Zeitschriften »Der Teutsche Merkur« und »Attisches Museum« zuziehen: »Alle diese Briefe nur zu lesen, erfordert soviel Zeit, daß wenn ich es tun wollte, mir keine Muße zu irgend einem andern Geschäfte übrig bliebe.« Daneben muß eine »ziemlich starke Privat-Correspondenz« erledigt werden: Nachrichten, Ideen, »Confessions«, getreue Erzählungen von den persönlichen Umständen, von der »jetzigen Lage«, vom »wunderlichen Roman« seines Lebens.

Allein fünfhundert Briefe, von denen etwa vierhundert

bisher ermittelt wurden, schreibt Wieland zum Beispiel an seine Biberacher Jugendgeliebte und Muse, Sophie Gutermann von Gutershofen, die spätere Schriftstellerin Sophie von La Roche. Mit ihr bleibt er bis zu ihrem Tod (1807) fast ununterbrochen in persönlichem und vor allem brieflichem Kontakt. Samuel Christian Abraham Lütkemüller, Wielands langjähriger Weimarer Mitarbeiter und Sekretär, gibt in seinen nach dem Tod des Dichters veröffentlichten Erinnerungen an »Wielands Privatleben« einen Eindruck vom Umfang der Wielandschen Gesamtkorrespondenz. Im Frühjahr 1794 ernennt ihn Wieland ausdrücklich »zum unumschränkten Aufsucher und Durchseher der Briefe«, die den von vielen geschätzten Briefpartner täglich erreichen, und beauftragt ihn, die »Briefschaften in einige Ordnung zu bringen«: »Ich hatte schon größere und kleinere Haufen davon in den Bücherzimmern gesehen. Das war aber nicht alles; sie lagen auch haufenweise und in buntester Mischung hier und da in zwei Dachkammern. Und wie viele Briefe mochten schon verbraucht worden sein!... Fast einen Monat lang lag meine Stube voller Briefe... und ich habe in meinem ganzen übrigen Leben nicht so viele Briefe gelesen, als damals... Daß es viel Spreu unter dem Weizen gab, versteht sich von selbst. Ungefähr die Hälfte der Briefe wurde ausgemerzt, die andern wurden nach Wielands Angabe geordnet und in Mappen gepackt. Ich weiß nicht, was nachher aus diesen Briefen geworden ist.« Für Wieland ist es, nach seinen eigenen Worten, eine Zeit, in der er »unter der Last von Briefen... fast erstickte«. Und mit der ihm zeitlebens eigenen Selbstironie fügt er hinzu: »Wenn ich der Mann darnach gewesen wäre, so hätte ich damals Aufforderung genug gehabt, der Mittelpunkt einer nicht kleinkreisigen literarischen Korrespondenz inner- und außerhalb des heiligen Römischen Reichs deutscher Nation zu werden.« Aus der Aufzeichnung eines Gesprächs zwischen Wieland und

dem Weimarer Philologen, Gymnasialdirektor und Altertumsforscher Karl August Böttiger im Dezember 1795 geht
hervor, daß auch einer von Wielands Schwiegersöhnen, der
Jenaer Philosophieprofessor Karl Leonhard Reinhold, vor
seinem Weggang nach Kiel (Frühjahr 1794) sämtliche Briefschaften sondiert und große Pakete der wichtigsten mit sich
nimmt. Nach Wielands Willen sollen gleich nach seinem
Tod alle seine Briefe in Kisten gepackt und an Reinhold
geschickt werden, dessen Briefwechsel mit dem Schwieger-
vater allein über 260 Briefe umfaßt.

Die Bedeutung seiner oft langen, »sehr rhapsodischen
Briefe« pflegt der damals abgöttisch und »mehr als jemals
Goethe« (Heinrich Heine) verehrte Dichter jedoch gern
herunterzuspielen. Zwar bekennt er sich wiederholt dazu,
sich »lieber schriftlich als mündlich« zu äußern, bezeichnet
seine Briefe aber ebenso oft mit gezieltem Understatement
als »eilfertiges Geschmier«, »Gekritzel«, »Gesudel« oder
»Geschreibsel«. Der passionierte Vielschreiber Wieland will
die meisten seiner Briefe »mit fliegender Feder« zu Papier
gebracht haben. »Ich bin weit entfernt meine Briefe für
wichtig zu halten«, erklärt schon der Sechsundzwanzigjäh-
rige, und noch der Weimarer Prinzenerzieher meint: »Ich
kann keine Briefe schreiben, welche jemals gedruckt zu werden verdienten.« Einem seiner häufigsten Briefpartner gegenüber, dem Schweizer Arzt Johann Georg Zimmermann,
äußert er Erstaunen, »wie es möglich ist, daß Ihnen meine
Briefe soviel Vergnügen machen sollen als Sie mir sagen.«
Auch findet sich manchmal am Ende seiner Briefe, in denen
er von persönlichen Empfindungen und Leiden berichtet,
die sicher nicht immer ernst gemeinte Bitte: »Vernichten Sie
diesen Brief, sobald Sie ihn gelesen haben.«

Wenn oft mehr als dreißig unbeantwortete Briefe auf
seinem Pult liegen, überkommt ihn eine wahre »Epistolophobie«: »Ein beinahe unüberwindlicher Abscheu vor

allem Briefschreiben ist mir, schon von langem her, nach und nach so habituel geworden, daß mir vor dem bloßen Gedanken, einen Brief beantworten zu müssen, angst und bang wird« (an Sophie von La Roche, 27. 4. 1791). Die Herkulesarbeit, »mechanische, aber zuweilen unaufschiebliche Briefe zu schreiben«, führt zu »Verdrossenheit und Untüchtigkeit«. Immer wieder gefällt er sich deshalb in der Attitüde des »saumseligen Briefschreibers« (Hansjörg Schelle).

Dennoch bildet die »epistolische Schreiberei« für den immer vielbeschäftigten Dichter ein unverzichtbares Lebenselixier. Angeblich der »trägste, unfleißigste, indolenteste Correspondent unter der Sonne«, der »doch nichts lieber als Briefe« liest, sind ihm seine »pauvres lettres« existentiell notwendige »Conversation« und »Causerie« mit abwesenden Freunden, »die ungeachtet sie oft in Jahr und Tagen keine Antwort auf ihre Briefe bekommen, dennoch heldenmütig entschlossen sind meine Freunde zu bleiben bis in den Tod«. So möchte er seine Briefe gelegentlich auch verstanden wissen als authentische Beiträge, die »einige Nachrichten über die Entwicklung und den Gang meines Geistes« und die Entstehung seiner Schriften enthalten.

Zwischen 1750 und 1780 schreibt Wieland, der damaligen Mode entsprechend, viele seiner Briefe in französischer Sprache. Denn die eigentliche Kunst, »galante« Briefe zu schreiben, lernt man seit dem 17. Jahrhundert am französischen Vorbild. Auch sind seine Briefpartner oft »der französischen Sprache im Reden und Schreiben gewohnter« oder mindestens ebenso kompetent wie im Deutschen. Auch erfordert die Sprache des Hofes in Warthausen oder Weimar und der schriftliche Verkehr in Briefen an höher gestellte Persönlichkeiten ihren französischen Tribut. Während seiner Kanzleiverwalterschaft erscheint ihm zudem Mißtrauen gegenüber den »Postillons« seiner Vaterstadt angebracht,

wenn diese die seitenlangen Klagebriefe über seine Biberacher Liebesaffären und juristischen Auseinandersetzungen
ins nahe gelegene Schloß Warthausen befördern. Manchmal
benutzt er auch die französische Sprache in seinen Briefen
dazu, Widersprüche und Paradoxien zu artikulieren, die sein
wahres Ich zu verbergen helfen. Aber schon der junge Wieland schreibt 1759 aus Zürich: »Meine Briefe mögen tönen
wie sie wollen, so bleibt das Innere meines Herzens immer
gleich.«

Bei lebendigem Leibe vergessen

>»Ein Poet ist schon soviel als einen
>oder zween Sparren zuviel haben.«
>(An Johann Wilhelm Ludwig Gleim,
>Erfurt, 9. 9. 1771.)

Schon frühzeitig beginnt Wieland um seinen literarischen
Nachruhm zu fürchten. Bei »lebendigem Leibe fange er an
vergessen zu werden, und nach seinem Tode werde es ganz
vorbei sein«, äußert er einmal auf der Höhe seiner »nicht
geringen Celebrität« im Juli 1787 in einem Gespräch mit
seinem Landsmann Schiller. Zwölf Jahre zuvor hatte er an
Friedrich Heinrich Jacobi in Düsseldorf geschrieben: »Die
Menge der Heerscharen, Crethi und Plethi, Ohim und
Zihim, die sind's, die den zeitlichen Ruhm, Ansehen und
Glück eines lebenden Autors entscheiden.« Während Wielands literarische Werke im 19. Jahrhundert nur wenig gedruckt und gelesen werden, setzt die Editionsgeschichte
seines Briefwechsels gleich nach seinem Tod (1813) ein. Sein
Sohn Ludwig, der dem Vater zu dessen Lebzeiten »vielen
Verdruß« bereitet, hält es für seine Pflicht, bereits 1815 eine
»Auswahl denkwürdiger Briefe« mit der Absicht zu veröf-
fentlichen, »die eigene Lebensgeschichte, welche der ver-

ewigte Verfasser dieser Briefe noch kurz vor seinem Tode auszuarbeiten sich vornahm, gewissermaßen zu ersetzen (zu) suchen.« Und auch der Zürcher Buchhändler und Druckereibesitzer Heinrich Geßner, Ehemann von Wielands Tochter Charlotte, plant eine Sammlung von Briefen des Schwiegervaters in seinem Verlag herauszubringen. So kommt es bereits im Sommer 1813 zu einem Streit mit dem Schwager wegen dessen Konkurrenzunternehmens in einem Wiener Verlag. Aber knapp zwei Jahre nach dem überraschenden Tod Heinrich Geßners (Dezember 1815) erscheint in Zürich der erste von vier Bänden »Ausgewählter Briefe von C. M. Wieland an verschiedene Freunde, in den Jahren 1751 bis 1810 geschrieben und nach der Zeitfolge geordnet«. Neben einigen Teilsammlungen und Einzelveröffentlichungen von Briefen (vgl. Auswahlbibliographie) bilden Ludwig Wielands Briefausgabe und die Geßnerschen Bände bis ins 20. Jahrhundert die einzigen umfangreichen Publikationen des Wielandschen Briefœuvres. Dazu kommt die 1827/28 durch »Einschluß vieler ungedruckter Briefe« erweiterte, erstmals 1815/16 erschienene, Gesamtdarstellung vom Leben und Werk des Dichters durch den Wittenberger Literarhistoriker Johann Gottfried Gruber. Im Jahr 1907 gibt die Preußische Akademie der Wissenschaften eine kritische Ausgabe des Gesamtbriefwechsels in Auftrag. Einziges Ergebnis bleiben jedoch die 1936 und 1940 vom Grazer Literaturwissenschaftler Bernhard Seuffert publizierten »Prolegomena zu einer Wieland-Ausgabe VIII und IX: Briefwechsel I und II«, ein Verzeichnis von etwa 5700 Briefen von und an Wieland. Häufigste Korrespondenzpartner sind u.a.: die Verleger Salomon und Heinrich Geßner, Philipp Erasmus Reich und Georg Joachim Göschen, der Mediziner und Schriftsteller Johann Georg Zimmermann, Wielands Mitarbeiter Friedrich Justin Bertuch und Karl August Böttiger, die Schriftsteller und

Philosophen Friedrich Heinrich und Johann Georg Jacobi, Sophie von La Roche, Wielands Tochter Charlotte und sein Schwiegersohn Karl Leonhard Reinhold. In einer »Abhandlung der Deutschen Akademie der Wissenschaften zu Berlin« (DDR) werden diese »Prolegomena« von Hans Werner Seiffert 1953 ergänzt und berichtigt. Eine historisch-kritische Ausgabe von »Wielands Briefwechsel« wird von der Akademie der Wissenschaften der DDR ab 1963 von Hans Werner Seiffert, seit 1982 von Siegfried Scheibe herausgegeben. Bisher sind fünf Bände erschienen, in denen Wielands Briefe bis 1778 gedruckt vorliegen. Die im November 1987 erschienene dreibändige »Wieland-Chronik« des nordamerikanischen Wielandforschers Thomas C. Starnes macht neben der Vielfalt von Materialien zum Leben und Werk des Dichters auch mit zahlreichen bisher ungedruckten Briefstellen bekannt.

In der ersten Hälfte des 20. Jahrhunderts bewertet die Literaturwissenschaft Wielands Briefschreibetalent zunächst recht kritisch. Seine Briefe aus der Schweiz (1752–1760) hält man für »im Grunde von trostloser Langeweile« (Emil Ermatinger, 1924), und der Herausgeber des »Teutschen Merkur« wird verdächtigt als »von vornherein zu vielbeschäftigt, zu unruhig, um ein ganz großer Briefschreiber zu sein« (Friedrich Sengle, 1949). Man beruft sich dabei auf ein Geständnis des jungen Wieland: »Die Stunden, da ich ein Vergnügen im Briefschreiben finde, sind bei mir sehr selten. Gegen eine einzige solche Stunde habe ich fünfzig, die ich lieber mit meinen Freunden verschwatzen möchte.« Auch bemängelt man vor allem die oft »atemlose Länge« seiner Briefe, in denen »meist mit viel Wortaufwand recht wenig gesagt« wird (Rainer Brockmeyer, 1961) und an deren Ende ja auch häufig zu lesen ist: »Ich hoffe, Sie wünschen meinen Fingern den Krampf«, oder: »Der nahe Abgang des Postillons nötigt mich abzubrechen.«

Erst in jüngster Zeit erkennt man, daß diese Briefe wichtige Zeitdokumente für das 18. Jahrhundert sind, die mithelfen sollen, »das Bild dieser Epoche genauer und klarer zu zeichnen« (Siegfried Scheibe, 1983). Wieland gehört »zu den großen Briefschreibern seiner Epoche« (Bernhard Zeller, 1986), und wir besitzen von ihm Briefe, »deren Formulierungskunst in der deutschen Literatur einmalig ist« (Jörg Drews, 1988).

Ein wenig an die Freunde sudeln

> »... schöne, wohlgesetzte, gedrehte
> und gewendete, witzige, gelehrte...
> ostensible Briefe schreiben... aber
> ach!... woher die Zeit dazu nehmen?
> Ich bin froh..., an meine Freunde von
> Zeit zu Zeit ein wenig sudeln zu können.«
> (An Friedrich Justus Riedel, Erfurt,
> 11. 7. 1772.)

Wielands Briefe zeichnen sich durch große Regelmäßigkeit und persönlichen Duktus einer sorgfältigen Schrift aus. Sie sind Musterbeispiele für »schöne reine Manuskripte« der Briefliteratur im 18. Jahrhundert. Alle Buchstaben, mit tiefgespaltener Kielfeder geschrieben, sind typisiert, verhältnismäßig klein, kräftig im Strich und untereinander in nach links geneigter Grundform verbunden. Wieland schreibt seine Briefe in der gut lesbaren und flüssig zu schreibenden sogenannten deutschen Schrift oder in lateinischer Schrift. Letztere bleibt vor allem den in französischer Sprache abgefaßten Briefen vorbehalten sowie auch Fremdwörtern, Latinismen, Gallizismen und Anglizismen, oder auch wichtigen Hinweisen, z.B. Adressen, in deutschen Briefen. Manchmal finden sich auch deutsche und lateinische Buchstaben im gleichen Wort. Zur Betonung werden einzelne Wörter oder Satzteile unterstrichen. Der Dichter, der schon mit fünf Jahren im Biberacher Elternhaus vom Vater Schönschreiben auf »feinstem holländischen Schreibpapier« lernt, hat nie ein Wort diktiert und »alles Geschriebene mit eigener Feder oft zwei- und dreimal bis zur Reinschrift« abgeschrieben. Wichtige Briefe hat er vor ihrer Reinschrift manchmal konzipiert. Seinem Mitarbeiter Karl August Böttiger erklärt er sein Verfahren: »Die Art, wie ich arbeite, ist ungefähr der Arbeit eines Zeichners ähnlich, der nur immer Linien und Striche hinkritzelt, immer mit seinem Brote wegwischt, immer zusetzt und endlich doch etwas ganz Leidliches hervorgehen läßt. Sowie ich etwas aus mir selbst produziere, so schreibe ich gleich aufs Papier. Aber mein Gedanke bildet und formt sich erst, indem ich ihn drei-, viermal und öfter umkehre, ausstreiche, drehe, wende ... Wer diktiert, muß schon vorher alles in der Seele feststehen haben.«

Dieses Arbeitsprinzip mehrmaligen Abschreibens gilt für die literarischen Werke Wielands ebenso wie für manche seiner Briefe, die selten von spontaner Selbstaussage bestimmt sind, sondern meistens von bewußter Gestaltung und stilisiertem Sprechen. Selten finden sich deshalb in den Autographen umfangreiche Korrekturen. Wegen ihrer kalligraphischen Formvollendung sind sie zu der im 18. Jahrhundert üblichen Weitergabe an Dritte besonders geeignet. Man trifft sich in vertrautem, geselligem Kreise und liest sich gegenseitig die empfangenen Briefe vor. Auch tauscht man sie zur Lektüre aus und scheut sich auch dann nicht davor, wenn die Gefahr besteht, daß andere dadurch kompromittiert werden: »Darf ich Sie bitten, mich den Brief ... lesen zu lassen. Sie sollen ihn den ersten Posttag wieder haben«, wendet sich Sophie von La Roche wiederholt an Wieland. Sie fertigt sogar Teilabschriften von Briefen des

Dichters über seine Biberacher Liebesabenteuer an, versieht sie mit entsprechenden Kommentaren und schickt sie an Wielands Schweizer Verlobte Julie von Bondeli, die dann alles an Johann Georg Zimmermann weiterreicht! Es sei gefährlich, Madame de La Roche zu schreiben, meint Johann Heinrich Merck im September 1777, denn sie zeige alle Briefe herum. Auch Wieland selbst gerät manchmal wegen Weiterverbreitung vertraulicher Briefe in Verlegenheit, wenn derartige Indiskretionen ans Tageslicht kommen.

Seine Briefe aus Biberach, Zürich und Bern, von denen unsere Auswahl einige typische Beispiele für den »stilus epistularis« des jungen Dichters vorstellt, enthalten oft viel Schwärmerisches, Subjektives und Emotionales: »Erlauben Sie mir, ein wenig schwärmerisch zu sein«, bittet er von Zeit zu Zeit. Der Dreiundsechzigjährige meint dazu später in Weimar: »Ich konnte damals gar nichts kalt schreiben. Alles war dichterisch ausgeschmückt, und meine Briefe wandelten auf Blumenbeeten.« Seine Liebesbriefe an Sophie Gutermann sind deshalb nicht in erster Linie romantisch-erlebnishafte Herzensergießungen. Das meiste ist im Rokokostil der Zeit verfremdet, und ein Voyeur kommt hier kaum auf seine Kosten. Oft erscheinen uns diese Briefe heute wie Stilübungen zur antiken Liebeslyrik und zum mittelalterlich-höfischen Zeremoniell. Römische Dichter und Rhetoren wie Ovid und Cicero und ihre »poetischen Figuren« (Wieland) haben dabei Pate gestanden. So werden die »außerordentlichen Vorzüge der schönen Seele meines Engels« gepriesen, der mit den poetischen Namen Doris, Serena oder Diotima, mit den Attributen »vielgeliebt« und »anbetungswürdig« versehen und als ein »Geschöpf... meines Glücks in dieser Welt« charakterisiert wird (23./24. 8. 1750; 22. 12. 1753). Noch der greise Wieland gesteht seiner Jugendfreundin: »...die Sophie, die ich so innig und doch so schwärmerisch liebte, war nicht die wahre Sophie Gutermann, sondern die Idee der Vollkommenheit, die sich in ihr verkörpert darstellte, mit ihr sich identifizierte...« (20. 12. 1805). Unmittelbarer und persönlicher in Form und Inhalt sind Wielands Briefe, wenn er an seine Mutter schreibt (7. 3. 1751; 5. 10. 1772), wenn er von den »Biberacher Mikrohändeln« (Arno Schmidt) und seinen Liebesleiden (1. 10. 1760; 9. 11. 1763) erzählt oder wenn er die Umstände seiner Übersiedlung aus der Vaterstadt nach Erfurt schildert (31. 3. 1769). In vielen seiner Briefe wird die Fähigkeit spürbar, sich gezielt und gelegentlich auch taktisch auf den jeweiligen Partner einzustellen, um sich schriftlich mit ihm zu unterhalten (an Julie von Keller, 3. 12. 1773; an Anna Louise Karsch, 3. 6. 1775; an Johann Caspar Lavater, 4. 3. 1776). »Herr Wieland hat in seinen Briefen etwas sehr Einnehmendes«, schreibt Johann Georg Zimmermann im Juli 1758 an Bodmer nach Zürich, und besteht darauf: »Ich habe viele sehr gute Freunde, aber keiner weiß mir die Sprache der Freundschaft so zu reden wie er, und dieses Betragen macht mich gegen ihn offenherzig, frei und unbesorgt...« Und Wielands lange Zeit bevorzugter Briefpartner Johann Wilhelm Ludwig Gleim bestätigt später: »Heute las ich Ihre Briefe...; keines, dacht ich, seiner Werke wiegt sie auf! Jeder malt dir seinen Geist und sein dem Geiste nicht nachstehendes Herz, jeder ist sein Abdruck« (29. 3. 1796).

Besonders anschaulich sind Wielands Briefe, wenn er Porträts ihm bekannter Persönlichkeiten entwirft: Friedrich Reichsgraf von Stadion (9. 10. 1764), Herzogin Anna Amalia (22. 3. 1772), Madame de Staël (12. 2. 1808). Weniger Wirklichkeitsfarbe enthalten dagegen seine Landschaftsbeschreibungen. Kaum ein Wort über den Zürichsee, das schweizerische Alpenpanorama, die rheinische Flußlandschaft oder den Thüringer Wald! Natur erscheint fast nie frei und unberührt, sondern immer kunstvoll gestaltet, z. B. im Schloßpark oder im bürgerlichen Garten. Das heimatliche Rißtal bei Biberach gerät ihm unversehens zu einer von antiken Erzählmustern geprägten bukolischen Landschaft, die von Gott Bacchus, Satyrn, Mänaden, Nymphen und Najaden bevölkert ist. Nur der Panoramablick aus den Fenstern seines Biberacher Gartenhauses, in das er sich die letzten drei Sommer seiner Kanzleiverwalterzeit einmietet, vermittelt einen etwas realistischeren Eindruck von der ihn umgebenden oberschwäbischen Landschaft (24. 8. 1768).

Zahlreich in Wielands Korrespondenz sind die im alten gezwungenen »Canzley-Stil« oder im sogenannten »Rathaus-Stil« abgefaßten repräsentativen Schreiben, z. B. an den Biberacher Evangelischen Magistrat (2. 4. 1762), an den Mainzer Kurfürsten Emmerich Joseph (25. 7. 1772) oder an den Weimarer Herzog Carl August (9. 12. 1797). Hier schafft das obligatorische zeremonielle Formular eine geradezu absolute Distanz zum gesprochenen Wort: devote Anrede und Schlußformel, ständig wiederholter stereotyper Ausdruck von Freude, Trauer, Dank oder Bitte, häufige Verwendung von Fremdwörtern, besonders aus der französischen und lateinischen Sprache. Zum Paket dieser Briefe von oft geschäftsmäßiger Nüchternheit gehören auch Schreiben an die Verleger (8. 5. 1766; 23. 9. 1793) oder die zeitweilig fast täglichen Anfragen, Antworten und Mitteilungen im Zusammenhang mit der Herausgabe des »Teutschen Merkur«. Unsere Auswahl enthält dazu zwei Beispiele (an Immanuel Kant, 1. 2. 1773; an Friedrich II. von Preußen, 6. 9. 1775).

Wenn aber Wieland über Ereignisse aus der kleinen Welt Weimars, wie zum Beispiel den Brand des Schlosses (8. 5. 1774), oder von der großen Welt, die in dieser kleinen zu Gast ist, berichtet, werden seine Briefe zur »Signatur dieser Zeit« (Reinhard Wittmann). So findet sich in unserem Briefband der einzige authentische Bericht über die beiden Begegnungen Wielands mit Napoleon im Oktober 1808. Auch die Briefe über die Französische Revolution, für deren Verlauf der Dichter zwischen 1789 und 1793 in Aufsätzen, fiktiven Dialogen, offenen Sendschreiben und szenisch-dramatischen Reportagen das Interesse eines »vorurteilsfreien, objektiv reflektierenden Beobachters« (Fritz Martini) zeigt, sind Informationsquelle über Wielands politisches Engagement in den historischen Auseinandersetzungen seiner Zeit. Französische »Nouveautés du jour« finden sich in Briefen an den Schwiegersohn Karl Leonhard Reinhold in Kiel (1. 7. 1791; 22. 7. 1792; 15. 1. 1793), an Johann Wilhelm Ludwig Gleim in Halberstadt (12. 4. 1793) und an die Ratsherrin Judith Geßner in Zürich (27. 7. 1795).

Man hat Wielands Briefen gelegentlich auch den Vorwurf gemacht, sie enthielten fast nur »poetische Nachrichten«, der Alltag sei nur selten erkennbar. Und zweifellos besteht bei ihm häufig eine gewisse Abneigung, von sich selbst und seiner Umwelt zu reden. Wer sich aber für Autobiographisches und Persönliches im Leben und Werk des Dichters interessiert, lese seine Briefe, die er zwischen 1797 und 1803 aus seinem in der Nähe Weimars gelegenen Landgut in Oßmannstedt schreibt. Hier auf seinem »Rittergut«, das er nach dem »Sabinum« des römischen Dichters Horaz sein »Osmantinum« nennt, verbringt der Gutsherr Wieland, trotz vieler Alltagssorgen und finanzieller Nöte, die wohl glücklichsten Jahre seines Lebens. In dem »kleinen Paradies«, in dem er »eine gute, schuldlose, einträchtige und glückliche Familie« und »eine einzige sichtbare Gemeinde« um sich zu versammeln und »wie eine Art von Patriarch zu leben« gedenkt, erfüllt er sich den seit Jugendjahren ersehnten Traum von ländlicher Einsamkeit: fern von allen höfischen und bürgerlichen Zwängen der Residenzstadt, die »Freuden des Landlebens« genießend. Auch die langen Episteln des fast Achtzigjährigen aus den Parkanlagen von Schloß Belvedere bei Weimar (12. 2. 1808; 9.–11. 7. 1808) vermitteln dem heutigen Leser ein menschlich sehr anrührendes Bild Wielands, von seinem Bedürfnis, vom anderen verstanden zu werden. Es sind Bekenntnisse, die auf den Sechsundzwanzigjährigen zurückverweisen, der einmal aus Bern an seinen Freund Johann Georg Zimmermann schreibt: »Ich bin nicht für das, was man Welt heißt, gemacht. Alle ihre Ergötzungen sind innerliche Plagen für mich, ob ich gleich aus Gefälligkeit daran Anteil nehme und vergnügt dabei scheine... Freiheit, Muße, Einsamkeit, ein Freund und eine Freundin nahe bei mir, und die Natur vor mir, – das ist die Situation, nach der mich dürstet, und zu der ich nie gelangen werde.«

Heinrich Bock

Editorische Notiz

In der Editionsgeschichte der Wielandschen Briefe wird hier zum erstenmal der Versuch unternommen, einem breiteren Lesepublikum den vielseitigen Schriftsteller als Briefschreiber vorzustellen. Die orthographische Textgestaltung wurde daher dem heutigen Gebrauch angenähert, wobei der Lautstand und typische Spracheigentümlichkeiten der Originale gewahrt blieben. Wielands »eigene Interpunction« wurde beibehalten. Alle Briefe, mit Ausnahme des ersten, werden ungekürzt wiedergegeben. Auslassungen früherer Editionen werden durch [...] angezeigt. Die Texte sind den in der Auswahlbibliographie angegebenen gedruckten Quellen entnommen. In einzelnen Fällen wurden originale Handschriften benutzt. Kommentierende Zwischentexte und eine ausführliche Zeittafel sollen dem Leser helfen, die ausgewählten Briefe in Leben und Werk des Dichters einzuordnen.

Mitgeholfen durch Rat und Tat beim Zustandekommen dieses Bandes haben Dr. Kurt Hiller, München, Dr. Hans Radspieler, Ulm, Professor Thomas C. Starnes, New Orleans, sowie die Sächsische Landesbibliothek Dresden, die Landesbibliothek Oldenburg, das Goethe-Schiller-Archiv Weimar und die Zentralbibliothek Zürich. Eine große Hilfe waren auch die zahlreichen Veröffentlichungen zu Wielands Briefwechsel von Professor Hansjörg Schelle, Ann Arbor. Ihnen allen sei herzlich gedankt. Besonderer Dank gilt der Leiterin des Wieland-Archivs Biberach an der Riß, Frau Dipl.-Bibl. Viia Ottenbacher M.A., die die Abbildungen zur Verfügung gestellt, das Abbildungsverzeichnis besorgt und sich unermüdlich um die Textbeschaffung gekümmert hat. Meine Frau hat acht der französischen Briefe Wielands ins Deutsche übersetzt und sachkundig und geduldig bei den Korrekturen mitgearbeitet.　　　　　　　　H.B.

Abbildungsverzeichnis

Gemälde von Eugene Ernest Hillemacher. Kohledruck von Braun & Cie. Nachf. Dornach. Original unbekannt.

Umschlagabbildung: Christoph Martin Wieland. Schattenriß von F. R. Starcke. 1806. Deutsches Literaturarchiv Marbach am Neckar.

Zeittafel

Biberach – Tübingen (1733–1752)

1733 5. September: Christoph Martin Wieland als Sohn des Pfarrers Thomas Adam Wieland in Oberholzheim bei Biberach an der Riß geboren.

1736 Der Vater wird Pfarrer in Biberach, Übersiedlung der Familie in die Freie Reichsstadt. Der Sohn erhält Unterricht vom Vater und an der Biberacher Lateinschule. Er liest frühzeitig antike und zeitgenössische Autoren.

1747 Wieland als Internatsschüler in Klosterberge bei Magdeburg. Lernt wichtige Werke der französischen Aufklärung kennen.

1749 Beendigung der Schulzeit. Aufenthalt bei J. W. Baumer in Erfurt. Bekanntschaft mit der Aufklärungsphilosophie von Christian Wolff und mit dem ›Don Quijote‹ von Cervantes.

1750 Rückkehr nach Biberach. Verlobung mit Sophie Gutermann, der späteren Frau von La Roche (Großmutter von Clemens und Bettine Brentano). – Jurastudium in Tübingen, Logis im Stift Hochmann.

1751 ›Die Natur der Dinge‹. Naturphilosophisches Lehrgedicht in Alexandrinern (erschienen 1752). – ›Hermann‹. Fragment. Versuch eines deutschen Nationalepos in Hexametern.

Zürich – Bern (1752–1760)

1752 (bis 1754) Gast im Hause Johann Jacob Bodmers in Zürich.

1753 (Dezember) Sophie Gutermann löst ihre Verlobung mit Wieland.

1754 (bis 1759) Hauslehrer in Zürich. – Briefwechsel mit dem Schweizer Arzt Johann Georg Zimmermann.

1758 ›Lady Johanna Gray‹. Ein Trauerspiel. Uraufführung in Winterthur (20. Juli).

1759 ›Cyrus‹. Unvollendetes Heldengedicht. – Übersiedlung nach Bern. Hauslehrer beim Landvogt Friedrich von Sinner. – Verlobung mit Julie Bondeli, einer Anhängerin Jean-Jacques Rousseaus.

Biberach (1760–1769)

1760 30. April: Einstimmige Wahl zum Senator in Biberach. Wegen seiner Ernennung zum Biberacher Kanzleiverwalter muß Wieland einen langwierigen Prozeß führen (bis 1764).

1761 Beginn der Besuche bei Friedrich Graf von Stadion auf Schloß Warthausen bei Biberach und Georg Michael von La Roche, Sekretär und Hofmeister des Grafen, seit 1753 verheiratet mit Sophie Gutermann. – Wieland wird Direktor der Evangelischen Komödiantengesellschaft und inszeniert Shakespeares ›Sturm‹ im Biberacher Theater in der »Schlachtmetzg«. – Übersetzung von 22 Shakespeare-Dramen ins Deutsche (bis 1766).

1761 (bis 1763) Verbindung mit Christine Hogel (»Bibi«), einem katholischen Bürgermädchen. Sie bekommt eine Tochter von Wieland.

1764 ›Der Sieg der Natur über die Schwärmerey oder die Abenteuer des Don Sylvio von Rosalva‹. Satirischer Roman (darin: ›Geschichte des Prinzen Biribinker‹), verlegt bei der Bartholomäischen Buchhandlung in Ulm. – Briefwechsel mit Christian Friedrich Daniel Schubart in Geislingen.

1765 ›Comische Erzählungen‹ (›Das Urteil des Paris‹ u.a.). Wieland gerät in den Ruf der Frivolität. – Heirat mit der Augsburger Kaufmannstochter Anna Dorothea von Hillenbrand (21. Oktober), mit der er bis zu ihrem Tod (1801) in glücklicher Ehe leben wird (14 Kinder).

1766 ›Geschichte des Agathon‹ (1. Fassung), Roman. Verlag: Orell, Geßner u. Cie. in Zürich.

1768 ›Idris und Zenide‹. Romantisches Gedicht in freien Stanzen. – ›Musarion oder die Philosophie der Grazien. Ein Gedicht in drei Büchern‹. Verlag: Weidmannsche Buchhandlung bei Ph. E. Reich in Leipzig. – Tod des Grafen Stadion (Oktober).

Erfurt (1769–1772)

1769 Ernennung zum Kurmainzischen Regierungsrat und Professor der Philosophie an der Universität Erfurt. Übersiedlung nach Erfurt.

1770 ›Sokrates Mainómenos oder die Dialogen des Diogenes von Sinope‹. – ›Die Grazien‹. Idyllisches Gedicht in Versen und Prosa.

1771 ›Der Neue Amadis. Ein komisches Gedicht in 18 Gesängen‹. (Frühjahr) Reise nach Koblenz, Mainz, Darmstadt: Wieland im Zenit seines literarischen Ruhmes. – Bearbeitung und Edition der ›Geschichte des Fräuleins von Sternheim‹ von Sophie von La Roche.

1772 ›Der goldne Spiegel oder die Könige von Scheschian‹, Staatsroman.

Weimar (1772–1797)

1772 (September) Berufung als Erzieher des Erbprinzen Carl August an den Hof der Herzogin Anna Amalia in Weimar. Übersiedlung nach Weimar.

1773 Erscheinungsbeginn der Zeitschrift ›Der Teutsche Merkur‹, bis 1790 unter der Herausgeberschaft von Wieland (1790–1810: ›Neuer Teutscher Merkur‹, Herausgeber Karl August Böttiger). Briefwechsel mit Johann Heinrich Merck in Darmstadt. – ›Die Wahl des Herkules. Eine dramatische Cantate‹. – Wieland inszeniert sein Singspiel ›Alceste‹, Musik von Anton Schweitzer. – Der »Göttinger Hainbund« verbrennt bei einer Feier zu Klopstocks 49. Geburtstag einige Schriften Wielands und sein Bildnis (als Zeichen für neue literarische Wege).

1774 Goethe: ›Götter, Helden und Wieland. Eine Farce‹. ›Die Abderiten. Eine sehr wahrscheinliche Geschichte‹ (bis 1781).

1775 Entlassung aus dem Amt des Prinzenerziehers mit einer Pension auf Lebenszeit. – Freundschaft mit Goethe.

1776 Herder trifft in Weimar ein. – Bis 1781 Zeit der Verserzählungen (›Geron‹ 1776, ›Sommermärchen‹ 1777, ›Hann und Gulpenheh‹ 1778, ›Schach Lolo‹ 1778, ›Pervonte‹ 1779).

1780 ›Rosamund. Ein Singspiel in drei Aufzügen‹ (Uraufführung: 20. 1. in Mannheim). – ›Oberon. Ein romantisches Heldengedicht‹.

1782 ›Briefe an einen jungen Dichter‹. – Übersetzung von Horazens Briefen ins Deutsche.

1783 ›Clelia und Sinibald. Eine Legende aus dem zwölften Jahrhundert‹.

1786 ›Dschinnistan oder auserlesene Feen- und Geistermärchen‹. – ›Horazens Satiren aus dem Lateinischen übersetzt‹.

1787 Schiller kommt nach Weimar, verkehrt in Wielands Haus. Pläne zu einer Beteiligung am ›Teutschen Merkur‹.

1788 ›Das Geheimnis des Kosmopolitenordens‹. – Übersetzung der ›Sämtlichen Werke‹ von Lukian.

1789 (bis 1793) Serie von Aufsätzen zur Französischen Revolution im ›Teutschen Merkur‹.

1791 ›Geheime Geschichte des Philosophen Peregrinus Proteus‹. Roman in Dialogen. – ›Göttergespräche‹.

1794 (bis 1811) ›C.M. Wielands Sämmtliche Werke.‹ Ausgabe von der letzten Hand, in 4 verschiedenen Formaten und Ausstattungen (bei G. J. Göschen in Leipzig).

1795 ›Die Wasserkufe oder der Einsiedler und die Seneschallin von Aquilegia‹.

1796 Reise nach Zürich zur Tochter Charlotte (verheiratet mit dem Verleger Heinrich Geßner). – Gründung der Zeitschrift ›Attisches Museum‹.

Oßmannstedt (1797–1803)

1797 Übersiedlung von Weimar auf das Landgut Oßmannstedt.

1798 ›Gespräche unter vier Augen‹.

1799 ›Citatio edictalis‹: Verdikt der Frühromantiker über Wielands Werk. – ›Agathodämon‹, Roman. – Übersetzungen: Euripides, Aristophanes, Xenophon. – Besuch von Sophie von La Roche und ihrer Enkelin Sophie Brentano.

1800 (bis 1802) ›Aristipp und einige seiner Zeitgenossen‹, Briefroman. – Sophie Brentano wohnt den Sommer über in Oßmannstedt, wo sie am 19. September stirbt.

1801 (8. 11.) Tod der Frau Wielands.

1803 Heinrich von Kleist Gast in Oßmannstedt (Nov. 1802–Jan. 1803). – Wieland muß das Gut verkaufen und kehrt nach Weimar zurück.

Weimar (1803–1813)

1803/04 Begegnung mit Madame de Staël (1808: 2. Besuch). – ›Menander und Glycerion‹.

1805 ›Krates und Hipparchia, ein Seitenstück zu Menander und Glycerion‹. – ›Das Hexameron von Rosenhain‹, Novellen- und Märchenzyklus.

1806 (bis 1813) Übersetzung von ›M. Tullius Ciceros Sämtlichen Briefen‹.

1807 Tod von Sophie von La Roche (18. Februar) und Herzogin Anna Amalia (10. April).

1808 Begegnung mit Napoleon. Auszeichnung mit dem Kreuz der Ehrenlegion.

1809 Eintritt in die Freimaurerloge ›Amalia‹.

1813 20. Januar: Wieland stirbt in Weimar. Beisetzung an der Seite seiner Frau und Sophie Brentanos im Park von Oßmannstedt.

18. Februar: Rede Goethes in der Weimarer Freimaurerloge ›Zu brüderlichem Andenken Wielands‹.

Auswahlbibliographie

I. Briefausgaben

Wieland, Ludwig (Hg.) Auswahl denkwürdiger Briefe von C.M. Wieland, 2 Bde. Wien 1815.

Geßner, Heinrich (Hg.) Ausgewählte Briefe von C.M. Wieland, 4 Bde. Zürich 1815–16.

Horn, Franz (Hg.) C.M. Wielands Briefe an Sophie von La Roche. Berlin 1820.

Gruber, Johann Gottfried Wielands Leben, mit Einschluß vieler noch ungedruckter Briefe. 4 Tle. Leipzig 1827/28.

Ofterdinger, Ludwig Felix Christoph Martin Wielands Leben und Wirken in Schwaben und in der Schweiz. Heilbronn 1877 (mit einigen Briefauszügen).

Keil, Robert (Hg.) Aus klassischer Zeit. Wieland und Reinhold, Leipzig 1890.

Hassencamp, Robert (Hg.) Neue Briefe C.M. Wielands vornehmlich an Sophie von La Roche. Stuttgart: Cotta 1894.

Seuffert, Bernhard Prolegomena zu einer Wieland-Ausgabe: Briefwechsel 1. Hälfte: 1750–1790. Berlin: Akademie-Verlag 1937.

Seuffert, Bernhard Prolegomena zu einer Wieland-Ausgabe IX: Briefwechsel 2. Hälfte: 1791–1812. Berlin: Akademie-Verlag 1941.

Seiffert, Hans Werner Ergänzungen und Berichtigungen zu den Prolegomena VIII und IX zu einer Wieland-Ausgabe. Abhandlung der Deutschen Akademie der Wissenschaften zu Berlin. Berlin 1953.

Christoph Martin Wieland Briefwechsel. Hrsg. von der Deutschen Akademie der Wissenschaften zu Berlin (Ost). 5 Bde. Berlin: Akademie-Verlag 1963–1983.

Sudhof, Siegfried (Hg.) Sophie Brentano – Christoph Martin Wieland. Briefwechsel 1799/1800. Frankfurt am Main 1980.

Maurer, Michael (Hg.) Ich bin mehr Herz als Kopf. Sophie von La Roche. Ein Lebensbild in Briefen. München: Beck 1983.

Schenck zu Schweinsberg, Karen (Hg.) Meine Seele ist bei euch geblieben. Briefe Sophie Brentanos an Henriette von Arnstein. Weinheim: Acta Humaniora, VCH 1985.

Starnes, Thomas C. Christoph Martin Wieland. Leben und Werk. 3 Bde. Sigmaringen: Thorbecke 1987.

II. Werkausgaben

Wieland, Christoph Martin Ausgewählte Werke. 4 Bde. Hrsg. Friedrich Beißner und Herbert Jaumann. München: Winkler 1964ff.

Wieland, Christoph Martin Werke. 5 Bde. Hrsg. Fritz Martini und Hans Werner Seiffert. München: Hanser 1964–1968.

Wieland-Lesebuch. Hrsg. Heinrich Bock. insel taschenbuch 729. Frankfurt am Main: Insel 1983.

Wieland, Christoph Martin Sämmtliche Werke, 14 Bde. (Reprintausgabe). Hrsg. Hans Radspieler. Nördlingen: Greno 1984.

Wieland, Christoph Martin Werke. 4 Bde. Hrsg. Hans Böhm, 3. Aufl. Berlin und Weimar: Aufbau-Verlag 1984.

Wieland, Christoph Martin Werke. 12 Bde. Bibliothek Deutscher Klassiker. Hrsg. von Manfred Fuhrmann, Sven-Aage Jørgensen, Klaus Manger, Hansjörg Schelle. Frankfurt am Main: Deutscher Klassiker Verlag 1986ff.

III. Sekundärliteratur

Günther, Gottfried/Zeilinger, Heidi Wieland-Bibliographie. Berlin und Weimar: Aufbau-Verlag 1983 (enthält die Wieland-Literatur bis 1980).

Böttiger, Karl August Literarische Zustände und Zeitgenossen. In: Schilderungen aus Karl August Böttigers handschriftlichem Nachlasse. Hg. K.W. Böttiger. 2 Bde. Leipzig: Brockhaus 1838.

Böttiger, Karl Wilhelm (Hg.) Christoph Martin Wieland nach seiner Freunde und seinen eigenen Äußerungen. In: Historisches Taschenbuch. Hrsg. Friedrich von Raumer. 10. Jg. Leipzig: Brockhaus 1839, S. 359–464.

Biereye, Johannes (Hg.) Wielands Briefwechsel mit der Familie von Keller in Stedten bei Erfurt. Erfurt: Verlag Carl Villaret 1932.

Fuchs, Albert Les apports français dans l'œuvre de Wieland de 1772 à 1789. Paris 1934.

Michel, Victor C.-M. Wieland. La formation et l'évolution de son esprit jusqu'en 1772. Paris 1938.

Beißner, Friedrich Neue Wieland-Handschriften. Abhandlungen der Preuß. Akademie der Wissenschaften. Berlin 1938.

Sengle, Friedrich Wieland. Stuttgart: Metzler 1949.

Grenzmann, Wilhelm Brief. In: Reallexikon der deutschen Literaturgeschichte, 1. Bd., 2. Aufl. Berlin: Walter de Gruyter und Co. 1958, S. 186–193.

Schelle, Hansjörg Der Biberacher Wieland. Biberach/Riß 1960.

Brockmeyer, Rainer Geschichte des deutschen Briefes von Gottsched bis zum Sturm und Drang. Diss. Münster 1961.

Schumann, Hanna Brigitte Zur Literatur über Wielands Sprache und Stil. In: Studien zur neueren deutschen Literatur. Hg. Hans Werner Seiffert. Berlin: Akademie-Verlag 1964, S. 7–31.

Petermann, Renate Bemerkungen zum Gebrauch der französischen Sprache in den Briefen des jungen Wieland (1750–1760). In: Studien zur neueren deutschen Literatur. Hg. Hans Werner Seiffert. Berlin: Akademie-Verlag 1964, S. 33–45.

Nickisch, Reinhard M.G. Die Stilprinzipien in den deutschen Briefstellern des 17. und 18. Jahrhunderts. Göttingen: Vandenhoeck u. Ruprecht 1969.

Sommer, Cornelius Christoph Martin Wieland. Slg. Metzler Nr. 95. Stuttgart 1971.

Schelle, Hansjörg Unbekannte Briefe C.M. Wielands und Sophie von La Roches aus den Jahren 1789–1793. In: Modern Language Notes. Vol. 86, Baltimore 1971, Nr. 5, S. 649–695.

Schelle, Hansjörg Unbekannte Briefe an Carl Leonhard Reinhold aus den Jahren 1787–1792. In: Lessing Yearbock. Bd. 3, München 1971, S. 7–24.

Schelle, Hansjörg Der junge Johann Friedrich von Meyer im Briefwechsel mit Wieland (1792–1797). In: Jahrbuch der Deutschen Schillergesellschaft. 15. Jg. Stuttgart: Kröner 1971, S. 36–114.

Schelle, Hansjörg Zu Wielands Berufung nach Weimar. Biberach a.d.R.: Thomae 1973.

Wuthenow, Ralph-Rainer Das erinnerte Ich. Europäische Autobiographie und Selbstdarstellung im 18. Jahrhundert. München: Beck 1974.

Schelle, Hansjörg Christoph Martin Wielands Briefwechsel mit Friedrich Wilmans. In: Jahrbuch des Freien Deutschen Hochstifts 1974. Tübingen: Niemeyer 1975, S. 91–142.

Starnes, Thomas C. Die Wieland-Epistolographie. Emendierungen. In: Jahrbuch der Deutschen Schillergesellschaft. 19. Jg. Stuttgart: Kröner 1975, S. 432–445.

Zeller, Bernhard Die Briefliteratur der letzten 25 Jahre. In: Jahrbuch Deutsche Akademie für Sprache und Dichtung Darmstadt 1975. Heidelberg: Lambert Schneider 1976, S. 113–133.

Pfäfflin, Friedrich Der zweite Leser. Anmerkungen eines Herausgebers. In: Jahrbuch Deutsche Akademie für Sprache und Dichtung Darmstadt 1975. Heidelberg: Lambert Schneider 1976, S. 134–145.

Schelle, Hansjörg C.M. Wieland über Heinrich von Kleists Tod. Zu einem Brief an den Freiherrn von Wedekind. In: Jahrbuch der Deutschen Schillergesellschaft. 20. Jg. Stuttgart: Kröner 1976, S. 2–12.

Frühwald, Wolfgang/Mähl, Hans-Joachim/Müller-Seidel, Wolfgang Probleme der Briefedition. Kolloquium 1975. Kommission für germanistische Forschung. Mitteilung II. Bonn-Bad Godesberg: Deutsche Forschungsgemeinschaft 1977.

Schelle, Hansjörg Wielands Beziehungen zu seinen Leipziger Verlegern. In: Lessing Yearbock. Bde. 7, 8 u. 9. München 1975–1977.

Starnes, Thomas C. Rezension von Wielands Briefwechsel Bd. III. In: Lessing Yearbook. Bd. 11, München 1979, S. 227–238.

Starnes, Thomas C. Verschiedenes zur Korrespondenz C.M. Wielands. In: Jahrbuch des Freien Deutschen Hochstifts 1980. Tübingen: Niemeyer 1980, S. 1–31.

Schelle, Hansjörg (Hg.) Christoph Martin Wieland. Aufsätze aus der Zeit nach 1945 (mit Bibliographie der Editionen und Literatur seit 1945). Wissenschaftliche Buchgesellschaft, Darmstadt 1981.

Schelle, Hansjörg C.M. Wielands Briefwechsel mit Friedrich Vieweg. In: Modern Language Notes. Vol. 98, Baltimore 1983, S. 399–699.

Radspieler, Hans Christoph Martin Wieland. Leben und Wirken in

Oberschwaben. Ausstellungskatalog. Veröffentlichungen der Stadtbibliothek Ulm, Bd. 3. Weißenhorn 1983.

Schelle, Hansjörg (Hg.) Christoph Martin Wieland. Nordamerikanische Forschungsbeiträge zur 250. Wiederkehr seines Geburtstages 1983. Tübingen: Niemeyer 1984.

Schelle, Hansjörg S.C.H. Lütkemüller in seinen Beziehungen zu C.M. Wieland. In: Jahrbuch der Jean-Paul-Gesellschaft. 20. Jg. München: Beck 1985, S. 127–199.

Schelle, Hansjörg Wielands Briefwechsel mit Christian Friedrich von Blanckenburg und zwei Briefe Wielands an Göschen. In: Lessing Yearbook. Bd. 17, München 1985, S. 177–208.

Scheibe, Siegfried Fragmentarische Bemerkungen über Wieland als Briefschreiber und über die Edition des »Briefwechsels Wielands«. In: Modern Language Notes. Vol. 99, Baltimore 1984, S. 658–672. Auch in: Wieland-Kolloquium Halberstadt 1983. Halle-Wittenberg 1985, S. 134–142.

Schelle, Hansjörg Zur Biographie des Erfurter Wieland. In: Lessing Yearbook. Bd. 18, München 1986, S. 209–226.

Henning, Hans Wielands Verhältnis zur Antike, dargestellt nach seinen Briefen bis 1772. In: Wieland und die Antike. Beiträge der Winckelmann-Gesellschaft 14. Stendal 1986, S. 7–22.

Bock, Heinrich/Radspieler, Hans Gärten in Wielands Welt. Marbacher Magazin 40. Marbach am Neckar: Deutsche Schillergesellschaft 1986.

Scheibe, Siegfried Zum Stand und zur Perspektive der Wieland-Akademie-Ausgabe. In: Wieland und die Antike. Beiträge der Winkkelmann-Gesellschaft 14. Stendal 1986, S. 101–107.

Perels, Christoph Ein unbekannter Brief Heinrich von Kleists an Christoph Martin Wieland. In: Jahrbuch des Freien Deutschen Hochstifts 1986. Tübingen: Niemeyer 1986, S. 179–186.

Freitag, Egon Volkskundliche Bestrebungen in der zweiten Hälfte des 18. Jahrhunderts, dargestellt am Schaffen Wielands, Herders, Goethes und Schillers. Dissertation. Weimar 1986.

Wittmann, Reinhard (Hg.) »Die Post will fort, ich muß schließen …«. Briefe aus dem 18. Jahrhundert. Mit einführenden Texten. München: Beck 1985. – Auch in: Einladung ins 18. Jahrhundert. Ein Almanach. München: Beck 1988, S. 149–209.

Schmid, Irmtraut Was ist ein Brief? In: editio. Internationales Jahrbuch für Editionswissenschaft. Bd. 2. Tübingen: Niemeyer 1988, S. 1–7.

Woesler, Winfried Vorschläge für eine Normierung von Briefeditionen. In: editio. Internationales Jahrbuch für Editionswissenschaft. Bd. 2. Tübingen: Niemeyer 1988, S. 8–18.

Schelle, Hansjörg Neue Quellen und Untersuchungen zum Kreise Sophie von La Roches und C. M. Wielands. In: Lessing Yearbook. Bd. 20. München 1988, S. 205–291.

Inhalt

I. Nachrichten von meinen Umständen

II. Meine Briefe – beinahe lauter Elegien

III. *Unfleißigster und indolentester Correspondent*

IV. Ich habe meine Partie genommen

VI. Eine kleine Republik
von guten und glücklichen Menschen

VII. In Gesellschaft von Cicero, Horaz, Lukian oder Shaftesbury

Klassische deutsche Literatur
im insel taschenbuch

Klassische deutsche Literatur
im insel taschenbuch

Klassische deutsche Literatur
im insel taschenbuch

161/3/6.89

Klassische deutsche Literatur
im insel taschenbuch

161/4/6.89

Klassische deutsche Literatur
im insel taschenbuch

Klassische deutsche Literatur
im insel taschenbuch

161/6/6.89

Klassische deutsche Literatur
im insel taschenbuch

161/7/6.89

Klassische deutsche Literatur
im insel taschenbuch